UNE FAMILLE DE SEIGNEURS CALVINISTES
DU HAUT-ANJOU

LES CHIVRÉ

MARQUIS DE LA BARRE DE BIERNÉ

(XVIe-XVIIIe SIÈCLES)

PAR

ANDRÉ JOUBERT

LAURÉAT DE L'ACADÉMIE DES INSCRIPTIONS ET BELLES-LETTRES
MEMBRE DE LA SOCIÉTÉ DE L'HISTOIRE DE FRANCE ET DE LA SOCIÉTÉ DES ANCIENS TEXTES
FRANÇAIS, ETC.

ORNÉ DE SEPT GRAVURES

NANTES	PARIS
ÉMILE GRIMAUD	ÉMILE LECHEVALIER
IMPRIMEUR-ÉDITEUR	LIBRAIRIE HISTORIQUE
4, place du Commerce, 4	39, quai des Grands-Augustins, 39

1887

UNE FAMILLE DE SEIGNEURS CALVINISTES

DU HAUT-ANJOU

LES CHIVRÉ, MARQUIS DE LA BARRE DE BIERNÉ

(XVIe-XVIIIe siècles)

LE PLESSIS-CHIVRE

UNE FAMILLE DE SEIGNEURS CALVINISTES
DU HAUT-ANJOU

LES CHIVRÉ

MARQUIS DE LA BARRE DE BIERNÉ

(XVIe-XVIIIe SIÈCLES)

PAR

ANDRÉ JOUBERT

LAURÉAT DE L'ACADÉMIE DES INSCRIPTIONS ET BELLES-LETTRES
MEMBRE DE LA SOCIÉTÉ DE L'HISTOIRE DE FRANCE ET DE LA SOCIÉTÉ DES ANCIENS TEXTES
FRANÇAIS, ETC.

ORNÉ DE SEPT GRAVURES

NANTES
ÉMILE GRIMAUD
IMPRIMEUR-ÉDITEUR
4, place du Commerce, 4

PARIS
ÉMILE LECHEVALIER
LIBRAIRIE HISTORIQUE
39, quai des Grands-Augustins, 39

1887

LA CHAPELLE DU PLESSIS-CHIVRÉ

UNE FAMILLE DE SEIGNEURS CALVINISTES

DU HAUT-ANJOU

LES CHIVRÉ MARQUIS DE LA BARRE DE BIERNÉ

(XVIᵉ-XVIIIᵉ siècles.)

CHAPITRE PREMIER

Généalogie de la maison de Chivré d'Anjou.

Le château du Plessis-Chivré, situé dans la commune d'Étriché, canton de Durtal, arrondissement de Baugé, Maine-et-Loire [1], fut le berceau de la puissante famille de Chivré, à laquelle il appartenait depuis au moins la première moitié du XIIIᵉ siècle. La terre qui en dépendait relevait de la châtellenie de Juvardeil. Le Plessis, *Plessiacum,* est mentionné dans le chartrier de l'abbaye de Chaloché en 1248. Il était alors possédé par Geoffroy de Chivré, Iᵉʳ du nom, « varlet, » neveu de l'évêque de Rennes [2]. Son fils, Jehan de Chivré, Iᵉʳ du nom, varlet, épousa Julienne, fille de Guillaume d'Igné, près Daumeray, « par contrat du mercredy après la fête de saint Gilles, l'an 1303. » Le lieu d'Igné, ancienne maison noble, avec tour, profonds souter-

---

1. Plessis-Chivré (le), chât., cⁿᵉ d'Étriché. — *Plessiacum,* 1248 (H. Chaloché, II, 91).
— Le château, édifice du XVIᵉ siècle, réunit deux corps de logis en équerre, avec double tour d'escalier à la pointe et dans l'intérieur de l'angle. Il a été récemment restauré. Les servitudes forment un corps de logis en prolongement vers N.-E., terminé par une jolie chapelle, la porte surmontée de l'écu parti de Grammont avec bel autel à rétable du XVIIᵉ siècle, portant au centre un Calvaire remarquable, et, aux deux côtés, des niches avec les statues de sainte Marguerite et de saint François d'Assise, et, de plus, à droite, la *Naissance du Christ,* en bas-relief de pierre. *(Dictionnaire historique, géographique et biographique de Maine-et-Loire,* au mot *Plessis-Chivré.)*

2. En 1272, Philippe de Chivré, chevalier, *Philippus de Chivre, miles,* confirme au prieur de Cheffes le don à lui précédemment fait d'un pressoir et d'un quartier de vigne sis à Monterbault, fief de la paroisse d'Écuillé. Il donne, en 1291, à l'abbaye de la Charité (le Ronceray d'Angers), où venait de se retirer sa fille Marguerite, 40 sous de rente perpétuelle assise sur la terre du Plessis-Chivré *(Archives de Maine-et-Loire,* série E, nᵒ 2010, *Dossier de la famille de Chivré.)*

rains et chapelle dédiée à Notre-Dame, était placé sur les confins des paroisses d'Étriché et de Daumeray, dont les processions s'entrecroisaient dans les couloirs du logis. La maison a été récemment démolie. Il ne reste plus aujourd'hui qu'une ferme. Les Chivré en étaient encore seigneurs au XVIIe siècle.

En 1302, Geoffroy de Chivré, Ier du nom, avait donné « quittance d'une somme de sept livres tournois pour service du roi en Flandre. » Nous avons dit que ce seigneur était qualifié de « varlet. » Cette désignation ne se prenait pas, au moyen âge, en mauvaise part, et n'indiquait pas une condition servile. Le *valet* ou *varlet* faisait partie de la hiérarchie chevaleresque. Ce n'est qu'à partir du XVIe siècle que le mot valet devint synonyme de laquais.

De Jehan de Chivré, Ier du nom, et de Julienne d'Igné naquit Guillaume de Chivré, Ier du nom, « varlet »[1], qui vendit au Chapitre de Saint-Maurice d'Angers, « par contrat du samedy après la Sainte-Agathe, l'an 1335, » sa dîme de Chanteussé[2]. Il épousa, en 1352, Marguerite de Chazé. De ce mariage sont issus Marguerite de Chivré, mariée à Raoul de Sarceaux, et Geoffroy de Chivré, IIe du nom, uni à Marguerite de Cherbaye[3]. De cette union sor-

---

1. Tous les éléments de ce chapitre sont empruntés aux sources suivantes : *Généalogie manuscrite et inédite de la branche aînée de la famille de Chivré*, rédigée à la fin du XVIIe siècle par un anonyme. (Cette généalogie fait partie de la collection de nos manuscrits.) — *Généalogie des seigneurs du Plessis-Chivré, Archives nationales*, M. 369, pièce datée de 1653. — *Inventaire des pièces du dossier Chivré, Bibliothèque nationale, Cabinet des titres*, n° 753.

2. *Titres de l'Église d'Angers, grande bourse, rentes*, tome II f° 54. — Thorode, mss. n° 1004 de la Bibliothèque d'Angers. — Pierre de Chivré, « escuyer, » donne, en 1364, quittance de 50 livres reçues du duc de Normandie et Guyenne pour frais de guerre. (*Bibl. nat., ibid.*) — A la montre de la noblesse d'Anjou, passée le 15 décembre 1470, au Lion-d'Angers, on voit figurer : « Guillaume de Chivré, pour son père, en brigandine, » Jehan de Chivré, qui présente pour lui « un homme en brigandine, » et Pierre de Chivré, « aussi en brigandine. »

3. Voir le testament de ce seigneur daté du 6 mai 1375, selon les uns, et de l'année 1373 selon les autres. — Voir aussi la transaction du 23 décembre 1372 par laquelle Geoffroy de Chivré donne à Marguerite de Chazé, sa mère, les moulins d'Ivray, à jouir en récompense de 30 livres de rentes que Guillaume de Chivré, son père, « avoit baillées à Guyonne de Montéclair. » — Voir également la transaction par laquelle Jehan de Chivré

tirent Jehan de Chivré, IIe du nom, « escuyer, » et Foucquet de Chivré. Jehan s'allia avec Margot du Puy, fille de Pierre du Puy, « chevallier, » et de Margot de Remaignac, par contrat de mariage du 23 juin 1386. Le 12 février 1406, Jehan de Chivré, IIe du nom, rend aveu d'un fief qu'il possédait à la Ruchénière, en Contigné et qui relevait de Pommerieux, dont était seigneur Guy de Laval [1].

Simon-Guy de Chivré, Ier du nom, chevalier, fils des précédents, épousa, par contrat du 4 mai 1411, Alliette Cailletet, fille de Perrot Cailletet et de Jehanne d'Ambrée. Sa sœur Jehanne s'unit à Jehan Guibert, seigneur de Cellières en Juvardeil, par contrat du 14 décembre 1434. Simon-Guy de Chivré eut pour fils Charles et Pierre de Chivré. Charles de Chivré épousa Jehanne de Valleaux, fille de Jehan de Valleaux, seigneur de Cheripeau, et d'Yolande d'Auxigné, par contrat du 10 février 1429. Le 8 avril 1443, Charles de Chivré, seigneur d'Igné, présentait un prêtre, du nom de Pierre Leroy, pour chapelain de la chapelle d'Igné [2].

Le 3 juillet 1448, Charles et Pierre de Chivré se partageaient les biens de la succession paternelle par acte passé « en la court de Briolay, » terre qui resta, pendant tout le moyen âge, la première des quatre baronnies relevant de l'évêque d'Angers. Pierre eut le Plessis-Chivré. Il se maria le 15 juin 1467 avec Michelle de Launay, fille de n. h. Geoffroy de Launay, « escuyer, » et de Marie Bourré.

De Charles de Chivré naquirent Jehan de Chivré, IIIe du nom, seigneur du Plessis-Chivré, d'Igné, de la Roërie, de la Touche, etc., et Marguerite de Chivré, qui devint la femme de Jehan de Beaussé, écuyer, seigneur dudit lieu, par contrat du 30 avril 1452. Jehan de Chivré épousa Marie de Brie, fille de Jehan de Brie, seigneur de Serrant, bailli de

délivre le douaire à Marguerite de Cherbeye, sa mère, « le lundy d'après la Sainct-Martin d'esté, l'an 1391. » Les titres de l'Église d'Angers renferment la confirmation faite le 12 janvier 1394 par P. de Chivré, héritier de Guillaume de Chivré, de la vente de la dîme de Chanteussé. (*Ibid.*, t. II, f° 55.)

1. *Titres de la seigneurie du Margat de Contigné.*
2. *Archives de Maine-et-Loire*, E, 2010.

Senlis, maître d'hôtel et chambellan du roi Charles VII, et d'Isabeau de Maillé, par contrat du 26 janvier 1455. Le 25 juillet 1480, il présentait le prêtre Étienne Rousseau pour chapelain de la chapelle de Saint-Louis fondée en l'église Notre-Dame d'Angers [1]. Il eut pour enfants Jehan qui suit, Jehanne, Anne et Marguerite. La première épousa Guyon Lenfant, écuyer, sieur de la Patrière, le 28 novembre 1479; la seconde fut mariée à Guillaume de Poillé, écuyer, sieur du Petit-Bois, le 25 juillet 1489 [2].

Jehan de Chivré, IVe du nom, fils du précédent, écuyer, seigneur du Plessis-Chivré, épousa, en premières noces, Jacquine de Marigné, fille aînée de Guillaume de Marigné, IIe du nom, écuyer, seigneur du lieu de Marigné, sis en la paroisse de Daon, et de la Guénaudière de Bierné, et de Perrine Le Maire, par contrat du 21 mars 1494 [3].

Le 28 mars 1502, le seigneur du Plessis présentait le clerc Jehan de Chivré pour chapelain de la chapelle Notre-Dame d'Igné [4]. Le 20 novembre 1509, il était veuf de Jacquine de Marigné [5]. Au nom et comme tuteur de ses enfants mineurs, il présentait le prêtre Jehan Bonhommet pour chapelain de la chapelle de la Guénaudière, dédiée à Sainte-Marguerite et « fondée en la court et manoir dudict lieu. » La place était vacante par suite du décès de Jehan de Marigné. Le seigneur du Plessis s'unit, en secondes noces, à Catherine de Villeblanche. Il avait eu, de sa première femme, Hector, François et Lucrèce de Chivré. Du second mariage naquirent plusieurs enfants, savoir: François, Jehan, Simon, Jehanne,

---

1. *Archives de Maine-et-Loire*, E, 2010.

2. L'une des généalogies dit que Marguerite de Chivré fut abbesse du Ronceray en 1504, mais son nom ne figure pas sur la liste des abbesses donnée dans le *Dict. hist. de M.-et-L.*, t. 1, p. 70.

3. Le 21 mars 1497, François de Chivré, seigneur de Chivré et de la Roche d'Écuillé, présentait le prêtre Jehan Dufeu pour chapelain de la chapelle Saint-Symphorien fondée en l'église d'Écuillé. (*Archives de Maine-et-Loire*, E, 2010).

4. Igné, f. cne de Daumeray. — *Igneium*, 1102-1114 (2e *Cartulaire de St-Serge*, p. 185; 1er *Cartul.*, p. 110). — *Igniacus*, 1102-1114 (2e *Cartul.*, p. 187; 1er *Cartul.*, p. 160).

5. Marigné (le Grand et le Petit), f. cne de Daon. — Fief vassal de la châtellenie de Daon. (*Dictionnaire topographique de la Mayenne*, p. 206).

qui fut abbesse de Bonneval, Yvonne, religieuse en la même abbaye, et Marie de Chivré [1]. Il avait fondé, en l'an 1500, la chapelle seigneuriale du Plessis-Chivré.

Hector de Chivré, chevalier, seigneur du Plessis-Chivré et de la Guénaudière, gentilhomme ordinaire de la chambre du roi, épousa Jehanne des Hayes, fille de n. h. Marin des Hayes, seigneur de Fontenelles, et de Jehanne d'Illières, par contrat du 19 octobre 1524. Il eut en mariage dix mille livres. François eut en partage les terres de Papigné, Marigné, la Papinière, par acte du 3 mars 1525, « à la charge d'un chapeau de roses à mutation de seigneur desdittes terres [2]. » Il mourut en Piémont au service du roi. Lucrèce s'unit à Guillaume du Tertre, seigneur du lieu. En 1530 et 1534, Hector de Chivré présenta successivement N. Languereau et Geoffroy Honnoré pour chapelains de la chapelle d'Igné, et Etienne Rousseau, de la paroisse de Morannes, pour chapelain de la chapelle vulgairement appelée : *la Fauchardière* et *chapelle de la Fontaine,* desservie dans l'église de Varennes-Bourreau, près Saint-Denis d'Anjou [3].

Le 10 mars 1539, Simon de Chivré rendait la déclaration de ses choses hommagées devant le lieutenant-général de la Sénéchaussée d'Anjou [4] : « 1° la closerie de Chivré, en Saint-Michel-de-Feins, relevant de la seigneurie de la Mothe-Cormenant, évaluée 30 livres de revenu ; 2° le lieu de la Jusquaise, relevant de la châtellenie de Saint-Laurent-des-Mortiers et de la terre, fief et seigneurie du Grand-Brullon, évalué 40 livres de revenu ; 3° la terre de la Roche-d'Écuillé et les fiefs du Mortier et de Monthebault, relevant, le dernier, de la seigneurie du Plessis-Macé, et les deux autres d'Écuillé, évalués, net, 30 livres de revenu ; la

---

1. Marie de Chivré épousa Pierre d'Andigné, seigneur de l'Isle-Briand.
2. Une sentence du Présidial d'Angers, en date du 28 juin 1564, rendue au profit d'Hector de Chivré, condamne François « à luy porter ledict chapeau de roses. »
3. *Archives de Maine-et-Loire,* E, 2010.
4. *Ibid.*

closerie de la Fosse, relevant d'Écuillé, évaluée 10 livres de revenu [1]. »

Le 11 mars 1539, François de Chivré, seigneur de Marigné, rend une déclaration semblable [2]. Il énumère : « 1° le lieu de Marigné, relevant de Chambellay, à cause de la châtellenie de Daon, puis de celle de Saint-Laurent-des-Mortiers et du seigneur de Cens ; 2° la métairie de la Papinière de Daon, relevant du seigneur des Barres, évaluée 30 livres de revenu ; 3° la moitié du lieu de Marteu, sis en Daon et relevant de la Mothe-Cormenant, évaluée 1 livre 15 sols par an ; l'autre moitié relevait de la Touche [3]. »

Le 15 mars 1539, Hector de Chivré énumérait, à son tour, ses biens devant la même juridiction : « 1° le lieu, terre fief et seigneurie du Plessis-Chivré, relevant de la châtellenie de Juvardeil et sis à Étriché, le tout évalué 120 livres de revenu par an ; 2° le fief de l'Estang, à Étriché, relevant de Juvardeil, duquel Catherine de Villeblanche, dame de la Fontaine et veuve de Jehan de Chivré, tient la moitié par usufruit, évalué, net, 120 livres ; 3° une pièce de terre appartenant à la métairie de Mondoulay d'Étriché, relevant de la Verouillère, évaluée 2 livres ; 4° la seigneurie de la Barre en Huillé-sur-le-Loir, relevant de Chandemanche, évaluée 30 livres ; 5° la seigneurie de la Guesnaudière, en Bierné, relevant du Plessis-Bourrel, évaluée, net, 30 livres ; 6° la métairie de la Faustardière, en Chastelain, d'où elle relève, évaluée 30 livres ; 7° les lieux des Brosses et de la Richardière, par moitié, sis en Bierné et relevant de Remefort, évalués 25 livres ; 8° les seigneuries d'Igné et de la Fontaine, relevant de Doulces et tenues par douaire de Catherine de Villeblanche, évaluées 30 livres [4]. »

---

1. *Archives de Maine-et-Loire*, E, 2010.
2. *Ibid.*
3. *Arch. de M.-et-L.*, E, 2010. — En 1568, un François de Chivré, guidon dans la compagnie de Bussy d'Amboise, confesse avoir reçu la somme de soixante écus pour état et place. (*Bibliothèque nationale, Cabinet des Titres*, n° 753.)
4. *Archives de Maine-et-Loire*, E, 2010. — Hector de Chivré présente, le 20 décembre 1558, Simon, clerc, pour chapelain de la chapelle de Notre-Dame d'Igné et de celle de

Du mariage d'Hector de Chivré naquirent Jacques, Simon, Louis et Jeanne. Jacques de Chivré, Ier du nom, seigneur du Plessis-Chivré, de la Guénaudière, l'Estang et la Chevalerie, maître d'hôtel de Monseigneur le duc d'Alençon, frère du roi, épousa Jeanne de Bouillé, dame d'honneur de Mme la duchesse de Bar, fille de noble et puissant seigneur René de Bouillé, seigneur de Bouillé, de Chele, de Lervoy, du Bourgneuf et du Rocher, et de Perrine de l'Espervier, sa première femme, par contrat du 26 juin 1553, passé devant maître Clément, « notaire soubz la court du Mans. » Dix ans plus tard, en 1563, Jacques de Chivré était « porte-enseigne de la compagnie de Monseigneur de la Trémoille. » Il confessait avoir reçu, en cette qualité, la somme de 100 livres pour ses gages [1]. Il touchait, en 1567, 60 livres « pour ses payes de commissaire des guerres [2]. » Par acte du 22 novembre 1566, Louis de Chivré eut la terre de la Chevalerie en Châtelain [3]. Jeanne de Chivré épousa Jehan de Villeneuve, chevalier, seigneur des Noyers, fils de Jehan de Villeneuve et de Catherine de Daillon. Jacques avait acquis la terre de Juvardeil de Guy de Daillon, comte du Lude, pour le prix de 25,000 livres, par contrat du 20 mai 1567. Sa veuve épousa, en secondes noces, messire Pierre de Lansac, chevalier de l'ordre du Roi, sénéchal et gouverneur pour le roi de Navarre des terres et duché d'Albret, seigneur baron de Rochetaillade, premier baron d'Embezades, etc.

Jacques de Chivré, IIe du nom, fils du précédent, chevalier, seigneur de la Guénaudière, épousa Cécile du Monceau

Saint-Louis de la Trinité d'Angers. Le 19 juin 1559, il fut condamné à continuer de payer à la recette du Ronceray, sur les terres du Plessis et des moulins d'Yvray, la rente de 40 sous assise au profit de ladite abbaye. Il reconnut les droits du monastère.

1. *Bibl. Nat., Cabinet des Titres*, n° 753.
2. *Ibid.*
3. Le 21 octobre 1563, Louis de Chivré acquit la métairie de Tartifume, en Morannes, vendue par l'abbaye de St-Serge (*Titres de l'Église d'Angers, Privilèges*, t. , f° xvii 404).

Par son testament en date du 3 juin 1581, il fonda, dans l'église des Pères Augustins d'Angers, deux services anniversaires perpétuels pour la célébration desquels il légua au couvent 500 livres tournois.

de la maison de Tignonville. Nous parlerons de lui et de ses descendants dans le prochain chapitre. François de Chivré, frère du précédent, chevalier, seigneur du Plessis, de Chivré, d'Igné, de l'Estang, patron de Saint-Symphorien, gentilhomme ordinaire de la chambre du roi, épousa Léonore de la Porte, fille de François de la Porte, écuyer, sieur de la Lunardière, et de Magdelaine Charles, par contrat passé devant Cayard et Boreau, notaires au Châtelet de Paris, le 17 juin 1579. Le 6 avril 1581, il présentait Pierre Dufay pour chapelain de la chapelle Saint-Louis desservie dans l'église de la Trinité d'Angers. Sa veuve épousa, en 1589, Joachim, seigneur de la Chesnaye. Claude de Chivré, sœur de Jacques et de François, s'unit, en premières noces, au fameux René de la Rouvraye, dit *le Diable de Bressault,* huguenot féroce, décapité à Angers pour ses crimes le 10 novembre 1572. En secondes noces, elle s'unit à Pyrrhus Lenfant, chevalier, seigneur de la Patrière, gentilhomme calviniste, comme le précédent[1].

De François de Chivré naquit Hector de Chivré, IIe du nom, « chevalier de l'ordre et cornette blanche du Roy, gentilhomme ordinaire de la chambre, capitaine de cinquante hommes d'armes de ses ordonnances, ambassadeur pour Sa Majesté vers le Grand Empereur des Musulmans, seigneur du Plessis, Auxigné, l'Estang, Igné, La Fontaine, Perrière et Doussé. » Une généalogie dit que Hector de Chivré, « châtelain haut-justicier, » fut fait comte du Plessis par lettres de Louis XIII, en avril 1633, et ajoute que c'était

---

1. Voir les Généalogies et les Archives de Maine-et-Loire, dossier Chivré. — Voir notre étude sur *René de la Rouvraye, sieur de Bressault.* — Les Archives de Maine-et-Loire contiennent diverses pièces relatives à Simon et à François de Chivré, doyen de Sablé.— En 1578, Simon de Chivré a des démêlés avec les chanoines de Saint-Maimbœuf au sujet d'une rente de 121 livres qu'il leur doit. Une sentence du 2 juin le condamne à en payer les arrérages. Le 23 septembre 1580, il obtient un délai pour évoquer en justice le sieur Lemasson qu'il prétend être le véritable débiteur du Chapitre. — En 1581, Simon de Chivré, chevalier de l'ordre du Roi, seigneur de Varannes, Charnacé et Blou, vend à Jacques Ernault, seigneur de la Daumerye, juge au Présidial d'Angers, pour 600 écus, la Grande et la Petite-Pantière (*Archives de Maine-et-Loire,* E, 2010 et E, 4262). — Les généalogistes ne donnent pas la descendance de Simon de Chivré, sieur de Courmontoys, et de Jacquine de Vaugirault.

un homme d'une force extraordinaire. Les autres enfants furent : Alexandre de Chivré, chevalier, seigneur d'Igné, et Diane-Marie de Chivré, épouse de François de Bouillé, chevalier, seigneur de Bourgneuf. Hector épousa Marie de Conan, fille de Nicolas de Conan, chevalier, conseiller du roi, seigneur de Frazé et de Rabestan, et de dame Anne d'O, son épouse, le 17 février 1607, par contrat passé devant Richard Chahuteau, notaire de la châtellenie de Frazé [1].

Tels sont les renseignements précis fournis par les Archives de Maine-et-Loire, par les sources indiquées précédemment et par un document qui porte le titre suivant : « Généalogie dressée sur les titres de la maison du Plessis-Chivré, qui sont au trésor du chasteau dudit lieu, par Bertin-Bernier, sénéchal de ladite chastellenie. Ce faict, lesdits titres ont esté remis audit trésor, présent et assistant Pierre Chéhére, procureur fiscal, le quatorzième jour d'octobre l'an mil six cens cinquante et trois. »

---

1. De ce mariage naquirent François de Chivré, marquis du Plessis, et Françoise-Marguerite, mariée le 26 novembre 1634, par contrat passé devant Ogier et Parque, notaires au Châtelet de Paris, à Antoine-Louis, duc de Grammont-Toulonjon, comte de Guiche et de Louvigny, « conseiller du Roy en ses conseils d'État et privé, maréchal de France, seigneur souverain de Bidache, gouverneur et lieutenant-général pour le Roy au royaume de Navarre et pays de Béarn, maistre de camp du régiment des gardes de Sa Majesté, lieutenant-général des armées. » — Françoise de Chivré, sœur de la précédente, qui fut religieuse à l'abbaye des Cleretz, près Nogent-le-Rotrou. — Urbain, si connu sous le nom du Plessis-Chivré, qui se fit tuer « à l'occasion d'un verre de limonade, » par le marquis de Cœuvres, le 5 janvier 1645, derrière les Carmes, à Paris, dans un duel, « un des plus beaux de la Régence, » dit Tallemant des Réaux, — Alexandre de Chivré, qui épousa une demoiselle Judith-Denise, de la maison de Fleury-Marchaumont; sa fille, Judith de Chivré, s'unit à Pierre de Royraud, chevalier, seigneur d'Aubigné. La duchesse de Grammont demeura alors seule et unique héritière du nom, des biens et des armes de la maison du Plessis-Chivré qui fut unie à la maison de Grammont (Voir les sources citées ci-dessus : *Généalogie de la famille de Chivré*, rédigée par Garret de Ste-Catherine. — Tallemant des Réaux, t. IV, p. 435. — Journal d'Ormesson, t. I, p. 240-251). — Après les Grammont, la famille de Canonville-Raffetot posséda le Plessis-Chivré de 1690 à 1780, époque à laquelle Louis-Alexandre de Canonville-Raffetot vendit la terre, pour 450,000 francs, à M. Lemarié de la Crossonière. Il laissait, en 1824, pour héritier M. Ménage. Aujourd'hui les Quatrebarbes sont propriétaires de ce domaine. (*Dict. hist. de M.-et-L.*, t. III, p. 119.)

CHAPITRE DEUXIÈME

Les Chivré, seigneurs de la Guénaudière, dite depuis la Barre, chefs du parti calviniste dans le Haut-Anjou. — Le château de la Guénaudière et ses dépendances. — Catherine de Chivré, filleule de Catherine de Bourbon, princesse de Navarre, sœur du roi Henri IV. — Sa mort prématurée. — Vers composés en son honneur par Catherine de Bourbon et par Anne de Rohan. — Description du mausolée dédié à sa mémoire. — Les épitaphes latines de David Vacquier de Nérac. — La légende de Catherine de Chivré.

Le 1er juillet 1578, François et Jacques de Chivré, IIe du nom, se partageaient la succession de leur père, Jacques de Chivré, Ier du nom, seigneur du Plessis-Chivré, la Guénaudière en Bierné, l'Estang, la Chevallerie, etc. Jacques eut la Guénaudière, « à la charge de bailler audict seigneur du « Plessis, à muance de seigneur du Plessis et de seigneur « de la Guénaudière, une épée et un poignard dorez, en « reconnoissance qu'elle a party de ladicte terre du Plessis. » Le contrat fut passé en présence de « maistre Heullet, notayre en la court de Sainct-Laurent-des-Mortiers. » Un autre manuscrit mentionne, au lieu du « poignard, » « une paire d'éperons dorez [1]. »

La famille de Chivré portait : *D'argent au lion de sable, armé, lampassé et couronné d'or* [2]. Gohory dit : *Le lion de sable armé, lampassé et couronné de même* [3], et aussi : *D'or au lion de sable armé et couronné de gueules* [4].

Les seigneurs de la Guénaudière étaient restés longtemps fidèles au culte catholique. Nous avons constaté que les

---

1. *Archives de Maine-et-Loire*, dossier Chivré, E. 2010.
2. *Armorial général de l'Anjou*, cinquième fascicule, p. 387. — Audouys, mss. 994, pp. 52-55.
3. Gohory, mss. 772, p. 113.
4. Ibid., p. 45.

STATUE TOMBALE DE CATHERINE DE CHIVRÉ

divers membres de la maison de Chivré, qui possédait cette seigneurie depuis la fin du XV⁰ siècle, avaient tenu à honneur de conserver intacte la foi de leurs ancêtres. L'antique chapelle, dédiée à sainte Marguerite et placée dans la cour du manoir, était régulièrement pourvue de son chapelain.

Mais Jacques de Chivré, II⁰ du nom, embrassa le protestantisme et s'attacha à la fortune du roi de Navarre. Le prêche fut établi dans les dépendances du château et un ministre de la religion réformée vint y exhorter les calvinistes de la région dont le nombre était devenu assez considérable à la fin du XVI⁰ siècle. Cécile du Monceau, femme de Jacques de Chivré, II⁰ du nom, qui l'avait épousée en 1584, se distinguait également par son zèle en faveur des idées nouvelles. Elle s'armait : *De gueules à la fasce d'argent accompagnée de six annelets de même, trois en chef et trois en pointe* [1]. Les du Monceau de Tignonville étaient originaires de Champagne, dit un généalogiste.

Cécile du Monceau était dame d'honneur de Catherine de Bourbon [2], sœur de Henri IV, princesse de Navarre, duchesse de Bar et d'Albret, comtesse d'Armagnac et vicomtesse de Limoges, quand elle accoucha, au mois d'avril 1586, d'une fille qui naquit sous les plus heureux auspices, car la fortune de ses parents atteignait alors son apogée. Jacques de Chivré avait résolu de remplacer le vieux castel gothique de la Guénaudière [3], qui, sans doute, tombait en ruines,

---

1. La Chesnaye des Bois, *Dict. de la noblesse*, édition de 1869, t. X. — *Généalogie de la famille de Chivré*, par Garret de Sainte-Catherine. C'est à tort qu'il nomme cette dame « la demoiselle Monceau. »

2. Voir, sur Catherine de Bourbon, princesse de Navarre, sœur de Henri IV, sur son mariage avec Henri de Lorraine, duc de Bar, et sur sa vie, nos *Recherches épigraphiques, Le mausolée de Catherine de Chivré*, deuxième édition, revue et augmentée, p. 10-11, Laval, rue du Lieutenant, 2, imprimerie de Léon Moreau, 1883.

3. Guénaudière (la), château et ferme, commune de Bierné, arr. de Château-Gontier, (Mayenne). — Cette terre portait le nom de Guénaud, fondateur, au XII⁰ siècle, du château primitif. Elle relevait de la seigneurie de Bierné. — En est sieur Colin Auvé ou

par une construction plus vaste et plus en harmonie avec le rang ainsi qu'avec la situation brillante de ses possesseurs considérés alors comme les chefs les plus expérimentés du parti protestant aux environs de Château-Gontier. Il avait donc commencé à élever, dans les dernières années du XVIe siècle, le bâtiment dont une partie devait demeurer inachevée.

A un kilomètre environ du bourg de Bierné, sur la droite de la route qui mène à Saint-Aignan, se dresse un intéressant édifice connu maintenant sous le nom de *la Barre*. Cette demeure, longtemps animée par le bruit des fêtes joyeuses et des réceptions pompeuses, dort ensevelie dans le repos et le silence de l'oubli, et, comme par un reste d'honneur, un vieux garde, redouté des braconniers, en a seul la surveillance. Les maîtres actuels de la Barre n'y font que de rares et rapides visites.

De larges avenues, ombragées d'arbres séculaires, reliaient la Barre aux chemins environnants et leurs longues perspectives augmentaient encore la beauté de ce domaine seigneurial. Une seule, plantée de marronniers et singulièrement écourtée par le passage de la route, existe encore maintenant. C'est celle qui conduit au vénérable portail, veuf de sa grille et fermant l'entrée d'une vaste cour en forme de fer à cheval, où se développent les bâtiments de servitude annexés à l'exploitation rustique. Seize cents chênes de haute taille, selon le mémoire minutieux d'un intendant de la seigneurie, s'élevaient, en 1570, sur la terre de la Barre, qu'ils couvraient de leur puissante ramure. Depuis cette époque, l'aspect du pays, toujours très boisé cependant, a

---

Auvré, 1362. — Robin Auvé, 1395. — Pierre Auvé, époux de Michelle Ouvrouin, 1405. — Jehanne Auvé, épouse d'Olivier de Feschal, 1445. — Guillaume de Marigné, IIe du nom, sieur du lieu de Marigné, sis en Daon, époux de Perrine Le Maire, 1474. — Les Chivré en devinrent ensuite possesseurs. (*Dictionnaire topographique de la Mayenne*, p. 157. — *Archives du château de la Sionnière d'Argenton.* — *Manuscrit* 991 *de la Bibliothèque d'Angers.* — *Généalogies et documents divers relatifs à la famille de Chivré*, etc.)

bien changé, et les vieux arbres deviennent rares dans la contrée. La fièvre de destruction enragée, qui sévit sur la génération contemporaine, ne respecte pas plus les chênes que les institutions. Tout ce qui s'élève est impitoyablement abaissé.

Tel qu'il subsiste néanmoins à présent, le château de la Barre mérite encore d'être connu de tous ceux qui ont conservé le culte des gloires de notre passé historique. L'ensemble de cette antique demeure, en partie délabrée, en partie inachevée, est empreint d'un caractère de douce mélancolie qui s'harmonise merveilleusement avec les souvenirs de la grandeur et de la décadence de la famille dont, pendant deux siècles, la Barre abrita tour à tour les joies radieuses et les poignantes tristesses.

Un pont de deux arches, encadré de chaque côté par des chaînes réunies par des piliers, est jeté sur les douves, dont la ceinture entourait le château et le parterre, selon l'usage féodal. Il donne accès à une terrasse pavée et munie d'un mur, d'une faible élévation, flanqué à ses deux extrémités de deux petits pavillons exactement semblables. L'habitation, dont la majeure partie a été remaniée à diverses époques, se compose d'un corps de logis central, orné d'un fronton triangulaire et d'un pavillon qui forme l'aile droite du bâtiment actuel.

La façade de ce pavillon, qui se mire dans l'eau, a été modifiée à plusieurs reprises. Elle pourrait être citée comme un curieux spécimen de l'architecture française au déclin de la Renaissance angevine. Le vaste balcon de pierre, dont les assises disparaissent sous l'invasion obstinée des ronces grimpantes et des plantes sauvages, régnait jadis sur toute la longueur de l'édifice. Il a été détruit, ainsi que la rampe en fer ouvragé, qui, probablement, servait de garde-fou. A l'origine, il n'y avait, sans parler des combles et des greniers, qu'un seul étage éclairé par une série de fenêtres à meneaux doubles, ce qui était hardi et original.

Toutefois les moulures et les saillies sont dépourvues de sculptures, et ce défaut d'ornementation semble prouver que le travail a été brusquement interrompu par suite d'un événement imprévu. On remarque, en différents endroits, l'emploi de la brique, qui allait devenir si fort en honneur sous les règnes suivants. La haute toiture a été modifiée à une époque postérieure. Enfin, l'absence du pavillon destiné à former l'aile gauche altère, malheureusement, la physionomie de cet intéressant édifice.

Il n'est pas probable que cette partie du château se soit écroulée. On peut supposer, au contraire, que l'habitation n'a jamais été terminée. Comme nous le verrons plus loin, la légende prétend que Jacques de Chivré, accablé de chagrin par la mort prématurée de sa fille chérie, renonça à achever la construction commencée. D'autre part, nous avons récemment découvert aux Archives anciennes de la mairie d'Angers, en feuilletant les Registres des délibérations et conclusions de l'Hôtel de Ville, que le Conseil fit en 1601 des démarches actives « pour s'opposer à la construction de la forteresse de la Guénaudière de Bierné [1]. » Il y a peut-être là l'explication de l'interruption des travaux dont nous recherchons la cause. Toutefois ce n'est qu'une simple supposition.

A l'intérieur, le style des appartements du château de la Barre se divise en deux genres. L'escalier de bois, les portes, les cheminées à médaillons et à grosses moulures du bâtiment principal appartiennent au temps de Louis XIII et aux périodes qui s'étendent du milieu du XVIIe à la fin du XVIIIe siècle. Quant au modèle des autres cheminées et au type de la décoration du pavillon, ils paraissent empruntés à la fin de la Renaissance angevine. Les cheminées qui se font face aux deux extrémités de la grande salle, dont la hauteur est diminuée de moitié aujourd'hui par l'adjonction d'un plafond servant de plancher à la pièce su-

---

1. *Archives anciennes de la mairie d'Angers*, BB. 49, f°s 71-79.

périeure, se distinguent par l'élégance, le bon goût et la sobriété sévère de leurs motifs rehaussés autrefois d'ornementations polychromes. Les murs étaient également peints de couleurs variées.

Le monument funéraire de Catherine de Chivré, que nous décrirons plus loin, a été placé au fond de cette vaste salle, utilisée au temps de la Réforme pour le prêche des huguenots. Les tableaux et les portraits de famille furent dispersés, croit-on, à l'époque de l'émigration des Chivré en Hollande, après la révocation de l'édit de Nantes. Quelques-uns figuraient, selon la tradition, dans la collection conservée au château de Sablé. Une série d'étangs, dont plusieurs subsistent encore aujourd'hui, régnait autour de la Barre. Des souterrains, presque entièrement comblés, sauf une courte partie, avaient été creusés sous la maison. Plus d'une fois, pendant les guerres religieuses, les gens du pays durent y chercher un abri tutélaire contre les brigandages d'une soldatesque effrénée. L'imagination populaire leur donnait une longueur fabuleuse et leur prêtait des ramifications multiples. La jolie chapelle gothique, construite au XVe siècle par les Chivré, alors fervents catholiques, fut abandonnée par leurs successeurs devenus huguenots, puis, sans doute, détruite plus tard. Il n'en a subsisté aucun vestige.

Deux enfants naquirent du mariage de Jacques de Chivré avec Cécile du Monceau : Catherine et Henri. Les fonctions de Cécile du Monceau auprès de Catherine de Bourbon l'obligeaient à de fréquentes absences, car elle accompagnait toujours la princesse de Navarre dans ses voyages. Quant au mari, dans l'intervalle des trêves, il profitait de ces loisirs de trop courte durée pour activer la restauration du château de la Guénaudière et pour se reposer de ses rudes chevauchées. Désireuse de prouver aux parents combien elle les estimait, Catherine de Bourbon fut la marraine de la fille, née en 1586, comme nous l'avons dit précédemment, et elle ne cessa de lui prodiguer toutes sortes de faveurs.

Catherine de Chivré devint ainsi, quoique encore très jeune, fille d'honneur de l'illustre dame qui l'affectionnait d'une façon si particulière, puis demoiselle de sa chambre, bien qu'elle ne fût âgée que de douze ans et demi. Elle croissait en sagesse, en intelligence et en beauté. Son éducation avait été confiée aux soins des maîtres les plus renommés, et déjà elle cultivait, avec un succès marqué, les arts d'agrément, sans négliger cependant les leçons des professeurs et des savants. La princesse de Bourbon, qui elle-même, d'après le témoignage de Duverdier, avait composé, dès son enfance, des vers fort élégants, voulait inculquer à sa filleule quelques-uns de ses goûts ; elle rêvait d'en faire une personne accomplie et de lui assurer une des premières places parmi les femmes réputées pour leur esprit et leur savoir. Mademoiselle Anne de Rohan était la plus intime amie de Catherine de Chivré. Comme elle, elle était douce et pieuse, jolie et savante. C'était un couple aimable et bien assorti que celui de ces deux enfants semblables à deux tendres boutons prêts à s'ouvrir au soleil joyeux de la jeunesse, prélude d'un avenir fortuné.

Tout souriait donc à ces heureux débuts ; aucun nuage ne ternissait la pureté de l'horizon. Soudain le ciel s'assombrit et une catastrophe imprévue vient anéantir ces gracieuses promesses en plongeant dans le deuil une famille naguère si florissante. Un mal terrible s'abattait, dans les derniers jours du mois de mai de l'année 1599, avec la rapidité de la foudre, sur la jeune Catherine de Chivré, et les moyens les plus énergiques étaient impuissants à conjurer la marche de cette fatale catastrophe. Le 30 mai, l'enfant s'éteignait au château de la Barre, à l'âge de treize ans et un mois, en pleine fleur, au moment où la vie s'épanouissait pour elle avec tant d'éclat. Cette fin prématurée brisa le cœur de ses parents et elle eut un grand retentissement parmi les familiers de Catherine de Bourbon. Retenue éloignée de l'Anjou par les préparatifs de son triste mariage avec Henri de Lorraine, duc de Bar, union mal assortie et imposée par la politique du Béarnais, la princesse de Navarre apprit avec un vif chagrin la douloureuse nouvelle. Elle n'assistait pas aux obsèques de sa chère protégée, mais elle voulut, quelques années après, consacrer à la mémoire de celle dont elle déplorait la perte cruelle un gracieux monument, qui fût digne à la fois de la descendante des Chivré et de la sœur du roi de France.

Le mausolée, en marbre blanc d'Italie, recouvert de la statue tombale, était autrefois placé dans l'un des caveaux des souterrains qui se prolongent sous les servitudes, à droite, en entrant dans la cour d'honneur, comme l'indique un document des Archives de la Mayenne. Il y demeura pendant les XVIIe et XVIIIe siècles. A l'époque de la Révolution, des mains sacrilèges le fouillèrent pour y chercher un trésor imaginaire. On a même raconté que, depuis, un fermier de la Barre le profana de nouveau afin d'y découvrir un jeu de quilles et des boules en or dont il soupçonnait l'existence ; il les y trouva, s'en empara, les vendit et devint tout à coup fort riche.

Les débris mutilés de cet intéressant monument ont été transportés, vers le milieu de ce siècle, dans une vaste salle qui servait, croit-on, de réfectoire ou de prêche aux huguenots, comme nous l'avons indiqué plus haut. Le mausolée de Catherine de Chivré est adossé au fond de la cheminée qui se dresse à l'extrémité de l'appartement, comme nous l'avons également déjà dit. Au lieu d'être couchée, ainsi que le commanderait la vraisemblance, la statue est debout et domine les fragments dégradés du mausolée. Rien ne serait plus facile que de recomposer l'ensemble du tombeau et de lui rendre sa forme primitive. Il figurerait ainsi avec honneur dans une des salles de nos musées historiques.

Le dessin de notre ami Tancrède Abraham, publié dans nos *Recherches épigraphiques*, reproduit très fidèlement la statue de Catherine de Chivré, qui a subi les outrages du temps. La tête avait été séparée du corps, et le nez brisé ainsi que les mains, jadis jointes avec une pieuse onction. Un petit chien, aux longs poils frisés, appartenant sans doute à l'espèce des barbets ou des caniches, objet des caresses et des gâteries de sa gentille maîtresse, est couché à ses pieds. La jeune fille d'honneur est vêtue d'une longue robe d'apparat, étroite à la ceinture et bouffante autour des hanches. Elle porte la haute fraise mise à la mode par Catherine de Médicis. La poitrine est découverte légèrement. Autour du cou s'enroule un collier de perles de deux rangs ; une paire de riches boucles d'oreilles, des boutons de prix et une garniture de dentelle au corsage complètent, avec un autre collier de perles de trois rangs, fermé par une agrafe finement ciselée, la parure de cette élégante toilette. Les cheveux sont relevés à la manière italienne adoptée par Gabrielle d'Estrées.

Les diverses parties du mausolée sont décorées de motifs caractéristiques qui représentent des guirlandes de fleurs, des fruits, des feuilles de chêne, des lys, des palmes entrecroisées et réunies par un nœud de ruban, des têtes de génies ailés et différents autres emblèmes symboliques, sculptés avec une délicatesse et une grâce dignes des artistes de la Renaissance, dont leur auteur s'est heureusement inspiré. Des chaînes encadrent l'écusson des Chivré écartelé de celui des du Monceau. Parti au 1er de Chivré; au 2e coupé au 1er du Monceau: *De gueules à la fasce d'argent accompagnée de 6 annelets de même rangés 3 et 3 ;* au 2e de Rohan : *De gueules à 9 macles d'or.* La forme de l'écu ne laisse voir que 6 mâcles. On ignore le nom du personnage auquel fut confiée l'exécution de l'ornementation du monument. Ce fut sans doute un des protégés de

Catherine de Bourbon qui fut chargé de cet ingénieux travail.

Ces épitaphes sont gravées sur des plaques en ardoise. Voici d'abord le quatrain de Catherine de Bourbon :

Quand de tes ievnes ans Clotho covpa la trame,
Limpitoiable mort envoia promptement
Ton ame dans le ciel, ton corps av monvment,
A ta mere et a moy le regret dedans lame.

Le huitain d'Anne de Rohan, dont nous respectons également l'orthographe ancienne, faisait pendant aux vers précédents :

PA.   *Madamoiselle de Rohan* [1].

Helas pvis qve la mort, ô ma chere compagne,
A desia retranche le Fil de tes beavx iovrs,
Par les bois escartes ov dans quelqve montagne,
Ie te vevx dire encor ces fvnebres Discovrs.
Les oyseavx a lenvy disent chanson novvelle,
Salvans le Printemps qvi se monstre si beav ;
Mais moy ie vevx plevrer avecqves Philomele,
Pvis qve tovt mon plaisir est dedans le tombeav.

L'une des épitaphes latines est signée du nom de David Vacquier de Nérac, conseiller et secrétaire des commandements de la princesse de Navarre [2] :

---

1. Voir, sur Anne de Rohan, nos *Recherches épigraphiques*, pp. 11-13.
2. Voir, sur David Vacquier de Nérac, *Ibid.*, pp. 13-15. — Le généalogiste Garret de Sainte-Catherine dit que Jacques de Chivré fut chevalier de l'ordre du Saint-Esprit, chambellan de Henri, roi de Navarre, gouverneur de la ville et château de Nérac, et que son fils Henri de Chivré fut, après lui, gouverneur de la même ville. Nos recherches

Heic sita est Catharina de Chivray filia Fortissimi Herois Iacobi de Chivray Ex Cecilia dv || *Monceav Domina Primariae dignationis apvd avgvstam Principem Catharinam vnicam* || *Henrici IIII Francorum et Navarreorvm Regis Sororem Cvi vnicè cara vixit ob* || *eximias corporis animiqve dotes, qvibvs et Sexvm et aetatem Longe svpergressa* || *est virgo ad Miracvlvm Svspicienda sed Parcae Sinisteritas qvae nihil ab omni* || *lavde Perfectvm Divrnare Patitvr Ostendit simvl et ademit Terris Hoc Nobile* || *cœli depositvm svpra qvam Homini sperare fas est Homo nata Proveheretvr* || *obiit in Primvlo AEvi flore et in ipso virtvtvm Incremento nata annos XIII et* || *Mensem vnvm Magno cvm Mœrore Matris Infaelicissimae nec non ipsivs* || *ser........e Principis Qvae vivam flagranti gratia et pené Materno affectv* || *c...... Mortvae Marmor Hoc Exstrvendvm Cvravit.*

Qvod et voto Pietatis optativs et ordini Mortalitatis Convenentivs Fverat || *vt Matri Filia Supremvm fvneris officivm exsolveret Id natvrae Praeposteritas* || *Invidit Miserrimae Parenti qvae modo Foelici flore inter gratvlantes venerantes* || *qve Adspici solita Nvnc gravissimo vvlnere orbitatis Percvlsa Miserationi* || *est qvibvs admirationi erat Tv qvibus es havd Immemor Hvmanae sortis non* || *solvm ignosces Materno Lvctvi sed accedes pro parte et inter Pvblicas* || *Calamitates depvtabis Tantam virtvtis Indolem in Herba oppressam Cvivs* || *amori atqz Honori Pias lachrymas impendit Illvstrissima Regis Soror et* || *Hoc Monvmentvm donavit dedicavit :*

dans les Archives du Lot-et-Garonne et des Basses-Pyrénées sont demeurées sans résultat. Rien ne confirme les assertions du généalogiste. Ainsi la série B. des Archives des Basses-Pyrénées contient les mentions suivantes : « François de Laporte, capitaine du château de Nérac, en 1582, le même en 1606. — Labarthe, gouverneur de la ville, mort en 1587. — Louis de La Valette, duc d'Epernon, capitaine du château en 1625. » (*Archives des Basses-Pyrénées*, B. 1473, 1544, 1526 et 1527, 2002.)

*Vale et Salve Foelix Anima nos te eo ‖ ordini qvo
fata Devsqve Vocabvnt omnes Conseqvemvr.*

Vacqvevs Neracensis SDVS[1].

La seconde épitaphe est aujourd'hui incomplète :

*Tvmvlvs Nobilis Catherinae de Chivray qvae fvit
de Charitibvs et Charissimis Illvstrissimae et Prae-
clarissimae Principis Catherinae ‖ Henrici IIII Fran-
corvm et Navarreorvm Regis Sororis Vnicae : Cvi ‖
Nascenti nomen svvm Indidit Viventi Honores Plvri-
mos attribvit ‖ Morienti instar Matris Moerens et
Lachrimans Monvmentvm Hoc ‖ adificandvm cvravit
in Memoriam Sempiternam amicitiae svae ‖ Iovis hic
labor egregivs. Hic natvrae opvs Praestantissimvm
Hic Virgo ‖ virtvtibvs Innvmeris Praedita Hic Regis
Sororis dilectissima Hic ‖ Maioris Principis cvltvs
et ornamentvm Hic Sodalivm decvs Hic cor ‖ vt filia
Matris Hic sola Proles Foeminea qvam Peperit ille
Secvnd.. ‖ Mars Iacobvs de Chivr   Cecilia dv Mon-
ceav Celcitvdinis... Dominante anno   cem vnvm
nata proh dolo   se   avt   dTempus hic
Iac   B*

Les dernières lignes de cette inscription sont très mutilées. Plusieurs lettres, brisées par la moitié, sont d'une lecture douteuse et conjecturale. Nous avons reproduit seulement ici celles dont la forme est assez nette pour lever
toute incertitude.

Le souvenir de la fin rapide de Catherine de Chivré s'est
perpétué jusqu'à nos jours dans la contrée, et la légende a
singulièrement dénaturé la réalité des faits, suivant l'habi-

---

[1]. Les deux lettres D et V ont été superposées par l'artiste qui a gravé l'inscription, de telle sorte qu'il est difficile de préciser l'ordre dans lequel on doit les lire.

tude des campagnes, toujours avides de merveilleux. L'origine de ces bruits, dont quelques-uns sont d'une nature calomnieuse et outrageante pour la fraîche mémoire d'une jeune fille innocente, remonte à une époque déjà éloignée. D'autre part, nous lisons dans une lettre datée du 14 février 1787 et adressée par M. Rivereau de la Garde, de Laval, à M. Grisel, avocat au Parlement, demeurant à Boulogne-sur-Mer, les lignes suivantes : « La tradition rapporte que
« le roi Henri IV, soit par amour pour Mme la marquise de
« la Barre [1], soit plutôt pour sa fille Catherine de Chivré,
« construisit le château de la Barre. Et réellement l'ou-
« vrage paraît bien un ouvrage de roi. Les cours étaient
« bâties, le principal corps du château et un pavillon
« étaient achevés, le second pavillon n'était pas terminé,
« lors du décès de Catherine de Chivré. L'ouvrage fut alors
« cessé. Tous les ornements d'architecture, de menuiserie,
« et les ferrures du château de la Barre contiennent un
« chiffre à peu près de cette façon...[2] qui est probablement
« le chiffre de Henry et de Catherine de Chivray [3]. » Cette pièce figure aux Archives de la Mayenne [4].

Aujourd'hui encore on explique cette mort presque subite de diverses manières. Les uns répètent que la jeune fille succomba à la joie qu'elle éprouva en voyant entrer, dans la cour du manoir seigneurial, le roi, suivi d'une escorte brillante. Quelques-uns se contentent de dire qu'elle avait cessé de vivre avant l'arrivée du prince. D'autres persistent à soutenir qu'elle fut une des victimes des amours du Vert-Galant. Il en est qui, moins affirmatifs, pensent simplement

---

1. Le dessin représente la lettre H traversée dans le milieu par deux C adossés l'un à l'autre.

2. Remarquons d'abord que la terre de la Barre ne fut érigée en marquisat que beaucoup plus tard. Cécile du Monceau était dame et non marquise de la Barre.

3. Cette explication est de pure fantaisie. Le chiffre cité est celui de Henri de Chivré qui acheva l'ameublement du château sous Louis XIII.

4. *Arch. de la Mayenne*, B. 2422.

que les charmes de Catherine avaient attiré les regards du roi [1].

Il y a là autant d'inexactitudes que de mots. Le *Journal de Louvet*, qui relate les promenades du Béarnais en Anjou, du 7 mars au 9 avril 1598, ne parle pas de sa visite à la Barre, un an avant le décès de Catherine de Chivré [2]. Le roi ne revint pas dans cette région l'année suivante (1599). Les *Lettres missives* de Henri IV, publiées par Berger de Xivrey, et les *Lettres inédites*, éditées par le prince Galitzin, ne contiennent aucune allusion à ces événements. Pas une de ces lettres n'est datée du château de la Barre. Cette correspondance commence le 10 mars 1598 et finit le 9 avril de la même année. Enfin, l'âge de la jeune Catherine ne permet pas que l'on puisse ajouter foi à ces étranges calomnies.

---

1. « Henri l'avait déjà remarquée, et son regard valait un éloge, car son œil délicat et fin assignait à la cour le rang à la beauté. » Godard-Faultrier, *l'Anjou et ses monuments*, t. II, p. 452. — Voir aussi *les Seigneurs de Laval*, de l'abbé Foucault.
2. Voir le *Journal de Louvet* dans la *Revue de l'Anjou*, 1854. t. II, p. 309 et suiv.

CHAPITRE TROISIÈME

Les Angevins s'opposent à la construction de la forteresse de la Guénaudière en Bierné. — Le prêche et les ministres protestants du château de la Barre. — Mme de la Barre demande que l'exhortation soit faite chez elle tous les dimanches. — Abjuration de Claude de Chivré, dame de la Patrière. — La châtellenie et seigneurie de la Barre, unie à d'autres domaines, est érigée en marquisat. — Les Chivré lieutenants généraux de l'artillerie de France. — Contestations entre le curé de Bierné et le seigneur de la Barre. — Anne de Chivré prend parti pour la Fronde et amène à Angers cinq canons de fonte.

Les protestants étaient nombreux autour de Château-Gontier en 1600. Le 19 et le 20 juillet 1600, au synode provincial d'Anjou et Touraine, tenu à Pringé, comparurent, « pour l'esglise de Craon, Chasteaugontier et Landelles, Monsieur de la Branchouère, ministre, et Monsieur de Montoisier, ancien. » — « Étienne Bernard, sieur de la Branchouère, ministre de l'église de Craon et de Chasteaugontier, a représenté au sinode l'article de son congé obtenu au sinode de la province de la Xaintonge, ensemble de la confirmation d'icelluy au coloque donné en datte du neufiesme de septembre 1599, signé : Neclin et Ferrière ; sur quoy, la compagnie l'a receu et luy a donné les mains d'association pour servir en la province ès esglises de Cran et Chasteaugontier et Landelles ès quels il est appelé ; veu aussi le tesmoignage de l'église de Mauzay, laquelle il servoit auparavant. » Le sieur de la Branchouère est autorisé à résider dans celui des endroits qui lui semblera le plus commode. Il sera accompagné, dans ses courses, d'un homme de pied, qui lui servira d'escorte et veillera à sa sûreté, car le chemin est long et les dangers sont nombreux. Quant à Laval, il y sera pourvu ultérieurement [1].

Le 3 août 1601, le Conseil de ville d'Angers fit une pre-

---

1. Extrait d'un manuscrit inédit de la Bibliothèque de Blois, fonds Pothéc.

LA BARRE DE BIERNE

mière tentative pour s'opposer à la construction de la forteresse de la Guénaudière de Bierné [1]. Le maire était, à cette époque, Jacques Gaultier, sieur de la Blanchardière, qui se démit dans l'année pour cause de maladie. Il avait été successivement conseiller du roi, contrôleur général des traites foraines, receveur des domaines et consignations. Dans cette protestation, le Conseil de ville exposait que :

« Sur ce qui a esté remonstré, par Monsieur le Maire, que la dame de la Barre, dame de la Guenaudière, en Bierné, faict bastir un chasteau et forteresse qui est tellement advensée, qu'elle est maintenant en deffense, et y travaillent de jour à aultre grand nombre de personnes, laquelle place, pour sa forteresse, pouroit aporter préjudice au service de Sa Majesté et repos des habitans de ceste province, a prié la compagnie d'adviser ce qui est affaire. Sur ce, les opinions prises, a esté conclud que Messieurs de la Justice seront priez d'y pourvoir de faczon qu'il n'arrive chose préjudiciable au service du Roy, bien et repos de ceste province et aultres circonvoysines [2]. » On lit en marge du registre qui contient cette délibération intéressante : « Pour empescher le bastiment de la forteresse de la Guénaudière, en Bierné. »

Il paraît que cette démarche n'aboutit pas. Dans la séance du 7 août, constatent les registres, « Monsieur le Maire a, comme aultres foys, représenté les plainctes qui se font de violences, ravages et exactions faictes par les maneuvres et aultres gens travaillans au bastiment de la maison de la Guénaudière, paroisse de Bierné, ensemble de la structure d'icelle qui se bastit en forteresse, telle que, s'il n'y est pourveu, elle se rendra inexpugnable dans peu de temps ; a prié Monsieur le Lieutenant Général [3], estant en ce con-

---

1. *Archives anciennes de la Mairie d'Angers*, BB. 49, folios 71-79.
2. *Archives anciennes de la Mairie d'Angers*, BB. 49, folio 71.
3. Pierre de Donadieu, sieur de Puycharic, fut « chevalier de l'ordre du roy, capitaine de cinquante hommes d'armes, gouverneur de la ville et château d'Angers, lieutenant pour Sa Majesté en Anjou et sénéchal dudit pays, » de 1585 à 1605.

seil, en vouloir aporter ce qui est de l'auctoritté de la justice, pour le bien du service du Roy et repos des habitans de ceste province et aultres circonvoysines, et à ce qu'il n'en puisse arriver inconvénient à l'advenir ; ce que Messieurs du Clergé ont aussy recommendé aud. sieur lieutenant général, et prié d'y pourvoir en bref. » En marge du registre qui renferme cette seconde délibération, on lit : « Pour empescher la structure de la forteresse de Bierné [1]. » Ces doléances furent sans doute écoutées, car on ne rencontre aucune autre plainte, au sujet du château de la Barre, dans les délibérations du Conseil de ville d'Angers, pendant les années qui suivirent. C'est donc à cette intervention, et non à la mort de la jeune Catherine de Chivré, qu'il faut attribuer l'interruption des travaux de la Barre, dont les bâtiments demeurèrent inachevés, comme nous l'avons remarqué dans un chapitre précédent.

Le lundi 4 juillet 1605, Cécile du Monceau, « dame de la « Barre, dame d'honneur de feue Madame, sœur de Sa Ma- « jesté, mère et tutrice de Messire Henry de Chivré, che- « valier, sieur de la Barre, » assistait aux assises tenues au lieu de la Guénaudière « par maistre François Nicolle, « licencié en droits, sénéchal, maistre Pierre de Capde- « ville, procureur, Elye Durand, greffier, Guy Bourgeon, « sergent, Georges Gusfault et Marin Abaffour, record [2]. » Catherine de Bourbon était, en effet, décédée à Nancy, sans postérité, le 13 février 1604, extrêmement regrettée des personnes de sa maison pour sa douceur et ses autres belles qualités. Elle était restée fidèle aux idées calvinistes.

Au synode tenu à Bellesme, ville principale du Perche, le 3 mai 1606, M. Viguen présentait « les lettres et « remonstrances de Madame de la Barre, par lesquelles « elle requiert que l'exhortation se face tous les dimanches

---

1. *Archives anciennes de la Mairie d'Angers*, BB. 49, folios 77-79.
2. *Archives de la Mayenne*, B. 2422.

« en sa maison par M. Estienne Bernard, sieur de la
« Branchouère, ministre de l'église de Cran et Chasteau-
« gontier, nonobstant le jugement de l'assemblée tenue à
« Molières [1]. Sur quoy, le dit sieur de la Branchouère [2],
« ayant esté cy, ensemble le sieur de Linières, député de
« l'église de Cran et Chasteaugontier, la compagnie a
« exhorté le dit sieur de la Branchouère, ensemble les dites
« églises, d'accorder à la dite dame, d'icy au prochain
« synode, l'exercice et continuation du saint ministère au
« jour et en la façon accoustumée. »

Selon le rapport présenté au synode tenu à Saumur du 18 au 23 juillet 1607, par M. de la Branchouère, « pasteur des églises de Craon, Molières et les Landelles [3], » assisté de M. de la Maisonneuve, « ancien, » un grave dissentiment existait alors entre les trois églises. L'affaire fut renvoyée au colloque suivant. M. Samuel Dubois, désigné pour être pasteur « en l'église de Laval et Terchant [4], » fut autorisé, à la même réunion, à exercer son ministère, « jusques au pro-
« chain synode, chez Madame de la Barre, à la Barre, dite
« cy devant la Guénaudière, et ce de trois sepmaines en
« trois sepmaines, à jour de dimanche, à la charge qu'elle
« contribuera à la pention du dit sieur et frais de l'église,
« pour un tiers, et que les proches voisins de la dame de la
« Barre, qui sont de l'église de Chasteaugontier et com-
« prins soubz le rolle dressé pour la pention du dit sieur de
« la Branchouère, pasteur d'icelle, ne s'en pourront dis-
« traire, ains tenus de contribuer leurs subventions pour
« l'entretenement du dit sieur de la Branchouère. »

1. Mollière, bourg, commune de Chemazé, arr. de Château-Gontier, Mayenne. (*Dict. top. de la Mayenne*, p. 219.)

2. Etienne Bernard, sieur de la Branchouère, exerçait en 1626 les fonctions de ministre de Craon et de Château-Gontier. Ce poste était vacant en 1637. (*France protestante*, t. X, p. 319-340.)

3. Landelle (la Grande et la Petite), f., commune d'Azé, près Château-Gontier, Mayenne. (*Dict. top. de la Mayenne*, p. 186.)

4. Terchant, h. m^{le} et étang, commune de Saint-Cyr-le-Gravelais, canton de Loiron, arr. de Laval, Mayenne. (*Dict. top. de la Mayenne*, p. 309.)

Le château de la Barre était donc le rendez-vous habituel des protestants de la contrée environnante, comme le prouve le document dont nous avons reproduit un extrait [1]. M. Abel du Val, sieur de Villeray, procureur du roi en l'élection et grenier à sel de Château-Gontier, accompagnait le pasteur des églises nommées ci-dessus au synode provincial « d'Anjou, Touraine, le Mainne, Vendosmois, Ludonnois et Grand Perche, » tenu à Poligny, près Laval [2], du 2 au 8 septembre 1609. L'église de Château-Gontier et de la Barre est également mentionnée dans le procès-verbal de cette réunion. On décide que « Monsieur de Montoisier contribuera tous-
« jours à l'entretien du pasteur de Chasteaugontier; en
« outre, que si quelques autres de la dicte église sont plus
« près de l'église de Chasteauneuf [3] et la Barre, et ont désir
« de jouir du mesme benefice que le dit sieur de Montoisier,
« ce sera à la mesme condition, et ne pourront estre receus à
« la participation de la cene ès dites églises plus voysines,
« qu'ilz n'y aportent une attestation de la dite église de
« Chasteaugontier, tesmoignant comme ilz auront contribué
« à la subvention de la dicte église de Chasteaugontier. Sur
« le différend d'entre les églises de Chasteaugontier et
« Chasteauneuf touchant le leg de cent livres faict par le
« deffunct sieur de Dangé, la compagnye a trouvé bon qu'il
« demeure à ceux de Chasteaugontier ausquelz il avoit

---

1. Extraits d'un manuscrit de la Bibliothèque de Blois, fonds Pothée, de 159 feuillets, communiqué par M. l'archiviste de Loir-et-Cher. Voir la pièce justificative n° 1. — Liste des pasteurs de la Barre : *Michel-Louis de la Delaye*, 1602-1610. — *Étienne Bernard de la Branchouère*, 1605-1607. — *Samuel Dubois*, 1607-1609. — *Jean Grenon*, 1616-1620. — *Daniel Petit*, 1623-1626. — *Jean Simon*, 1631. — Le poste est vacant en 1637. — *De Vaux*, 1647. — *Pierre Montant*, 1660-1683. Ce prêche était du colloque du Maine. (Note communiquée par M. le pasteur N. Weiss, membre de la *Société de l'Histoire du Protestantisme français*.)

2. Poligny ou Poligné, château et ferme, commune de Bonchamp. — Fief relevant directement du donjon du Mans. (*Dict. top. de la Mayenne*, p. 259.)

3. Châteauneuf-sur-Sarthe, arr. de Segré (Maine-et-Loire). — Le ministre Jean Trioche y tenait le prêche en 1565 et 1568 dans un édifice situé au bout du pont. La tenue d'un prêche avait été autorisée à la Ruchènière, près Châteauneuf, en 1571, puis interdite avant même l'ouverture.

« esté cy davant adjugé, et toutesfoiz ilz en useront selon
« l'intention du testateur, dont ilz s'informeront dilligem-
« ment. »

La dame de la Barre mourut en 1610. Elle légua, par testament, une somme de quatre cents livres de rente pour l'entretien du ministre attaché au service de sa maison [1]. Jacques de Chivré, IIe du nom, avait précédé sa femme dans le tombeau. La *Généalogie de la branche aînée de la famille de Chivré*, que nous avons eu souvent occasion de citer au cours de cette étude, qualifie Jacques de Chivré de tige des marquis de la Barre. Ce n'est, comme nous le verrons, qu'en faveur de son fils Henri de Chivré, Ier du nom, que la seigneurie de la Barre fut érigée en marquisat. Nous venons de constater que, dans un document mentionné précédemment, en 1607, la Guénaudière avait déjà pris le nom de la Barre à cette époque. En dehors de la mention des lettres patentes, nous n'avons pu recueillir aucun détail sur la situation exacte et l'importance de « la châtellenie et seigneurie de la Barre en Anjou, » à laquelle, comme nous l'indiquerons, fut unie la seigneurie de la Guénaudière. Nous savons seulement que le fief de la Barre de Huillé, comme nous l'avons dit, appartenait aux Chivré en 1539. Nos autres recherches sont demeurées infructueuses.

Le 7 avril 1617, un des frères capucins de Château-Gontier défroqua pour se faire huguenot. Le 9 décembre de la même année, Claude de Chivré, dame de la Patrière, renonçait au calvinisme en présence de Grégoire Le Doisne, récollet, « ayant pouvoir et authorité de Sa Sainteté et de Monseigneur l'evesque d'Angers d'absoudre l'hérésie. » Les témoins de la cérémonie d'abjuration étaient : « Marie de Sévigné, Marguerite Le Peutre, Frère Augustin, sacristain, Frère Anselme Batereau, Frère Aubert, prêtre,

---

1. *Archives de la Mayenne*, B. 2336.

Frère Ange Collaisseau, Frère Maurille de la Haye et Frère Grégoire Le Doisne [1]. »

Henri de Chivré, Ier du nom, épousa en premières noces, le 8 août 1619, Antoinette de Carbonnel, fille et héritière de Jacques, seigneur de Chasseguai, et d'Anne de Chaumont-Quitry [2]. Le contrat de mariage est conservé au château de Sottevast. Il s'unit ensuite à Françoise Maret, veuve de Samuel de la Chapelle, chevalier, marquis de la Roche-Giffard, et, en troisièmes noces, à Louise de Fleurigny [3]. Il continua la grandeur de sa maison et remplissait, sous Louis XIII, depuis 1632, les fonctions de lieutenant général de l'artillerie de France. « La charge de lieutenant général, quand elle subsistoit, dit un auteur, étoit la seconde de l'artillerie; celui qui l'exerçoit, comme son titre le marque, commandoit l'artillerie en l'absence du grand maître qui nommoit à cette charge [4]. » Depuis 1601, le grand maître de l'artillerie était un des grands officiers de la couronne. En 1632, Charles de la Porte, duc de Mazarin et de la Meilleraye, succéda, dans cette fonction, à Maximilien de Béthune, prince d'Enrichemont et marquis de Rosny, fils du grand Sully. Il mourut en 1664 [5].

En récompense de ses glorieux services, Henri de Chivré, nommé gentilhomme de la Chambre, obtint du roi de France que « la châtellenie et seigneurie de la Barre en
« Anjou, unie avec celles de la Guénaudière, Saint-Aignan,
« de Bruère, le Bois-au-Baron, etc., situées en Anjou et au
« Maine [6], » fût érigée en marquisat par lettres patentes

---

1. *Bibliothèque d'Angers*, manuscrit n° 873.
2. La Chesnaye des Bois, *Dictionnaire de la Noblesse*, édition de 1772, t. IV, p. 466-467.
3. *Archives de la Mayenne*, B. 2293.
4. Extrait de l'*Histoire de la Milice françoise*, par le R. P. Daniel de la Compagnie de Jésus. Paris, 1721, t. II, p. 528. — H. n° 4040 de la Bibliothèque d'Angers.
5. Voir, sur les Grands maîtres de l'artillerie de France, le *Dictionnaire historique des institutions, mœurs et coutumes de la France*, t. 1, p. 503-504.
6. La Chesnaye des Bois, *Ibid.* — *Mémorial de la Mayenne*. — *Dictionnaire topographique de la Mayenne*, p. 457. — Cauvin. — E. de Magny (*Nobiliaire de Normandie*). — Tous indiquent la date de 1633. — Nous avons vainement cherché les lettres d'érec-

datées du mois de juin 1633 et enregistrées au Parlement. Henri de Chivré demeurait ordinairement « au château de l'Arsenal, à Paris, paroisse de Saint-Paul. » Il assista aux nombreux combats livrés par les armées françaises contre les troupes de la maison d'Autriche, en Espagne, en Italie, en Allemagne, en Franche-Comté et en Belgique. Il figurait au siège de la place de Landrecies, investie le 19 juin 1637 par les soldats du cardinal La Valette [1]. Il fut créé maréchal de camp par brevet du 15 avril 1638. Il rendait aveu, le 16 juin suivant, à la châtellenie de Bouère, pour ses fiefs de Vaugilmer, l'Aubier et la Touchaye. Il est qualifié, dans ce document, « baron de Maransin et de Meillan [2]. »

Il commandait l'artillerie au siège de Saint-Omer. Les lignes ayant été attaquées, le 8 juillet de la même année, par les forces rivales sous les ordres de Piccolomini et du prince Thomas, chef des Impériaux, le marquis de la Barre fut chargé par le maréchal de Châtillon de la défense du marais avec mille hommes des régiments de Navarre et de Molondin. Mais, en voulant reprendre une redoute que les ennemis venaient d'enlever, il eut la cuisse cassée d'un boulet de canon et succomba le lendemain, regretté comme un des meilleurs officiers du royaume, suivant la lettre du maréchal de Châtillon, qui rend compte de sa mort. Le roi réserva sa charge de lieutenant général de l'artillerie pour son fils, encore trop jeune, et la lui donna par provisions du 10 janvier 1643 [3]. Relatant le même fait, un autre auteur

---

tion dans les enregistrements du Parlement et dans les registres de la Chambre des Comptes. Elles ne sont pas davantage mentionnées par Blanchard. Cependant elles sont rappelées dans d'autres lettres d'octobre 1735 portant érection de la terre de la Barre en comté par Colbert de Torcy. — De Maude donne à tort la date de 1683 dans l'*Armorial du diocèse du Mans.*

1. Le R. P. Daniel, *loc. cit.*
2. *Titres de la Vaisousière*, t. XIX, fol. 209, et t. XXII, fol. 188.
3. *Chronologie historique militaire*, par Pinard, 8 vol. in-4°. Paris, 1760-1778, t. VI, p. 147. — Les archives du Ministère de la guerre et celles du Comité d'artillerie ne fournissent aucune lumière sur les lieutenants généraux d'artillerie au XVII° siècle.

dit que le marquis de la Barre fut très regretté « pour sa valeur et son expérience du fait de l'artillerie. » Il ajoute que son fils, âgé de seize ans, fut blessé dans la même affaire. La *Gazette de France* constate que le sieur de la Barre commandait l'artillerie en 1638 et qu'il était devant Saint-Omer le 8 juillet, sans mentionner son décès.

Dès le 23 mai 1641, Anne de Chivré, chevalier, marquis de la Barre, est qualifié « lieutenant général de l'artillerie de France, émancippé, estant et jouissant de ses droictz soubz l'auctorité de Claude Chrestien, escuyer, sieur des Créneaux, son curateur par sentence donnée au Chastelet de Paris le vingt sixième jour d'octobre mil six cens trente-huit ; ledict s^r de la Barre, héritier par bénéfice d'inventaire de deffunct messire Henry de Chivré, son père, vivant aussi seigneur et marquis de la Barre et lieutenant général de l'artillerie de France. » C'est contre Charles de Montesson, chevalier, « seigneur dudict lieu, » qu'il plaidait à cette époque. « Lesquelles partyes, pour terminer le différend meu entre eulx et pendant en la Chambre de l'Edict à Paris, pour raison des demandes, fius et conclusions prises par ledict s^r de Montesson contre ledict sieur de la Barre, pour luy quitter la possession et jouissance du quart par indivis de la terre et seigneurie du Plessis-Bourrel, avec restitution des fruict, despenz, dommaiges et interestz, ont nommé et convenu et accordé pour arbitres, arbitrateurs, etc. » Charles de Montesson était fils aîné et principal héritier de « deffuncte dame Renée des Rotrous (Rotours), » dont la sœur Radegonde était dame de la Foullée (Feuillée)[1].

Il semble donc établi d'une façon péremptoire que notre Henri de Chivré, Ier du nom, lieutenant général de l'artillerie de France, marquis de la Barre, fut tué devant Saint-Omer en 1638. Les documents cités plus haut le constatent et dé-

---

[1]. Cette pièce, déposée aux archives de la famille de Montesson et extraite de l'étude de M. Goupil, notaire à Paris, par les soins de M. S. d'Elbenne, nous a été communiquée par M. le vicomte Charles de Montesson, du Mans.

mentent l'assertion d'un auteur qui assigne à la mort de ce personnage la date du mois de mars 1654 [1]. Il laissait deux enfants, Anne et Henri, II⁰ du nom. Anne fut lieutenant général de l'artillerie après son père. Mais alors quel est le La Barre, lieutenant général de l'artillerie de France, qui succomba à Rocroy le 19 mai 1643 et fut tué sur ses pièces, selon le récit de l'éminent auteur de *la Première campagne de Condé* [2], d'après le témoignage de la *Gazette de France* [3] ? Mgr le duc d'Aumale le qualifie « homme entendu et dévoué, » mais il ne donne aucun renseignement généalogique sur lui et sur sa famille. Nous avons vainement tenté de débrouiller cet écheveau compliqué. Nos recherches dans les volumes des collections Moreau, Clairembault, Delamare, où figurent l'indication de pièces sur l'artillerie, sont restées sans résultat.

L'historien angevin Barthélemy Roger, de son côté, confond entre eux Anne et Henri de Chivré, le fils et le père. Après avoir dit qu'Anne de Chivré fut tué en 1638 au siège de Saint-Omer, il le ressuscite plus loin et le range parmi les héros des guerres de Flandre et d'Allemagne en 1643 et 1644 [4].

Le 30 mars 1645, Anne de Chivré épousait Anne Vallée de Chenailles, fille de Claude Vallée, seigneur de Chenailles, conseiller au Parlement de Paris. Son frère, Henri de Chivré, II⁰ du nom, s'unit de son côté, par contrat passé devant Guillon et Guillebard, notaires, le 17 janvier 1665, à Marguerite Bodin, dame d'Issoudun [5]. Le contrat de

1. La Chesnaye des Bois, *Dictionnaire de la Noblesse*, 2ᵉ édition (1772), t. IV, p. 466-467.
2. *Revue des Deux-Mondes*, 1ᵉʳ et 15 avril 1883, p. 501 et 736.
3. On lit dans la *Gazette de France* : « ... Les ennemis s'estans rendus maistres de nostre canon, après qu'ils eurent tué le sieur de la Barre, lieutenant de l'artillerie, qui y fit très bien son devoir.... »
4. B. Roger, *Histoire d'Anjou*, p. 498, 503, 507. — Selon les archives de Maine-et-Loire, Henri de Chivré, II⁰ du nom, était l'aîné, et Anne le cadet. (*Dossier Chivré*, série E. 2010.)
5. La Chesnaye des Bois indique la date du 17 juin, mais le contrat de mariage porte celle du 17 janvier.

mariage est conservé aux archives du château de Sottevast [1]. La grosse figurait aux archives de la Barre. Selon une généalogie, Henri de Chivré, Ier du nom, avait épousé en secondes noces Françoise de Montbarrey, dont naquit Gédéon de Chivré, écuyer, « seigneur du Meslian, sans postérité connue [2]. » Cette assertion semble inexacte, car nous avons énuméré ci-dessus les trois femmes de ce personnage.

Dès l'année 1647, Anne de Chivré, marquis de la Barre, commence la série des procédures et des actions judiciaires, qui devaient, avec les saisies répétées des terres et des seigneuries possédées par la famille de Chivré, consommer, au bout d'un demi-siècle, la ruine de cette puissante maison. Il procédait sous l'autorité de Claude Chrestien, son curateur, contre Claude Cabarin, bourgeois de Paris, au sujet de la succession de son père, Henri Ier de Chivré [3].

1. Note communiquée par M. le vicomte de Chivré. — *Généalogie de la famille de Chivré*, par Garret de Sainte-Catherine.
2. *Généalogie de la famille de Chivré*, par Garret de Sainte-Catherine. Ce généalogiste dit qu'Anne Vallée était dame de Mezonville, ce qui n'est pas vrai. Il prétend ensuite que la femme de Henri de Chivré avait nom Marguerite du Bodin (des du Bodin, sieurs de Fresnay). Toutes les pièces des archives de la Mayenne et de Maine-et-Loire l'appellent Marguerite Bodin. Le même généalogiste indique faussement Henri III de Chivré, dernier marquis de la Barre, comme frère de Henri II ; c'était son fils, comme le constatent justement La Chesnaye des Bois et la *Généalogie inédite de la branche aînée de la famille de Chivré*, que nous possédons parmi nos manuscrits. La *Généalogie des seigneurs du Plessis de Chivré*, conservée aux Archives nationales, M. 369, fait à tort mourir Jacques de Chivré au siège de Saint-Omer et confond ce personnage avec son fils Henri de Chivré, Ier du nom. — Anne de Chivré est cité dans une pièce du 17 mai 1645 (*Cabinet des titres*, pièces orig., n° 753, f° 47). Il est qualifié « fils et héritier de deffunct messire Henry de Chivray, chevalier, marquis de la Barre. »
3. *Archives de la Mayenne*, B. 2281. — L'acquisition totale du Plessis-Bourrel donna lieu à de nombreuses contestations. Le 16 décembre 1647, le marquis de la Barre, par acte passé devant Pierre Briand et Jean Gauthier, notaires du comté du Maine, achetait la seigneurie du Plessis-Bourrel. La même année, « la quarte partie par indivis » de cette terre était saisie. Elle le fut de nouveau en 1651. En 1655, le curé de Bierné soutenait un procès contre la dame de la Barre au sujet de certains territoires relevant du Plessis. En 1675, nouvelle saisie de ces domaines. Le 19 février 1677, l'acte d'acquêt de cette seigneurie était définitivement conclu. Par acte sous seing privé, Marie de Montesson, veuve de Messire Alexandre d'Aché, chevalier, seigneur dudit lieu, demeurant en la maison de la Roche-Talbot, et Marguerite Bodin, veuve de messire Henri de Chivré, fils aîné et principal héritier de messire Henri de Chivré, chevalier, seigneur marquis

Claude-Trajan Gaultier de Brullon, curé de Bierné, « seigneur fondateur de l'église paroissiale dudit lieu, » adressait, en 1648, une requête au siège présidial de Château-Gontier, pour s'opposer au projet que le sieur de la Barre, de Chivré et du Plessis-Bourreau avait de faire apposer les litres et écussons de ses armes au dehors et au dedans de l'église de Bierné, au préjudice de ses droits [1].

Anne de Chivré, marquis de la Barre, conseiller du roi en ses conseils, lieutenant général de l'artillerie de France, mestre de camp d'un régiment d'infanterie, se distingua dans les campagnes militaires par plusieurs traits glorieux, en combattant sous les ordres du maréchal et du duc de Brézé en Flandre et en Allemagne. Il venait à la Barre se reposer des fatigues de la guerre.

L'année 1648 fut signalée en Anjou, comme dans les autres parties du royaume, par des troubles continuels. Dès le mois de janvier et pendant six semaines, les Angevins durent nourrir, pour le maréchal de Brézé, trente-deux cornettes de cavalerie : « pis qu'une armée de Turcs, » dit Touraille. Chapitres, justice, commerce, marchés, tout avait cessé. Le récit des désordres commis par les troupes et des séditions qui éclatèrent ensuite est retracé de main de maître dans le *Journal de M. Jousselin, curé de Sainte-Croix d'Angers (1621-1652)*, publié par M. C. Port dans les *Documents* insérés à la fin de l'*Inventaire analytique des Archives anciennes de la Mairie d'Angers*. Les *Registres capitulaires de Saint-Pierre d'Angers* mentionnent également ces exactions et ces violences des gens de

---

de la Barre, convinrent que la somme de 22,000 livres, restant du prix de la vente du Plessis-Bourrel encore due par les héritiers de feu messire Henri de Chivré, marquis de la Barre, serait changée, pour l'avenir, en une rente hypothécaire de 1100 livres, servie aux Montesson. Le 15 novembre 1678, par acte passé devant Jean Carré, notaire royal à Angers, Marie de Montesson cédait ses droits à M. François de la Forêt d'Armaillé, chevalier, seigneur dudit lieu, demeurant à Angers, paroisse Saint-Michel-du-Tertre. (*Archives de Maine-et-Loire*, E. 2010 et 4208. — *Bibl. nat., Cabinet des titres*, n° 753. — *Archives de la Mayenne*, B. 2281, 2289, 2293, 2370.)

1. *Ibid.*, B. 2283.

guerre [1]. Les soldats emportèrent d'Angers plus de 150,000 livres [2]. La déclaration du 24 octobre, qui consacrait le triomphe du Parlement sur Mazarin, termina le premier acte du drame politique que l'on désigne dans l'histoire sous le nom de la Fronde [3].

Bientôt les hostilités recommencèrent. Le 18 janvier 1649, le Parlement avait invité, par une double circulaire, les autres parlements et les villes, baillis et sénéchaux, à faire cause commune avec lui [4]. Le 21 du même mois, il lança, sous forme de remontrances au Roi et à la Reine régente, un violent manifeste contre le despotisme de Mazarin. Les publications et les libelles contre le cardinal, connus sous la dénomination de *Mazarinades* [5], se multipliaient de tous côtés. Angers se rangea du parti des Frondeurs [6]. Le duc de la Trémouille, intrigant et ambitieux, « avoit reçu commission du Parlement de commander aux provinces d'Anjou, Touraine, le Maine, Bretagne et Poitou [7]. »

« Le 24 dud. mois de mars, arrivèrent des cavaliers envoyez par M. le duc de la Trimouille, avec des lettres adressantes à M. le maire et à M. le major (M. de Lespiné-Lemarié, conseiller au siège présidial), qui ne voulut ouvrir la sienne qu'en présence dud. sieur maire, ou plus tost ny l'un ny l'autre n'en firent ouverture qu'en présence de l'assemblée générale de toutes les paroisses et tous les corps de la ville [8]. » Les lettres ordonnaient l'armement des Angevins. M. de la Trémouille était alors à Laval [9].

1. *Reg. capitul. de Saint-Pierre d'Angers*, fol. 240 (Archives de Maine-et-Loire).
2. *Mss. de Touraille*, Ms. 878, p. 499, à la Bibliothèque de la ville d'Angers.
3. Voir l'*Hist. de France*, de Henri Martin, t. XII.
4. Voir le *Journal du Parlement* et les *Registres de l'hôtel de ville de Paris pendant la Fronde*, publiés pour la Société de l'Histoire de France.
5. Voir le *Choix de Mazarinades* et la *Bibliographie des Mazarinades*, 5 volumes, Paris, 1850-1853.
6. Voir le *Journal de M. Jousselin, curé de Sainte-Croix*, p. 433 et suivantes, et les *Archives anciennes de la Mairie d'Angers*, BB. 81 et BB. 82.
7. Barthélemy Roger, *Histoire d'Anjou*, p. 504-505.
8. *Journal de M. Jousselin, curé de Sainte-Croix*.
9. *Archives de Maine-et-Loire*, E. 2010.

La veille 23 mars, le duc de la Trémouille transmettait à Anne de Chivré, établi au château de la Barre, une lettre de service conservée aux archives de Maine-et-Loire ; au verso de cette lettre, on lit un ordre écrit et signé de la main du marquis de la Barre, qui est daté et adressé de la Barre même, le surlendemain 25 mars, à Louis du Mortier, écuyer, sieur de la Ruchénière, près Châteauneuf-sur-Sarthe. Anne de Chivré enjoint à ce seigneur qui, paraît-il, jouissait de toute sa confiance et exerçait une action prépondérante dans cette partie de l'Anjou, de convoquer, sans aucun retard, « les bourgeois, manants et habitants des paroisses de Cheffes [1], Juvardeil [2], Celières [3], Châteauneuf [4], Contigné [5], Brissarthe [6] et Chemiré [7], pour les exercer aux manœuvres de la milice. » Investi de la lieutenance « du chasteau, ville et gouvernement de Chateaugontier, » Anne de Chivré était aussi nommé « mestre de camp » de deux mille combattants, qu'il devait lever, « avec pouvoir de les diviser par compagnie de cinquante hommes chascune et d'y establir des officiers à son choix. » Le 30 mars, la nouvelle de ces événements fut communiquée à l'assemblée générale de la communauté des habitants de Château-Gontier, qui se préparèrent à soutenir la lutte contre Mazarin [8]. Mais, quelques jours après,

1. La châtellenie de Cheffes, qui relevait de Briolay, appartenait alors aux seigneurs du Plessis-Bourré.
2. La châtellenie de Juvardeil était aux mains des barons de Briolay depuis le milieu du XVIe siècle.
3. L'église de Cellières, près Juvardeil, n'existe plus. Elle remontait au XIe siècle. C'était la plus petite paroisse du diocèse d'Angers. Pierre Poypail en était alors curé. La seigneurie de la paroisse appartenait au prieur. Claude de Vinel demeurait, à cette époque, au château dit : la *Cour de Cellières*.
4. La baronnie de Châteauneuf appartenait à la famille de la Trémouille.
5. La seigneurie de Contigné, qui relevait de Châteauneuf, était possédée par Jacques Lasnier, président au Présidial d'Angers, seigneur du Margat.
6. La terre de Brissarthe était la propriété de la maison de Rohan.
7. Chemiré-sur-Sarthe était un des domaines principaux du chapitre de Saint-Maurice d'Angers.
8. Voir les *Registres des délibérations et conclusions de l'hôtel de ville de Château-Gontier*, conservés à la mairie de la ville. Anne de Chivré vint à Château-Gontier

la paix de Rueil, publiée le 2 avril dans Paris, mettait fin à cette prise d'armes.

L'année suivante, Anne de Chivré guerroyait en Champagne dans l'armée du maréchal du Plessis contre les Espagnols et assistait à la victoire de Rethel (1650). Il était toujours lieutenant général de l'artillerie de France. Le 29 mars de la même année, Henri de Chabot, duc de Rohan à cause de sa femme, faisait son entrée à Angers, dont il était gouverneur par suite de la démission du maréchal de Brézé. La première moitié de l'année 1651 fut assez paisible en Anjou. Anne de Chivré séjourna à la Barre.

En 1651, Guy de la Chapelle, marquis de la Roche-Giffard, héritier de Samuel de la Chapelle et de Françoise Maret, ses père et mère, celle-ci étant au jour de son décès femme en secondes noces de messire Henri de Chivré, Ier du nom, marquis de la Barre, lieutenant général de l'artillerie de France, poursuivait en justice messire Anne de Chivré, héritier de son père susnommé et d'Anne de Carbonnel, sa mère. Les fruits et revenus des terres et seigneuries de « la Barre, le Plessis-Bourreau, la Morinière, Sœurdres, etc., » furent encore une fois saisis pour défaut de paiement de la somme qu'Anne de Chivré avait été condamné à compter à dame Louise de Fleurigny, femme en troisièmes noces de Henri de Chivré [1].

En exécution des ordres envoyés par le roi pour la tenue des États généraux du royaume, à Tours, et adressés au lieutenant du sénéchal d'Anjou, à Angers, pour faire assembler les États de la province d'Anjou et nommer les députés des divers ordres, l'ouverture de la réunion eut lieu le 28 juin, après la lecture de la lettre du souverain, « dans le palais royal [2]. » Les trois ordres se retirèrent ensuite

---

pour surveiller les préparatifs de l'armement. Il se logea dans une maison du faubourg. (*Ibid.*)

1. *Archives de la Mayenne*, BB. 2293.
2. B. Roger, *Histoire d'Anjou*, p. 515.

chacun de leur côté. Le clergé se rendit au palais épiscopal et choisit pour le représenter l'évêque d'Angers Henri Arnauld, Madelon de Saint-Offange, abbé régulier de Saint-Maur-sur-Loire[1], et René Lanier, trésorier de l'église d'Angers.

Le 29 juin, la noblesse s'assembla au couvent des Cordeliers, au nombre de plus de trois cents gentilshommes, « où il y eut grand différend sur l'élection des députés[2]. » Les sieurs de la Courbe du Bellay et de Chambellay furent nommés par plus de cent cinquante voix sur l'ensemble des seigneurs présents, « et les sieurs marquis de la Barre et de Jarzé l'emportèrent par le plus grand nombre de voix, en faveur des procurations de plusieurs absents. » Toutefois, le sieur de la Porte forma opposition à la nomination du marquis de la Barre, à cause de sa qualité de protestant. Ceux qui avaient choisi les sieurs de la Courbe et de Chambellay appuyèrent la protestation. Le conseil leur donna raison et cassa l'élection du marquis de la Barre ainsi que celle de M. de Jarzé, dit B. Roger[3]. Le curé Jousselin raconte ainsi ces incidents : « ...La noblesse fut bien autrement généreuse ; car encore que M. le gouverneur désirast que l'on nommast M. le chevalier de Jarzé et M. le marquis de la Barre, néantmoings, à cause que ce dernier est de la religion prétendue, la pluspart de la noblesse n'y voulut point entendre, et envoyèrent quatre députez en l'assemblée du clergé, pour demander sa jonction en l'opposition qu'ils faisoient à la nomination dud. de la Barre, qui leur fut accordée. Le sieur de la Mothe Ferchault dist un bon mot ; car pendant qu'au clergé on délibéroit sur la séance desd. députez de l'église d'Angers, il dist qu'il vouloit estudier son rolet, de peur que Pythagore le prist à la gorge, à

---

1. Claude Madelon de Saint-Offange, fils de François de Saint-Offange, chevalier, seigneur de la Jaille, et de Catherine de la Villarmois, fut abbé de Saint-Maur de 1626 à 1671. Il mourut le 24 avril 1682.
2. *Histoire d'Anjou*, ibid.
3. B. Roger, *Histoire d'Anjou*, p. 515.

cause que, peu de temps auparavant, un homme de condition estoit demeuré court en un discours entamé soubs le nom de Pythagore. Tout cela se fit le mercredy 28 juin. Le 29, la noblesse fist son assemblée au Palays Royal, où enfin lesd. de Jarzé et de la Barre l'emportèrent ; et, disoit-on, qu'on avoit fait intervenir par procuration, ou autrement, quantité de nobles de la ville, qui fut cause que ceux qui estoient contraires aud. de la Barre députèrent en cour le sieur baron de Vihiers. Il y eut bien d'autre bruit en la députation du Tiers Estat [1]... »

L'Anjou se trouva mêlé de nouveau, en 1652, aux troubles de la Fronde. M. de Rohan, gouverneur de la province, avait pris parti pour les Princes contre Mazarin. Il avait occupé les Ponts-de-Cé, qu'il fortifia et où il mit une garnison bien armée. Le château et le logis Barrault furent également munis de soldats et de provisions ; le lieutenant général, M. Boylesve, était emprisonné. Bientôt les officiers « cessèrent toute jurisdiction, au grand estonnement d'un chascun. » Le samedi 10 février, le duc se saisit des canons de la maison de ville et fit commencer des tranchées « aux dehors entre la porte Toussaint et la porte S. Aulbin, et depuis en Boisnet [2]. » Cependant l'armée royale s'avançait contre Angers. Le dimanche 11, elle entrait dans le faubourg Bressigny, commandée par le maréchal d'Hocquincourt; elle s'en empara ainsi que du couvent de la Fidélité [3].

De leur côté, les alliés de M. de Rohan arrivaient en ville. MM. le comte de Rieux, baron de Soucelles, marquis

---

1. Voir le *Journal de M. Jousselin* dans les *Documents* insérés à la suite de l'*Inventaire analytique des Archives anciennes de la Mairie d'Angers*, p. 456. — La date du 12 septembre 1651, assignée par Garret de Sainte-Catherine à l'election d'Anne de Chivré, est inexacte.

2. Voir le *Journal de M. Jousselin*, p. 457 et suiv.

3. La communauté des Bénédictines ou de la Fidélité avait été établie à Angers, en 1632, par Françoise de Douault, prieure du couvent de Saumur. La maison fut bâtie sur l'emplacement de l'hôtellerie de la *Côte-de-Baleine*, d'où dépendait l'enclos de Grohan, l'ancien amphithéâtre, et qu'a traversé depuis la *rue des Arènes*, appelée avant *rue de la Fidélité*.

de la Roche-Giffart, du Plessis-Clerembault et autres avaient fait leur jonction avec les Angevins. Les *écoliers bretons*, étudiants en droit à Angers, et plusieurs jeunes garçons, formaient une compagnie de volontaires à cheval. Le marquis de la Barre avait également amené des renforts et « cinq pièces de fonte. » Le 13 février, le fils du maréchal d'Hocquincourt avait été tué « d'une volée de canon. » Le duc de Rohan « envoya complimenter le maréchal, son père, sur cette perte; » mais le chef de l'armée royale, pour venger la mort de son fils, résolut de presser le siège de la place [1].

Dans la nuit du dimanche au lundi 19, le régiment de Navaille pénétra dans le faubourg Saint-Michel, et les progrès des troupes royales décidèrent les Angevins à capituler. Le duc annonça, le 27, qu'il avait déjà proposé au maréchal d'Hocquincourt de lui livrer le château, « pourveu que la ville fut jouissante de l'amnistie, exempte de pillage, contribution et logement de gents de guerre, sauf du régiment des gardes pour passage seulement. »

Le jeudi 29, en exécution du traité, le château fut rendu, et sept compagnies du régiment des gardes y entrèrent. En tête des « articles accordez entre M. le mareschal d'Hoquincourt, général de l'armée du Roy servant près la personne de Sa Majesté et employé présentement au siège d'Angers, et M. le duc de Rohan, » on remarque le suivant : « Que la ville et chasteau d'Angers seront remis présentement de bonne foy avec toutes les pièces, armes et munitions de guerre, qui sont dedans, suivant les inventaires faits par les officiers de Sa Majesté, pour estre mis dans led. chasteau telle garnison, que led. sieur mareschal jugera nécessaire, réservé cinq pièces de fonte, qu'il sera permis à M. le mar-

---

1. Voir, sur ces événements, *la Fronde en Anjou* de M. E. Berger, *la Fronde angevine* de M. Debidour, le *Journal de M. Jousselin*, l'*Histoire d'Anjou* de B. Roger, la série des factums du temps, édités à Paris et à Angers, et la *Bibliographie des Mazarinades*.

quis de la Barre de faire retirer en sa maison[1]. » Les Ponts-de-Cé furent pris le samedi 2 mars. Le lundi 4, les troupes commencèrent à défiler. Malgré les promesses de la capitulation, les soldats ruinèrent entièrement « les logis des fauxbourgs de Brécigné et de S.-Michel, » brûlant ce qu'ils ne pouvaient emporter et vendant à vil prix aux habitants les bestiaux qu'ils avaient volés dans les campagnes voisines. Les environs d'Angers, le cloître Saint-Laud excepté, où s'étaient logés le comte de Quincé et son fils[2], furent effroyablement saccagés par les royaux. Le vendredi 8, les gens de guerre achevèrent enfin leur départ, après avoir commis autour d'Angers les plus épouvantables désordres, incendié les maisons, gaspillé les subsistances, multiplié les « meurtres, viols, sacrilèges, jusqu'aux calices et custodes, » et avoir converti les églises en étables. L'année suivante, Anne de Chivré s'éteignait à la Barre. On lit dans la *Chronologie historique militaire* de Pinard, que nous avons déjà citée précédemment, le passage suivant : « De la Barre (*N.* Marquis) a été créé maréchal de camp par brevet du 1er mars 1652, où il n'a aucune qualité. » C'est Anne de Chivré qui est ici désigné[3].

---

1. Voir le *Journal de M. Jousselin.*
2. *Reg. capitul. de S.-Laud,* f° 174 (Arch. de M.-et-L.).
3. *Chronol.*, t. VI, p. 346.

CHAPITRE QUATRIÈME

Le mobilier du château de la Barre au temps de la Fronde. — Poursuites dirigées par le Présidial de Château-Gontier contre Anne Vallée, marquise de la Barre, veuve de Messire Anne de Chivré ; contre Gédéon de Chivré, chevalier, baron de Méliand et seigneur de la Touche-Moreau ; contre Marc de la Faucille, seigneur du dit lieu, et Abel Bédé, écuyer, seigneur des Aunais ; tous calvinistes, accusés de diverses contraventions aux édits du Roi sur l'exercice de la religion réformée.— Sentence et condamnation. — Procédure contre le cuisinier, le cocher, le sommelier et un laquais de la Barre, accusés d'avoir roué de coups Hector et Michel Thouin. — Contestation entre le syndic du clergé d'Anjou et le marquis de la Barre au sujet de l'exercice du culte réformé dans la maison du Plessis-Bourrel de Bierné.

Devenue veuve, Anne Vallée résolut de renoncer à la communauté de biens qui existait entre elle et son mari défunt. Le lundi 13 mai 1653, Jacques Collin-Letourneur, « greffier en la présidence d'Anjou et siège présidial de Chasteaugontier, en exécution de l'ordonnance rendue par Monsieur le lieutenant général au dit siège, en datte du mesme jour, à la requeste » de la dame de la Barre, se transporta au domicile de Mme de Chivré, « distant du dit Chasteaugontier de deux lieues. » Il arriva dans la cour du manoir, monté sur son cheval de voyage, sur les huit heures du matin, pour procéder, selon l'usage, « au scellé des portes des chambres, cabinets, greniers, coffres et vaisseaux du dit chasteau. » Il trouva réunis dans la principale salle de la Barre : « la dame Anne Vallée ; Messire Claude Vallée, seigneur de Chenailles, son père, conseiller du Roy au Parlement de Paris ; Gédéon de Chivré, seigneur baron de Mélian, et Françoise de Chivré, demoiselle de la Barre. » Les domestiques de la marquise étaient également présents.

Nous reproduisons textuellement la copie de l'inventaire du mobilier du château dressé par les soins du greffier et conservé actuellement aux Archives de la Mayenne[1]. Ce curieux document contient une série de renseignements précis et intéressants sur la vie des seigneurs calvinistes du Haut-Anjou, à la campagne, au temps de la Fronde, et sur la composition d'un mobilier opulent, dans notre région, au milieu du XVIIe siècle.

« Premier. — Sommes montez dans les greniers appellés le *magazin des meubles*, où avons trouvé dix-huit petits coffres ou bahuts et quatre grands coffres de bois, dont la plus grande partye sont fermez de clef et les autres ouverts, où avons veu des liasses, registres et livres[2], et avons apposé un sceau à la porte du dit grenier, l'ayant fermé de clef.

« Du dit grenier, sommes entrez en un autre à costé, où avons trouvé six autres coffres et bahuts, et sur ceux-ci plusieurs pièces de tapisserye, des tapits et deux matelats, et avons apposé deux sceaux à la porte du dit grenier, par l'huy fermant de clef, l'un sur la serrure et l'autre au hault de l'ouverture au devant de l'ouverture qui y est. Et estant descendu du dit grenier, avons fermé de clef la porte du degré par lequel on y monte et appozé deux sceaux, l'un sur la serrure et l'aultre au hault de la porte.

« Ce faict, sommes descendus dans une petite chambre, appellée le *Cabinet de feu Monsieur le Marquis*, où avons veu des livres[3] et cinq petits coffres, et avons reffermé le dit cabinet de clef ; avons apposé un sceau sur la serrure de la porte.

« Puis, sommes entrez en la *Chambre de Madame*, où avons veu une grande paire d'armoires de bois, où avons apposé deux sceaux sur les deux serrures y estant fermez de clef.

« Et sur ce que la ditte dame a dit qu'elle désire faire son

---

1. *Archives de la Mayenne*, B. 2301.
2. Cet ensemble constituait le fonds des Archives du château de la Barre, dont nous donnerons l'inventaire dans un autre chapitre.
3. C'étaient, sans doute, des ouvrages et des traités relatifs à l'artillerie et à l'art des sièges.

habitation avec sa famille au dit chasteau de la Barre, elle a requis que l'on luy laisse la liberté des chambres et apartements de la maison, avec les meubles qui y sont, pour ses dits services à son usage ordinaire ; y avons acquiescé et n'avons apposé aucuns sceaux des dittes chambres ; a dit se charger des meubles, et garder, yestant, et nous a fait dresser le mémoire sommaire :

« Premier. — En la chambre de la ditte dame, un viel lict de damas vert et blancq [1], avec sa garniture ; sept pièces de vieille tapisserye d'Auvergne [2] ; deux tables et quelques chaises de bois et un petit cabinet d'ebeine [3].

« Dans la salle à costé, dix pièces de vieille tapisserye d'Auvergne, avec des chaises et tables ; une paire de landiers [4] et plusieurs tableaux autour.

« Dans la *Chambre des Enfants* de la ditte dame, un petit lict, avec sa garniture, et une vieille tapisserye ; une table garnie de tapy et quelques chaises de bois.

« Dans une autre petite chambre à costé, appellée la *Garde robbe de Madame*, un petit lict de sarge rouge, avec sa garniture ; deux petits bahuts, où laditte dame a dit estre son linge ; une table et quelques chaises.

« Dans la *Chambre où couche Mademoiselle de la Barre*, deux petits lictz de sarge verte, avec leurs garnitures ; une tapisserye de six pièces, avec deux tables et quelques meubles autour.

« Dans la *Chambre du dit sieur baron de Mélian*, deux lictz garniz l'un rouge et l'aultre jaulne, avec la ditte garniture ; une couchette et cinq pièces de vieille tapisserye

---

1. Le damas, espèce de soie brochée, était alors tiré d'Italie, surtout de Gênes.
2. Les tapisseries d'Auvergne étaient fabriquées principalement dans le bailliage d'Aurillac. Elles étaient considérées comme inférieures à celles de Flandre et des Gobelins, au point de vue de la finesse du travail.
3. *Cabinet* : petit buffet à plusieurs logettes ou tiroirs. Il était souvent incrusté de nacre, d'ivoire ou de marqueterie.
4. *Landier* : sorte de gros chenêt de fer pour la cuisine ; d'où le proverbe : être froid comme un landier, d'un caractère extrêmement froid.

rouge, avec une queue de paon [1] ; une table et quelques chaises.

« Dans une gallerye servant de passage pour aller aux chambres du pavillon, les *Tableaux des Roix de France;* quelques chaises et une table.

« Dans la chambre appellée la *Chambre de l'Altesse,* un lict et un paveillon de damas vert; treze pièces de tapisserye de cuir doré [2] ; une paire de gros landiers et quelques chaises.

« Dans la garde robbe de la ditte chambre, une couchette garnie de deux pièces de tapisserye rouge et quelques meubles de bois.

« Dans la chambre appellée la *Chambre de la Royne,* un lict de damas rouge, avec une tapisserye de verdure de huit pièces [3].

« Dans la garde robbe de la ditte chambre, une couchette garnye et quelques tables et chaises.

« Dans la *Chambre jaulne,* deux lictz de sarge jaulne, avec leurs garnitures; une tapisserye de cinq pièces, où il y des éléphans [4]; une table et quelques chaises.

« Dans une autre chambre à costé, appellée la *Chambre des vollières,* un lict et une couchette de sarge brune, avec leurs garnitures; un tapy de table et quelques chaises.

« Dans une petite garde robbe proche les deux chambres ci dessus, un lict et quelques meubles de bois.

« Dans la *Grande Salle,* une tapisserye de cuir doré de quatorze pièces, avec un tapy billart [5] et trois tables.

---

1. Le noble oiseau, célèbre dans les siècles de chevalerie, était toujours très admiré.

2. Les cuirs peints et dorés, qui avaient été en grande faveur au XVIe siècle, à la cour des Valois, avaient conservé leur vogue au siècle suivant. Les plus renommés venaient de Cordoue (Espagne).

3. Les belles tapisseries *de verdure* étaient aussi estimées, sous Louis XIII et Louis XIV, que celles qui représentaient des personnages, quand l'exécution en était soignée.

4. C'était sans doute une tapisserie de Flandre. — Les éléphants étaient alors considérés comme des animaux fabuleux. Les montreurs d'animaux et les ménageries n'étaient pas nombreux à cette époque.

5. Le billard était encore peu connu. Les *billardiers-paulmiers,* dont les premiers

« Dans une petite salle à costé, servant de passage à aller au jardin, une vieille tapisserye de sept ou huit pièces et quelques meubles de bois.

« Dans la *Chambre du fond,* deux lictz de sarge verte, avec leurs garnitures ; quelques tables, chaises et quelques meubles de bois ; une petite couchette ; deux grandes armoires ornées de cuir doré et une vieille tapisserye de cinq pièces.

« Dans la *Cuisine,* quatre marmittes de cuivre, deux chaudrons, deux chaudriers [1], deux poelles à frire, un coque-sace [2], deux bassins de cuivre rouge, trois broches, douze plats d'estain et une douzaine d'assiettes.

« Dans l'*Office,* s'est rencontré, en vaisselle d'argent, deux cent soixante trois marcs [3], tout marqué, que la ditte dame a fait pezer en nostre présense.

« Dans les *Chambres de la Basse Cour*, neuf couchettes garnies, où couchent les vallets.

« Dans la *Chambre du sieur de Vaugeois* [4], gentilhomme du dit feu sieur marquis, deux lictz jaulnes ; quatre pièces de meschante tapisserye ; une table ; un buffet et quelques chaises de bois.

« La dame Champon [5] a déclaré avoir en sa charge douze douzaines de serviettes communes, vingt nappes, quatre douzaines de draps, tant fins que gros.

« La ditte dame marquise a dit avoir, ce jourd'huy, faict mesurer les grains estant au dit chasteau, et qu'il s'est trouvé quinze septiers de bled et deux septiers de frou-

---

statuts remontent à 1610, avaient le privilège de tenir billard. On sait que Louis XIV devait mettre ce jeu à la mode.

1. *Chaudriers* : petits chaudrons.
2. *Coquesace* : sorte de coquille-à-rôtir portative et que l'on plaçait devant le rôtissoir.
3. Le marc était un poids qui contenait huit onces. On l'employait pour peser l'or et l'argent.
4. Le fief de Vaugeois, vassal du prieuré de Saint-Jean-Baptiste de Château-Gontier, était situé près de Saint-Fort. — Le ruisseau de Vaugeois ou des Pinelleries est un affluent de la Mayenne.
5. Cette dame remplissait les fonctions de femme de charge.

ment rouge [1], et qu'il y a en cave huit pipes de vin, tant que blanc que clairet [2].

« De tous lesquels meubles, grains, linges et autres choses cy dessus mentionnées, la ditte dame marquise a déclaré se charger pour son usage et des clefs des portes des chambres, greniers et vaisseaux [3], où avons appozé des sceaux, ensemble de plusieurs mousquets, mousquetons, fusils et autres armes estant au dit chasteau, afin de s'en servir pour la garde et seureté du dit chasteau, en cas de nécessité, le tout pour en faire représentation quand besoing sera. »

Le 6 octobre de la même année, Anne Vallée, marquise de la Barre, déclarait qu'elle désirait ajouter à l'inventaire que nous venons de reproduire, la mention de « cent marcs de vesselle d'argent, que l'on a aporté de Chasseguay. »

Le lecteur remarquera, dans la liste des objets mobiliers que nous avons transcrite, l'absence des glaces, des miroirs et des horloges. L'usage des miroirs de Venise était, cependant, assez répandu en France, au milieu du XVIIe siècle, si l'on s'en rapporte aux estampes du temps et aux eaux-fortes d'Abraham Bosse, dont nous possédons une intéressante collection. Il en est de même des horloges, qui devaient prendre plus tard le nom de pendules [4]. Nous regrettons aussi de n'avoir pas la nomenclature des costumes et des vêtements, qui serait précieuse. Enfin, ni les chevaux, ni les carrosses, ni les chiens de chasse, ni les animaux domestiques, ne sont mentionnés dans l'inventaire. Ce document ne nous donne aucun détail sur la structure extérieure du château et des dépendances, pas plus que sur l'aménagement du jardin et du potager.

Une autre pièce permet de combler, en partie, ces lacunes

---

1. On voit que la récolte était peu abondante.
2. *Clairet* se dit du vin rouge, par opposition au vin blanc.
3. Vaisseaux : combles.
4. Il y avait, cependant, au moins un de ces objets à la Barre, quelques années plus tard, puisque, dans un document postérieur, on cite « la chambre de l'horloge. »

regrettables [1]. On y voit que le château de la Barre se composait alors d'un corps de logis central, flanqué de son pavillon, le tout entouré de douves pleines d'eau. D'autres douves se reliaient aux étangs et encadraient le jardin qui s'étendait derrière l'habitation. Les provisions du ménage étaient rangées en bon ordre « dans le cabinet près la ter-« rasse. » Les dépendances et servitudes de la Barre comprenaient : « L'escurye pour les chevaux de selle, la basse cour, « les communs, la remise des carosses, les deux grands « greniers de la cour, le puitz, les estables aux vaches et « brebis, le pressoir, le four, le garde manger, la grange au « foing, la boullangerie, la bergerie, la petite laiterie, le « poulailler, la buanderie, etc... » Le même document cite, en outre : « Le portal d'entrée, la grande et la petite cour, les « murailles d'enceinte, la terrasse, le perron, le grand pont « voûté et le petit pont, fermés chacun par deux portes, le « petit bois, le mail, l'allée couverte, les deux portes du « jardin, l'escalier de pierre conduisant au parterre, le pont « qui met en communication le jardin avec le verger qui « est au bout du dit jardin, etc. »

Une première montrée du château de la Barre et des terres qui en dépendaient eut lieu en 1655. Les dix années qui s'écoulèrent de 1655 à 1665 furent paisibles [2]. Le 13 juillet 1655, un contrat d'échange de dîmes et de fiefs fut passé par-devant René Simon, notaire à Angers, entre Claude-Trajan Gaultier de Brullon, curé de Bierné, et dame Anne Vallée, veuve de Messire Anne de Chivré, marquis de la Barre.

Charles Colbert de Croissy, frère du grand ministre, conseiller de Sa Majesté en ses conseils, maître des requêtes ordinaires de son hôtel, commissaire départi pour l'exécution de ses ordres en la généralité de Tours, mentionne,

---

1. *Archives de la Mayenne*, B. 2384.
2. *Ibid.*, B. 2307.

dans son rapport sur la province d'Anjou et ses habitants, rédigé, par ordre du roi, en 1664 : « Le sieur de Chivré, marquis de la Barre, religionnaire qui a du crédit en ce parti ; 30,000 livres de rente en fonds de terre[1]. » Le personnage ici désigné est Henri de Chivré, frère d'Anne de Chivré, qui lui avait survécu et ne mourut, comme nous le verrons, qu'en 1675.

Le 2 mars 1665, une foule curieuse se pressait dans la salle ordinaire des séances du présidial de Château-Gontier. Le siège du ministère public était occupé par le procureur du roi. En exécution du jugement du 26 mai précédent, la dame Anne Vallée, marquise de la Barre, tant en son nom que comme mère et tutrice naturelle de ses enfants mineurs, issus de son mariage avec Messire Anne de Chivré, marquis de la Barre, lieutenant général de l'artillerie de France ; Messire Gédéon de Chivré, chevalier, « seigneur baron de Mélyand et de la Touche Moreau, » de Sœurdres ; Messire Marc de la Faucille, seigneur du lieu de la Faucille, près l'Hôtellerie-de-Flée, et Abel Bédé, « escuyer, sieur des Aulnaiz », étaient cités à comparaître à l'audience. Mre René Trochon, avocat, plaidait la cause de la dame de la Barre et celle du seigneur de la Touche-Moreau. Mre Martin Hardy, avocat, défendait le seigneur de la Faucille, qui était présent. Mre Joseph Trochon, avocat, avait pris en main les intérêts du sieur des Aunais.

Nous connaissons déjà la dame de la Barre. Son parent, Gédéon de Chivré, était son voisin. Il résidait le plus souvent au château de la Touche-Moreau, siège d'un fief et seigneurie relevant de la châtellenie de Saint-Laurent-des-Mortiers. Son nom n'est pas cité parmi les seigneurs du lieu dans le *Dictionnaire historique, géographique et biographique de Maine-et-Loire*. Nous sommes donc heureux

---

1. P. Marchegay, *Archives d'Anjou*, t. I, p. 134.

d'avoir la bonne fortune de pouvoir combler cette importante lacune. Le manoir de la Touche-Moreau, élevé par les Tillon, au XVIe siècle, à la place de constructions plus anciennes et plus considérables, était alors entouré de douves. Un mur d'enceinte, avec portail et porte basse, fermait la cour d'honneur. Un chemin de ronde rendait la défense facile et, à chaque angle, régnait une tour destinée au même usage. Le temple protestant avait été établi dans le long hangar qui forme l'aile gauche. La jolie chapelle, surmontée d'un élégant clocher en pierre dentelée à jour, avait été fondée sous le vocable de Sainte-Anne, par Jeanne de Marigné, en vertu de lettres royaux données aux Montils-les-Tours en mai 1491. Elle était abandonnée depuis la conversion des seigneurs de la Touche-Moreau au culte réformé. L'habitation, mi-partie pierre et briques, portait, à hauteur du deuxième étage, une gracieuse tourelle d'angle, percée de meurtrières et en saillie sur une trompe, de coupe très hardie. L'appui des fenêtres, à double meneau de pierre, était décoré de tablettes incrustées de marbre et reposant sur des têtes de lions, d'anges et de béliers. La décoration intérieure devait être très remarquable par la beauté des sculptures, autant que l'on en peut juger par l'examen d'une cheminée dont les montants sont ornés de trophées de guerre et d'arabesques d'une extrême délicatesse. Des inscriptions curieuses et des armoiries variées enrichissaient les diverses parties de la façade. Un petit logis carré, accosté d'une tourelle, avec embrasures de canon, défendait l'allée que traverse à mi-chemin un reste de douves. On voit que les jardins étaient également protégés contre une surprise [1].

La famille de la Faucille est souvent citée dans les guerres du XVIe siècle. Le château patrimonial, avec vaste

---

[1]. *Dict. hist. de M.-et-L.*, t. III, p. 602. — Voir, dans cet article, la reproduction des inscriptions et des armoiries ainsi que divers autres détails relatifs à la Touche-Moreau.

parc et pont sur l'Oudon, était précédé d'une longue avenue. Le 18 décembre 1531, René de la Faucille y avait fondé une chapelle, en constituant 15 livres de rente pour le chapelain sur sa terre de Bois-Savary [1]. En 1562, le sieur de la Faucille était capitaine du château d'Angers [2]. Cette famille s'armait : *D'azur à la bande d'argent accompagnée de deux cotices d'or, à l'orle de six losanges de même posés deux et un en chef et deux et un en pointe* [3]. Ses descendants adoptèrent les idées nouvelles, comme le constate l'historien B. Roger, qui dit que les successeurs « de ce grand héros, qui s'étoit extraordinairement signalé aux guerres d'Italie, de François Ier et de Henri II, et avoit passé sept fois les monts pour le service de ces deux roys, ont malheureusement embrassé le calvinisme [4]. »

Le lieu des Aunais-Barrés, situé sur le territoire de la paroisse de Bazouges, près Château-Gontier, était le siège d'un fief important, qui relevait de la baronnie « à foy et hommage simple et droict de basse justice seulement [5]. » Les Bédé portaient : *D'azur à la licorne passante d'or* [6].

1. *Arch. de la famille d'Andigné.* — *Dict. hist. de M.-et-L.*, t. II, p. 135.
2. *Arch. anc. de la Mairie d'Angers*, BB. 30, f° 12. — Une lettre inédite, datée du camp devant Orléans, le 1er mars 1562, et signée: « Loys de Bourbon, » duc de Montpensier, autorise la ville d'Angers à prendre pour la garnison du château, « sur ledit nombre de quatre cens hommes de pied de la garnison de ladite ville d'Angers, vingt d'iceulx desquelz tout le corps de ladite ville respondra, et vingt aultres que le sieur de la Faucille prandra soict entre lesdits quatre cens ou ailleurs au païs bien congnuz, sains et renommez, dont aussi il sera responsable. » (*Ibid.*, EE. 1.) — Voir, sur le rôle joué par La Faucille, *la Réforme et la Ligue en Anjou*, par E. Mourin. — Jean du Matz, seigneur de Montmartin et de Terchant, chevalier des ordres du roi, protestant zélé, l'un des anciens de l'Eglise réformée de la ville de Vitré, dont il était gouverneur, éleva son beau-fils, Jean de la Faucille, fils de René de la Faucille et de Marie de Feschal. Celle-ci, veuve de René de la Faucille, deuxième du nom, sieur de Saint-Aubin et de Bois-Savary, fils de René de la Faucille, chevalier, gouverneur du château d'Angers, était, en effet, devenue la seconde femme du sieur de Montmartin. Le jeune de la Faucille se distingua, sous les ordres de son beau-père, dans les rangs des huguenots Il fut enterré à Vitré le 4 décembre 1581. (Note communiquée par M. l'abbé Ch. Pointeau.)
3. Audouys, mss. 994, p. 72.
4. B. Roger, *Histoire d'Anjou*, p. 425.
5. *Dict. top. de la Mayenne*, p. 8.
6. *Armorial général de l'Anjou*, deuxième fascicule, p. 147.

La branche des Aunais ajoutait : *Un croissant montant d'argent sous le pied droit de devant de la licorne* [1]. Depuis la fin du XVIe siècle, les Bédé avaient opté pour le protestantisme. En 1602, un membre de cette famille était pasteur de l'église réformée de Loudun [2]. Les catholiques de Château-Gontier se plaignirent, en 1612, au conseil privé de Sa Majesté, des contraventions que le sieur des Aunais « faisoit à l'édict avecq ceux de la R. P. R. de ceste ville [3]. » Un arrêt du 17 mai de la même année décida que l'exercice du culte calviniste, qui se célébrait au château des Aunais-Barrés, serait « réduict au particulier, conformément à l'article 8 de l'édict. » Toutefois, il fut stipulé expressément que le nombre des assistants présents au prêche de ce manoir ne pourrait jamais excéder le chiffre de trente personnes [4]. A cette époque, le lieu préféré où se réunissaient les huguenots de la région n'était donc plus situé à Château-Gontier, comme l'avait établi l'Edit de Nantes en date du 15 avril 1598 [5], mais aux Aunais-Barrés de Bazouges. En 1669, Paul Bédé était seigneur des Aunais [6].

Mre Pierre Trochon, « conseiller et advocat du Roy », prit le premier la parole au nom « du procureur de Sa Majesté ». Il dit « q'uayant esté bien informé que les seigneurs de la Barre, de la Touche Moreau, de la Faucille et des Aulnais, lesquels sont domicilliez en ce ressort et y font profession de la religion prétendue reformée, se sont détachez de l'observation des éditz de nos roys et de l'exécution de plusieurs arrests et reglements renduz sur l'exercice de la

---

1. *Armorial général de l'Anjou*, ibid. — Audouys, mss. 994, p. 338.
2. *France protestante*, t. X, p. 265. — Manuscrit de la Bibliothèque de Blois.
3. *Archives de la Mayenne*, B. 2336.
4. *Archives de la Mayenne*, B. 2336.
5. « En conséquence duquel, les hérétiques ont eu six lieux en Anjou qu'ils appeloient églises, savoir : Angers ou Sorges, Saumur, Baugé, Craon, Chateaugontier, la Gounaudière et Pringé. » (*Histoire d'Anjou*, p. 458.) — Voir, sur l'Édit de Nantes, le texte publié par Dumont, *Corps diplomatique*, t. V, part. I, p. 545 et suiv.
6. Bibliothèque d'Angers, manuscrit 917.

dite R. P. R. il en auroit fait sa remonstrance à ce siège, deuement, le 26 du mois de may dernier, et faict voir que les dessus nommés ont introduit en leurs maisons l'exercise publicq de la religion prétendue reformée, quoy que, lors de l'Edit de Nantes, ilz n'eussent point en icelle droit de haulte justice mouvante neument et sans moyen de Sa Majesté, ce qui est contre le contenu en l'article 7 de l'édit ; que ilz ont permis qu'un seul ministre ayt fait le presche hors de sa résidence en plusieurs lieux, au préjudice de l'édit et soubz pretexte d'anesse (sic), ce qui est contre l'arrest rendu en forme de reglement au privé conseil du roy le XXI janvier 1657 [1], et qu'ils ont fait bastir des temples en leurs maisons, depuis l'édit, sans permission de Sa Majesté, ce qui est contre l'article XIII de l'édit et l'arrest donné aux grands jours tenuz à Poitiers le 16 septembre 1634 [2] ».

Il examine ensuite les moyens de défense présentés par les accusés. Le seigneur de la Faucille « a fait voir un adveu qu'il dict avoir esté rendu le 16 décembre 1556 [à] Messire François de Rohan, chevalier, seigneur baron de Mortiercrolle [3], par Pierre de la Faucille, seigneur du dit lieu », établissant qu'il a droit de haute justice en sa maison et hors de la Faucille, et, par conséquent, « le deffendeur soustient qu'en icelle il a droict de faire faire l'exercice publicq de la R. P. R. ». Mais cet aveu est nul, parce qu'il « n'est présenté ny receu en jugement ». Ensuite, cet acte, même « revestu de ses formes essensielles, n'atriburoit au deffendeur le droict de l'exercice publicq de la R. P. R. en sa maison, d'aultant qu'elle ne relève pas nuement du Roy, ainsy que le plain fief de haubert auquel et aux justices

---

1. Voir l'*Histoire de l'Édit de Nantes*. — Rulhière, *Éclaircissements sur les causes de la Révocation de l'Édit de Nantes.*
2. *Ibid.*
3. Mortiercrolles, chât., c^{ne} de Saint-Quentin, siège d'une baronnie, vassale du duché d'Angers, qui étendait sa mouvance sur Mée, Châtelais et l'Hôtellerie-de-Flée. — Voir le dessin de ce manoir féodal dans *le Maine et l'Anjou*, de M. de Wismes, et dans l'*Album de Château-Gontier et ses environs*, de Tancrède Abraham.

de cette qualité Sa Majesté a accordé la faculté de l'exercice publicq de la R. P. R. par le dit article 7 de l'édict. »
Enfin, « le deffendeur ne peut vallablement prétendre le droict de l'exercice publicq de la R. P. R. en sa maison, puisqu'en icelle il ny a point de pasteur actuellement résident, etc... »

Quant à Messire Gédéon de Chivré, continue le ministère public, « il a déclaré, par son libelle de deffenses, qu'il n'entend faire l'exercice publicq de la R. P. R. en sa maison de la Tousche-Moreau et se réduist à l'exercice accordé par l'article 8 de l'édict. S'il persiste en cette déclaration, il y a lieu de l'en juger et lui faire deffenses de rien entreprendre au prejudice de l'édict, déclarations, arrests et reglements rendus en conséquence, soubs les peines portées par iceux. »

De son côté, le sieur des Aunais dit que « la ville de Chateaugontier a tousjours esté un bailliage auquel ceux de la R. P. R. ont eu l'exercice publicq d'icelle ; que l'eglize de ce bailliage a été transferée en sa maison des Aunais par arrest contradictoire rendu au conseil privé de Sa Majesté en celuy des habitans de cette ville le 17 may 1612. » Mais, « pour faire voir que icelles deffenses ne militent pas, il est nécessaire de justifier que la ville de Chateaugontier n'a point esté lieu de bailliage à ceux de la R. P. R. ny auparavant l'édict de Nantes, ny lors d'icelluy, ny mesmes après, et qu'en Chateaugontier il ny a point eu d'Eglize de la R. P. R. establye suivant les formes prescriptes par les édicts et les institutions de cette nouvelle et prétendue religion reformée.

« La ville de Chateaugontier n'a peu tenir lieu de bailliage à ceux de la R. P. R. auparavant l'édict, d'aultant que, par iceluy article 10 et 11, sont qualifiés lieux de bailliage, outre les anciens, ceux qui estoient du temps de Henri 3 ressortissant sans moyen en cours de parlement soit par gouvernement ou par appel des sentences rendues par les juges de ses bailliages.

« Or, en ce mesme temps, Chateaugontier n'estoit pas de cette qualité ; se n'estoit pas un gouvernement relevant sans moyen au parlement ; les appellations des jugements rendus par les juges de cette ville ne sy relevest pas aussi immédiatement ; de plus, s'est que cette ville apartenoit lors à Henry de Bourbon, comme menbre dépendant de son duché de Beaumont [1] ; elle ne pouvoit tenir lieu de bailliage à ceux de la R. P. R. parce qu'ils n'en ont jamais prétendu ès terres et jurisdictions des seigneurs particuliers telle qu'estoit la ville de Chateaugontier.

« Tous les bailliages créez et reservez par l'édict de Nantes ont esté establiz par les commissaires envoiés ès provinces pour l'exécution d'iceluy. Les sieurs de Roissy (*sic*) et de la Noue furent en cette ville en 1601 [2]. Ils dressèrent leurs procès verbaux de l'estat de l'affaire de ceux de la R. P. R. Ils ne menquèrent de leur faire connoistre leurs prétentions et d'exposer leurs droictz de bailliage. Mais leurs demandes furent appuyées sur de sy foibles fondements, qu'ils ne peurent rien obtenir.

« Sy en cette ville il y avoit eu exercice publicq de la R. P. R. il y auroit eu un temple et un pasteur. Les deffendeurs auroient faict voir qu'en leurs assemblés sinodalles il auroit esté pourveu d'un ministre à cette église de la R. P. R. d'aultant qu'ils n'ont point d'exercice publicq sans églize, point d'églize sans pasteurs nommez en cette forme.

---

1. C'est en sa qualité de fils d'Antoine de Bourbon, roi de Navarre, duc d'Albret, de Vendôme et de Beaumont, époux de Jeanne d'Albret, que Henri IV fut seigneur de Château-Gontier. (L. Maître, *Tablettes chronologiques et historiques de la succession des seigneurs de Laval, de Mayenne et de Château-Gontier*, p. 29.)

2. Le samedi 14 février 1612, les habitants de Château-Gontier, réunis en assemblée au lieu ordinaire de leurs séances, ratifiaient la plainte adressée à MM. de Boissy, conseiller au Parlement, et de la Noue, commissaires députés par Sa Majesté en ses provinces de Bretagne et d'Anjou, pour l'exécution de l'édit de Nantes, « touchant le cimetière de ceux de la R. P. R. » Ces commissaires étaient allés à Angers, le mois précédent. Le samedi 25 octobre 1615, « l'accord faict par les députez avec ceux de la R. P. R. devant Tillard, notaire, en septembre dernier, touchant le cimetière, » est également accepté. (*Registres des délibérations et conclusions de l'hôtel de ville de Château-Gontier. — Journal de Louvet.*)

C'est la disposition de leur propre doctrine et de leur discipline ecclésiastique, chapitre premier et second article des sinodes. Il n'a point été representé d'acte de cette élection de ministre, donc il est vray de dire que ceux de la R. P. R. n'ont point eu en la ville de Chateaugontier de lieu de bailliage, puisqu'ils ny ont point eu de temple ny de ministre [1].

[1]. La démonstration de l'avocat du roi, qui joue sur les mots en multipliant les équivoques et les arguties, nous semble fort discutable, et les faits lui donnent tort. Il est certain que l'édit de Nantes, en 1598, avait autorisé l'ouverture d'un temple à Château-Gontier. En 1600, comme nous l'avons dit, M. de la Branchouère était ministre des églises de Craon, de Château-Gontier et des Landelles, qui formaient « troys quartiers ». Au synode tenu à Preuilly du 8 au 11 mai 1602, les réformés de Craon, de Laval et des Landelles sont exhortés « de se mieux acquiter de leur devoir envers leurs pasteurs, et M. Bédé, chargé de leur en escrire. » La contribution de Château-Gontier est fixée à la somme de « 14 livres, 7 sous, 6 deniers, » par les fidèles présents et « proccedans, au synode de Vendosme, le 28 avril 1604, à la distribution des frais pour le synode national prochain. » De 1606 à 1631, l'église de Château-Gontier fut annexée à celle de Craon. En 1606, le sieur de Linières figure comme député de cette double église au synode de Bellesme. La même année, une ordonnance royale concède aux huguenots de Château-Gontier, pour lieu de sépulture, un espace de terrain long seulement de cinq toises sur quatre de large, près du château, non loin de la tour Gizier, démolie en 1602 par ordre du Roi. Au synode de Saumur, en 1607, M. de la Branchouère s'intitule « pasteur des églises de Cran, Molières et les Landelles. » Il est assisté de M. de Maisonneuve, ancien. Au synode provincial, tenu à Poligny, en 1609, Abel du Val, sieur de Villeray, procureur du roi en l'élection et grenier à sel de Château-Gontier, ancien, accompagne M. de la Branchouère, qui a conservé ses fonctions. Abel du Val est présent, en 1614, au synode de Tonneins, comme ministre de Château-Gontier. On décide que « l'église de Chateaugontier touchera une portion et demye, pour ceste année. » En 1626, M. de la Branchouère est toujours ministre de Craon et de Château-Gontier. Le poste est vacant en 1637. Il était occupé, en 1647, par Isaac Guitton, et, en 1651, par François de la Galère, qui en jouissait encore en 1660. Si donc il n'y avait pas de temple reconnu à Château-Gontier, au XVIIe siècle, les calvinistes n'en formaient pas moins une église relevant du colloque du Maine et qui avait son pasteur. (Voir le *Manuscrit de la Bibliothèque de Blois*, fonds Pothée. — *Registres des délibérations et conclusions de l'hôtel de ville de Château-Gontier.* — *France protestante.* — *Notes communiquées par M. le pasteur N. Weiss.* — *Recueil des synodes de l'Église réformée*, manuscrit de la Bibliothèque d'Angers, n° 805.) — On ne doit donc pas nier l'existence d'une réunion de fidèles composant une église calviniste à Château-Gontier, à cete époque. Certains auteurs prétendent qu'il y avait un temple établi dans une vaste maison située au bas de la *Grande Rue*, près du pont, et détruite actuellement, mais habitée autrefois par M. François Journeil. Telle est l'assertion émise, de nouveau, par M. l'abbé Foucault, dans *les Seigneurs de Laval*. Le même historien répète cette affirmation dans ses *Documents historiques sur Château-Gontier*, sans en donner une seule preuve authentique et sans indiquer ses sources. Or, nous voyons, d'après le procès ci-dessus, que les calvinistes de Château-Gontier se

« Ny ayant point eu d'églize de la R. P. R. en cette ville, comment le deffendeur peut-il prétendre qu'elle aye esté transferée en sa maison des Aunais. Les temples ne sont point enclos dans les maisons des seigneurs en lieux de bailliage. Ils sont bastis ès faubourgs des villes et autres places, lesquelles ont esté designées suivant l'article XI de l'édict ; leur situation doibt estre dans un lieu de facille accès, donc l'Eglize imaginaire de Chateaugontier n'a peu été tranferée en la maison des Aunais. » La contravention est flagrante. La terre des Aunais « relève de ce marquisat de Chateaugontier à foy et homage simple et droict de basse justice seulement, donc l'exercice publicq de la R. P. R. n'a deub y estre faict. » Certes, l'arrêt du 17 mai 1612 y a bien autorisé le prêche, mais la déclaration du 18 juillet 1656, vérifiée en parlement le 7 septembre suivant, a révoqué toutes les permissions antérieures. En faisant faire l'exercice public de la religion prétendue réformée, dans sa maison, le défendeur a donc commis, depuis plus de soixante ans, une suite de contraventions qui sont punissables.

Quant à la dame de la Barre, conclut le procureur du roi, « ses deffenses ne sont suffisantes. » Vainement affirme-t-elle avoir « droict de haulte justice en sa maison par la consolidation qu'elle a faict des fiefs qui en dependent à la haulte

---

réunissaient aux Aunais-Barrés de Bazouges, où on faisait le prêche, le mariage et les baptêmes, depuis le commencement du siècle. Notre historien ajoute que, lors de la Révocation de l'Édit de Nantes par Louis XIV, Château-Gontier fut autorisé à posséder un temple, avec cinq autres villes de l'Anjou, et que ce temple fut établi dans la maison indiquée plus haut. Chacun sait que le roi ordonna, au contraire, la démolition immédiate de tous « les temples de ladite religion situés dans le royaume, » avec défense de s'assembler « pour faire l'exercice de ladite religion, en aucun lieu, maison particulière ou fief, à peine de confiscation de corps et de biens, enjoignant à tous les ministres de ladite religion, qui ne voudront pas se convertir, de sortir du royaume sous quinze jours. » (*Histoire de l'Édit de Nantes*, t. V.) Enfin, M. l'abbé Foucault prétend que Miroménil, dans son *Mémoire sur l'Anjou*, constate qu'il y avait autrefois un prêche établi au château d'Ingrandes en Azé. Or Miroménil dit seulement : « On tenoit le prêche en deux châteaux, dans les paroisses de Bierné et d'Azé, » sans désigner les lieux où se réunissaient les huguenots. D'autre part, il est certain que les du Breuil, seigneurs barons d'Ingrandes, étaient catholiques.

justice du Plessis Bourel, qu'elle a acquis depuis quelques années. » Cette prétention n'est pas soutenable. Mre Pierre Trochon consacre une longue et savante démonstration à la réfutation de cet argument et des autres moyens de défense soumis à l'examen des membres du présidial par Anne Vallée. Il déclare qu'il les trouve mal fondés et il les repousse.

Il termine son réquisitoire en demandant qu'il soit interdit aux accusés de faire chez eux aucun exercice public de la religion prétendue réformée ainsi que de contrevenir aux édits, « et, pour l'avoir fait, qu'il soist condemnés en chascun cent livres aplicable à la noriture des pauvres de l'Hostel Dieu de cette ville. » Il sera également défendu aux ministres du culte calviniste de « faire aucun presche ès dites maisons, à peine de punition corporelle. » Ces décisions devront être rendues publiques et annoncées « au prosne des grandes messes parochialles des lieux ès quels les maisons des deffendeurs sont situées. » Une enquête spéciale sera ouverte, par les soins du présidial, pour savoir si l'endroit consacré au château de la Barre, à l'exercice du culte réformé, est un temple, ce que nie la dame Anne Vallée.

La parole est donnée aux défenseurs. Mre René Trochon, avocat, qui plaide pour la marquise de la Barre, soutient que celle-ci « est en pocession d'avoir en sa maison seigneurialle de la Barre l'exercisse de la religion prétandue refformée, de plus de soixante et cinq ans, » et qu'il n'y a « aucun autre exercisse public, ny lieu de bailliage, en l'estandue de ce ressort, où il ny a pas soixantes personnes de la dicte religion prétandue reformée. » Il ajoute qu'il y a toujours eu un pasteur en résidence au château de la Barre. Il développe ensuite les considérations qui militent en faveur de sa cause. Mre Martin Hardy, à son tour, prend en main les intérêts de Marc de la Faucille et maintient que la terre de la Faucille est « en droict de haulte justice. » Il répète aussi que la famille de son client est « en pocession immémorialle d'y faire l'exercisse de sa religion. »

Mre Joseph Trochon, chargé de parler au nom du sieur des Aunais, ne se contente pas de discuter froidement la thèse juridique adoptée par le procureur du roi. Son langage est éloquent. Il rappelle que « Henri quatre scavoit que la violence avoit esté et seroit tousjours inutile pour la deffense de la religion, » et que « la paix de l'union estoit la mère de la vraye piété. » Ce roi magnanime avait voulu, dit-il, « faire vivre ses frères en repos et dans une tranquillité publicque, nonobstant la différence des religions, dont le remède doit estre reservé à Dieu seul. Il a esté indulgent à la necessité ; il a tolléré ce qu'il ne pouvoit empescher, et, comme Dieu seul est scrutateur des cœurs, il luy a laissé le jugement de la vérité et, à ses suictes, la liberté de conscience, sans aucune inquisition sur l'intérieur... » L'avocat affirme que, depuis l'édit de Nantes, « toutes recherches sur l'intérieur, sur la conscience, sur l'esprit et la volonté des hommes est interdicte. » La maison des Aunais « est la seulle qui serve de lieu d'assemblée aux habitans de la ville pour l'exercice de leur religion. » On y fait le prêche, les mariages et les baptêmes, selon les rites calvinistes, depuis le commencement du siècle, « sans aucun trouble de la part des habitans catholicques. » Il insiste donc pour que rien ne soit changé et pour que le lieu des Aunais reste affecté au culte réformé, comme par le passé.

Après en avoir délibéré, les magistrats prononcent la sentence. L'arrêt du présidial donne acte au seigneur de la Touche-Moreau de sa déclaration. Il interdit formellement, « aux seigneurs de la Barre, de la Faucille et des Aulnaiz, de faire aucun exercice publicq, en leur maison de la Barre, de la Faucille et des Aulnaiz, de la religion prétendue reformée, à peine de cinq cens livres d'amande, et à tous ministres d'y faire aucun presche ny fonction de la prétendue religion, que suivant l'article du dit édict et déclaration, à peine de punition et de cinq cens livres d'amande. » Le

jugement se termine par ces dernières prescriptions :
« Nous avons faict et faisons deffenses à ceux de la religion prétendue reformée, residant en cette ville, de s'assembler et de faire leurs prières à sy haulte voix qu'elles soient entendues des voisins et passans, à peine de vingt cinq livres d'amande pour la première contravention et de plus grande en cas de résidive, ce qui leur sera denoncé et le tout publié aux prosnes des grandes messes paroissialles des lieux où les dites maisons de la Barre, de la Faucille et des Aulnaiz sont sittuéez, etc... Donné à Chateaugontier par devant nous les gens tenant la sénéchaussée et siège présidial du dit lieu et prononcé par nous Gatien Gallichon, conseiller du Roy dans ses conseils, etc., le deuxiesme jour de mars mil six cens soixante et cinq[1]. »

Louis de Bailleul, marquis de Château-Gontier, dans son aveu rendu au roi Louis XIV, le 29 novembre 1669, mentionne : « Henry de Chivré, chevallier, seigneur marquis de la Barre, homme de foy lige, pour la terre du Plessis-Bourreau, tant en fief qu'en domaine. » Il dit que ce seigneur doit « quarante jours de garde, dans la ville de Chateaugontier, d'un homme suffisamment armé, » et qu'il relève de lui, en outre, « par raison de son lieu de la Bruère et pour le Bois-au-Baron, et en doit six deniers de service. »

Cinq années se passèrent tranquillement. En 1670, une procédure fut instruite par le lieutenant général criminel du présidial de Château-Gontier contre le cuisinier, le cocher, le sommelier et un laquais du château de la Barre, accusés d'avoir excédé de coups Hector et Michel Thouin. Cette triste affaire montre que, si les serviteurs des dames de Chivré étaient brutaux, leurs maîtresses ne péchaient pas, de leur côté, par excès de bienveillance envers les manants et habitants de la contrée. Elles n'interviennent que quand les gens sont à moitié assommés.

---

1. *Archives de la Mayenne*, B. 2336. — Voir la pièce justificative n° 2.

Voici le résumé de ce fâcheux événement. Le mercredi 5 mars 1670, Michel Crosnier, « tailleur d'habictz, demeurant au bourg de St-Aignan, » s'en revenait de la cure de Bierné, « sur les deux à trois heures de rellevée. » Il rencontra, chemin faisant, Mre François Maingot, notaire royal, ainsi que les nommés « Hector et Michel les Thouins, » père et fils, et ils marchèrent ensemble « jusque proche le clos de vigne du chasteau de la Barre, où il fut entre eux proposé d'aller disner au lieu de la Bergerye [1], dépendant dudit chasteau, où l'on vend vin. » Maingot avait à la main une tanche. Ses compagnons lui offrent de la manger avec lui, chacun payant son écot. Ils entrent donc à l'auberge et prient la femme de François Huault de leur préparer à dîner. Le repas terminé, ils sortent et Maingot les invite à le suivre à la ferme de la Bodière [2] « pour y quérir une pottée de beurre qu'il y avoit acheptée. » Ils acceptent et se mettent en route.

Nos gens pénètrent « dans la grande prée dudit chasteau de la Barre du costé d'un des boutz du jardin, » qu'ils traversent sans encombre. Mais, quand ils ont atteint l'autre extrémité, ils entendent une voix courroucée qui leur crie : « L'on ne passe point par issy, retirez-vous ! » Maingot et Michel Crosnier obéissent immédiatement à cette injonction. Quant aux « Thouins, » ils continuent tranquillement leur chemin et se trouvent bientôt en présence de Justin, le cuisinier de la Barre, « auquel ils ostèrent promptement leurs chapeaux, qu'ils eusrent longtemps à la main ». Ils lui font des excuses. Justin répond en leur ordonnant, de nouveau, de s'en aller, et il applique sur l'épaule d'Hector Thouin un vigoureux coup de houssine. Les « Thouins » s'empressent alors de battre en retraite, suivis par l'irascible cuisinier, qui continue de maltraiter le père, en le sommant de venir au château avec son fils. Tous les trois arrivent dans la basse-

---

1. Bergerie (la), ferme, commune de Bierné. (*Dict. top. de la Mayenne*, p. 25.)
2. Cette ferme ne figure pas dans le Dictionnaire.

cour de la Barre, escortés de Michel Crosnier et de Maingot, qui ont rejoint leurs compagnons. Ils se trouvent en présence de la mère du marquis de la Barre, d'une autre dame et de l'une des filles de la dite dame.

Le cuisinier raconte l'affaire à sa façon. Il se plaint à sa maîtresse d'avoir été frappé à la main par le fils Thouin, mais il se garde bien de reconnaître qu'il a commencé par attaquer le père du jeune homme. Le témoin ne sait ce que dit la dame de la Barre, toutefois il constate que, tout à coup, Justin, le cuisinier, Renou-Delépine, le cocher, La Chesnaie, le sommelier, Soudain, le laquais, et les autres domestiques du château, se mettent à faire pleuvoir une grêle « de coups de baston » sur les deux infortunés manants. Thouin fils tombe à terre, grièvement blessé, « sur quoy ladite Dame de la Barre dist ausdits valletz : « Tout beau ! que l'on ne les frappe pas en daventage. » Le père Thouin était aussi en fort piteux état. Les domestiques consentent à interrompre cette féroce bastonnade. Les victimes, écloppées et endolories, se hâtent de déguerpir. Maingot et Michel Crosnier étaient restés prudemment sur le pont-levis, d'où ils avaient assisté à cette scène lamentable. Nos gens s'enfuient donc et, lorsqu'ils sont arrivés « proche un bareau de bois qui empeschent les chartiers de passer par l'allée dudit chasteau, » ils font semblant de ramasser des pierres à terre, « assignant avec la main lesdits valletz, les appellant normans, torcheurs de cul de chevaux, etc... » Cette bravade n'est pas du goût des laquais, qui s'élancent à la poursuite de leurs ennemis et leur infligent une seconde correction, plus violente que la première.

Les blessés, rentrés chez eux, adressent une requête aux magistrats du présidial, par l'intermédiaire de Christophe Chouippes, leur avocat, et ils demandent que leurs agresseurs soient sévèrement punis. Le rapport de Le Groix, maître chirurgien, « résidant en la ville de Chateaugontier, » chargé de « traiter et médicamenter » les plaignants, constate que ceux-ci ont été « griefment blessés et incommodés par les mauvais traitemens, exceds et viollances » dont ils ont été l'objet de la part des laquais et du cuisinier du château de la Barre. Le médecin ajoute « qu'il est de besoing que lesdits blessés soint bien et dument pensés et médicamentés, pour obvier aux accidens qui pouroient survenir, comme douleur, inflammation, fiebvres et aultres que dessus. » Hector Thouin, le père, « ne peut estre guéry de dix jours, » et Michel Thouin, le fils, « de quatre à cinq jours, après ses blessures. » Les frais des remèdes nécessaires sont évalués à « cent solz. »

Non contents d'avoir ainsi maltraité leurs victimes, les laquais de la Barre, dont les instincts de vengeance n'étaient pas encore assouvis, paraît-il, voulaient les achever. Mathurin Audiot, « mareschal, demeurant au faubourg d'Azé, » dit, en effet, dans sa déposition, qui figure parmi les pièces du procès, que, « le dimanche seiziesme de ce mois, » il vint « au chasteau de la Barre, y ferrer deux chevaux, sur les quatre à cinq heures du soir. » Il alla ensuite au bourg de Saint-Aignan, « avec le palfranier dudit chasteau de la Barre et un laquais appelé Bellet, » boire en la maison du nommé Latour, cabaretier. Or, le laquais portait « un fuzil et une espée à son costé, et ledit palfranier une espée, aussy, à son costé. » Les deux personnages lui dirent qu'ils voulaient fusiller et pourfendre les pauvres Thouin, déjà si sérieusement endommagés [1].

La même année, des contestations s'élevèrent entre le syndic du clergé d'Anjou et le sieur de Chivré, marquis de la Barre, au sujet de l'exercice de la religion prétendue réformée au lieu du Plessis-Bourrel. MM. Voysin de la Noiraye et Doizay de Soucelles avaient été choisis comme commissaires pour statuer sur le différend. Le premier était d'avis « que les littres que le dit sieur de Chivré a fait apo-

---

1. *Archives de la Mayenne*, B. 2688. — Voir la pièce justificative n° 3.

ser ez esglizes des parroisses de Bierné et de Saint-Aignan [1], comme seigneur du Plessis-Bourrel, » fussent effacées « à ses frais et dilligences dans un mois pour tous dellais. » Toutefois, il était convenu que, si le sieur de Chivré redevenait catholique, il jouirait de nouveau des droits qui lui auraient été retirés antérieurement. Le commissaire demandait aussi que l'autorité « fit deffences au dit sieur de Chivré de faire aucun exercice de la Religion prétendue Réformée dans la dite maison du Plessis-Bourrel ny dépendance d'icelle. » Quant à la pension de trois cents livres « léguée pour l'entretenement d'un ministre en l'esglize de la Barre, » elle serait employée « au proffict des pauvres de l'hospital de Chasteaugontier [2]. » Doizay de Sou-

---

1. Saint-Aignan, vill. c^{ne} de Gennes. — *Anianus (Sanctus)*. — Succursale de la paroisse de Gennes, et au sud-est de son clocher, de l'archidiaconé et du doyenné de Sablé, en deçà de l'Ouette, au sud-ouest de Grez-en-Bouère, dans le pays des Arviens. — Les fonts baptismaux de l'église paroissiale de Saint-Aignan affectent la forme d'une piscine et remontent à 1175. On attribue la fondation de l'édifice au seigneur de la châtellenie de Ramefort de Gennes. Les habitants ont été surnommés par leurs voisins *les Corsaires de Saint-Aignan*. — J. Choppin exerçait, en 1670, les fonctions de prêtre-vicaire. Il mourut en 1695 et fut enterré dans le chœur de l'église. L'assemblée du mois de juin était jadis très fréquentée; on dansait dans un jardin voisin de la grange des dimes. (*Dict. top. de la Mayenne*, p. 292. — Th. Cauvin, *Géographie ancienne du diocèse du Mans*, p. 18. — *Archives de la cure de Saint-Aignan*. — *Archives de la Mayenne*, séries E et G.)

2. C'est à tort que l'on a écrit et répété, d'après G. Ménage, que l'hôpital Saint-Julien fut fondé en 1206 par Alard IV, seigneur de Château-Gontier, époux d'Emma de Vitré. L'établissement existait déjà depuis longtemps. Alard se contenta d'accorder à cette maison « des droits de péages sur les ponts dudit lieu et de prendre son chauffage en la forêt de Valle, » comme le prouve une pièce conservée aux archives des hospices de la ville. Après avoir été très éprouvé par les guerres du moyen âge, l'hôpital Saint-Julien fut rasé, en 1592, par les ligueurs, après la victoire de Craon, et non en 1593, comme on l'a dit. Les Cordelières, qui autrefois soignaient les malades, continuèrent, même après leur installation au Buron, de gérer le bien des pauvres et de distribuer des secours aux nécessiteux. Le 20 mai 1619, les pères des pauvres furent chargés de construire « un bâtiment propre à loger les pauvres et ceux qui les serviront, une chapelle ou église, le tout où était l'église de Saint-Julien et bâtiments d'icelle. » Des serviteurs et servantes à gages soignèrent les malades. Les biens des hospices étaient très importants. Enfin, en 1673, les habitants demandèrent à Vitré quatre sœurs hospitalières de la Miséricorde de Jésus, pour administrer l'hôpital, qu'il fallut bientôt reconstruire de nouveau. Expulsées à la Révolution, les religieuses rentrèrent dans leur établissement quand l'ordre fut rendu à la France. Elles desservent actuellement l'hôpital, qui vient d'être transformé, agrandi et rebâti sur un plan magnifique. (Voir les *Chroniques de*

celles ¹, au contraire, opinait pour que le marquis de la Barre fût maintenu « au droict de faire l'exercice, suivant l'article sept de l'édict de Nantes, dans sa maison du Plessis-Bourrel, ou dans celle de la Barre, à la charge qu'il faira sa déclaration dans laquelle des dites maisons il voudra demeurer, et qu'il y fera sa résidence actuelle. » En conséquence, il concluait à ce que le syndic du clergé d'Anjou fût débouté du surplus de ses demandes. La pièce avait été rédigée à Tours le 13 août 1670. On voit, dans un autre document, que le sieur de Chivré avait fait démolir la chapelle dédiée à sainte Marguerite « pour bastir son chasteau de la Barre ». Il fut décidé que le procès-verbal de partage serait adressé « à Sa Majesté et à nos seigneurs de son conseil pour y estre pourveu ainsy qu'il appartiendra ². »

Vitré, chap. VIII. — *L'Epitome de Saint-Nicolas d'Angers*. — Les *Archives de l'hôpital Saint-Julien*. — La *Généalogie des seigneurs de Château-Gontier*, dans le tome III des *Procès-verbaux et Documents de la Commission historique et archéologique de la Mayenne*. — Les *Registres des délibérations et conclusions de l'hôtel de ville de Château-Gontier*.)

1. La famille de Soucelles, qui portait le nom d'une seigneurie située près de Tiercé (Maine-et-Loire), s'armait : *De gueules à trois chevrons d'argent*. Les deux frères, Anceau et Marc de Soucelles, furent, au XVI° siècle, des protestants acharnés. Le second fit, en 1571, une déclaration pour ouvrir un prêche en sa maison. Samson de Soucelles, arrière-petit-neveu des premiers religionnaires, fit retour au catholicisme au siècle suivant. Guy Leclerc, bachelier en droit canon, conseiller et aumônier du roi, était, en 1662, curé de cette paroisse. (*Dict. hist. de M.-et-L.*, t. III, p. 537.)

2. *Archives nationales*, TT, *fonds des Religionnaires*. — Voir la pièce justificative n° 4.

LA TOUR DU PLESSIS-CHIVRÉ

CHAPITRE CINQUIÈME.

Gédéon de Chivré, baron de Méliand, est chargé de procéder à une enquête, avec René d'Hélyand, sieur de la Gravelle, président au présidial de Château-Gontier. — Poursuites exercées contre les huguenots René Moreul, sieur de la Groussinière, Duret et La Grange, accusés de divers méfaits. — Procès, ventes forcées et décadence de la fortune des seigneurs de la Barre. — Le château de la Barre tombe en ruines. — Montrées des réparations déclarées urgentes. — Révocation de l'Édit de Nantes. — Abjuration de Gédéon de Chivré, de sa femme et de ses serviteurs, dans l'église de Sœurdres. — Abjuration d'Anne Vallée, veuve d'Anne de Chivré, marquise de la Barre, de Marguerite Bodin, veuve de Henri de Chivré, et de leurs enfants, au château de la Barre. — Abjuration de divers habitants de la paroisse de Bierné.

Le crédit de Gédéon de Chivré, baron de Méliand, seigneur de la Touche-Moreau, zélé calviniste, était considérable dans la contrée. En 1670, il fut chargé de procéder à une enquête importante, en compagnie de René d'Hélyand, sieur de la Gravelle, président au présidial de Château-Gontier, dont l'attachement aux dogmes catholiques était notoire. Les deux commissaires se transportent au lieu seigneurial des Fougerais, en Livré, pour s'enquérir s'il est vrai que Philippe de Madaillan, seigneur de Chauvigny [1] : 1° ait fait bâtir un temple en son château de Chauvigny pour l'exercice de la religion prétendue réformée ; 2° ait banni le culte catholique d'une chapelle située dans sa maison des Fougerais [2] et en ait fait transporter la cloche à Chauvigny, où elle aurait servi à sonner les prêches. L'enquête semble justifier de tous points le seigneur de Chauvigny. En effet, Gédéon de Chivré et René d'Hélyand n'ont pas trouvé de temple à Chauvigny, le sieur de Madaillan avait seulement

---

1. Chauvigny, chât. et f., c^{ne} d'Athée ; étangs aujourd'hui desséchés. — Fief vassal de la baronnie de Craon, qui s'étendait aussi sur la Chapelle-Craonnaise. (*Dict. top. de la Mayenne*, p. 76.)

2. Fougerais (les), f., c^{ne} de Livré. — Arrière-fief de la baronnie de Craon, relevant de l'Ile-d'Athée. (*Dict. top. de la Mayenne*, p. 133.)

— 72 —

affecté un des pavillons construits dans la cour de son château à la sépulture de sa famille. Quant à la chapelle des Fougerais, ce n'était pas une chapelle de fondation, mais un simple oratoire domestique que Philippe de Madaillan avait acquis avec la terre des Fougerais, en 1644, de Brice de Bellenger, écuyer, sieur de Rommefort [1]. Celui-ci, lors de la vente, s'était réservé les ornements de la chapelle ; il n'était resté que la cloche, le sieur de Madaillan l'avait fait descendre parce qu'il craignait qu'on ne la volât, et s'était borné à la mettre en sûreté dans la maison des Fougerais [2].

Les Madaillan étaient les chefs du parti calviniste dans le pays de Craon [3]. Dix ans plus tôt, Madeleine Lescuyer, fille de défunt N... Lescuyer, écuyer, sieur de la Roze, âgée de dix-sept ans, « damoiselle suivante de la dame de Chauvigny, » adressait la requête que nous reproduisons au lieutenant général de la sénéchaussée et siège présidial de Château-Gontier : « Supplie humblement Madeleine Lescuyer, disant qu'il y a longtemps qu'elle recherche les occasions de quitter sa religion prétendue réformée pour suivre la religion romaine et s'y faire instruire ; que, pour y parvenir, elle s'est adressée à quelques prebtres, les a conviez de la

---

1. Romfort (le Grand et le Petit), f. et éc., c^{ne} de Cossé-le-Vivien. — Fief de la baronnie de Craon, duquel relevaient les fiefs du Pont-Randoux et de Villeperdue. (*Ibid.*, p. 285.)

2. *Archives de la Mayenne*, B. 2356.

3. Voir, sur les Madaillan, seigneurs de Chauvigny en Athée, les *Archives de Maine-et-Loire*, E. 3243. — *France protestante*. — *Arch. gén.*, E. 3373-3376. — En 1666, Gilles Monsallier, marchand de draps de soie, demeurant en la ville de Château-Gontier, poursuivait devant le présidial Gédéon de Chivré, baron de Méliand, et damoiselle Louise de la Chapelle, dame de Syon, en paiement d'une somme de 8,600 livres, reste d'une plus grande somme, due audit Monsallier, pour étoffes ci-devant vendues et livrées (*Archives de la Mayenne*, B. 2337). — En 1667, René Foucault, marchand, ayant les droits d'Anne de Bréhan, veuve de Pierre-Anne de Mosne (Meaulne ?), chevalier, poursuivait devant le présidial Pierre de la Dufferie, chevalier, et Gédéon de Chivré, baron de Méliand, en paiement d'une somme de 1,000 livres. (*Ibid.*, B. 2342.) — Gédéon de Chivré rend aveu pour la Touche-Moreau et le Heaulme, en 1670, à la châtellenie de Saint-Laurent-des-Mortiers. (*Archives nationales. Documents relatifs à la famille de Chivré.*)

tirer de la maison du sieur de Chauvigny, où il se fait exercice de la religion prétendue réformée, et pour exécuter plus facilement son dessein et qu'il ne veint à la congnoissance dudit sieur de Chauvigny, elle les convia de l'emmener nuitamment en quelques maisons religieuses où elle peust s'instruire en la religion romaine, ce qu'ilz auroient fait et amené en la maison des dames Urselines en cette ville ; ce considéré, Monsieur, vous plaise vous transporter en la maison des dames Urselines et luy décerner acte de ce qu'il ne luy a esté fait aucunes viollances, et ferez justices. » Cette lettre est conservée aux archives départementales de la Mayenne, qui constatent également le transport et acte du lieutenant général de la sénéchaussée et siège présidial de Château-Gontier, en conséquence de la requête adressée par Madeleine Lescuyer [1].

Le voisinage du château de la Barre avait singulièrement contribué à répandre les idées hostiles à la religion catholique dans les bourgs et les villages environnants, principalement dans ceux de Bierné, de Longuefuye, de Sœurdres, etc. Le 3 novembre 1676, le lieutenant criminel de Château-Gontier promettait à « Jehan Guesnier, prestre, curé de Longuefuye [2], » de poursuivre deux habitants de la paroisse, qui étaient accusés, par cet ecclésiastique, d'avoir commis plusieurs méfaits et profanations sacrilèges.

Le curé de Longuefuye disait, dans sa déclaration, que, le dimanche 11 octobre précédent, sur les quatre à cinq heures du soir, Julien Dupont et la fille du nommé Le Marchand avaient été fiancés, par lui, dans l'église parois-

---

1. *Archives de la Mayenne*, B. 2321.
2. Longuefuye, c⁻ᵉ du canton de Bierné. — Anc. par. du diocèse du Mans, du doy. de Sablé et de l'élect. de Château-Gontier. — Châtellenie vassale du comté de Laval, qui comprenait dans sa mouvance les fiefs de la Corbinière, des Écorces, de la Forêt-d'Aubert, de la Jumelaie, de Marboué, de la Pironnière, de la Primaudière, de la Quanterie, des Roches et des Touches. (*Dict. top. de la Mayenne*, p. 194.)

siale [1], « lesquelz, avec les parans, entrèrent en la maison de Guiard, hoste audit bourg. » Ils y étaient à peine installés, quand, soudain, René Moreul, sieur de la Groussinière [2], qui, depuis peu de temps, avait changé de religion, sortit de l'habitation du nommé Duret, « en des habits indécens et deshonnêtes, contrefaisant l'évesque ou le curé, un viollon à la main, dont il jouoit. » Selon la déposition d'un témoin, ce loustic de mauvais aloi portait « un tapy sur les espaulles et un bonnet sur sa teste ». Un autre affirme que René Moreul s'était mis « un grand sac de veau » sur le chef. Un troisième assure qu'il avait sur le dos « un rideau de lit ». Quoi qu'il en soit, notre insolent huguenot, ainsi accoutré, se glissa dans l'auberge « où la nopce estoit à se réjouir », au grand ébahissement de l'assemblée, fort surprise par cette mascarade inattendue. Il en « ressortit incontinent par une porte de derrière et s'en retourna par les jardins », tout fier du succès de son étrange équipée.

Cette scandaleuse parodie des pratiques religieuses porta promptement ses fruits dans la contrée, car le curé déclare qu'il a « bien de la peine à ramener les esprits de l'impiété et irrévérences commises contre les cérémonies de l'église par ledit Moreul ».

Trois semaines après la manifestation scandaleuse du sieur de la Groussinière, un nouveau désordre affligeait les âmes pieuses de la paroisse.

Le jour de la Toussaint, un particulier nommé Duret, natif de Longuefuye, et un autre personnage appelé La Grange, réfugié depuis au château des Courants [3], situé

---

1. Dans le Haut-Anjou, les fiançailles étaient l'objet d'une cérémonie religieuse d'un genre particulier. Cette coutume se conserva jusqu'au XVIIIe siècle.

2. Grossinière, h. c[ne] de Grez-en-Bouère. (*Dict. top. de la Mayenne*, p. 155.)

3. Courants (les), château et ferme, commune de Longuefuye. — *Medietatem terre quam Currentes vocant*, 1130. (Cartulaire de l'abbaye de Saint-Maur-sur-Loire, ch. 50.) — Cette terre, vassale des seigneuries de la Forêt-d'Aubert et de Marboué et de la châtellenie de Longuefuye, a pris son nom d'une famille établie à l'origine près de Saumur ; on en trouve la trace dans le cartulaire que nous venons de mentionner ci-dessus. (*Dict.*

dans la même paroisse, pénétrèrent dans l'église, « sur le soir, à la brune, » et se mirent à sonner les cloches à toutes volées. Jean Abafour, « fileur de laine, sacriste de peine, » accourut aussitôt et leur intima l'ordre de cesser leur carillon endiablé, ce dont nos deux gaillards ne tinrent naturellement aucun compte. Ils continuèrent leur vacarme avec une nouvelle frénésie. Le curé, prévenu à son tour, vint les prier poliment de se retirer ; il commença par les « reprendre doucement » et chercha à leur faire comprendre les « impiétés qu'ils commettoient en un lieu saint et sacré ». Ceux-ci, au lieu d'écouter « ses admonisions douces et bénignes, » l'abreuvèrent d'injures. Duret, « tout rempli de vin », répondit au curé par des grossièretés. Il prétendit ensuite que « c'estoit la coustume de sonner pour les trespassez, que les cloches estoient aux habitans et non pas à luy, et que, s'il cassoit la cloche, il la feroit reffondre et mettre une corde toute neufve. » Il engagea ironiquement le pasteur « à se mesler de son bréviaire, le traitant insolemment et de petit homme. » Le sacristain, accompagné de Jean Gandouin, « tixier en toile, demeurant audit bourg de Longuefuye, » monta alors dans l'intérieur du clocher « et tira à lui les cordes des cloches ». Mais Duret, qui les avait suivis, « baissa lesdites cloches et continua à sonner, sans que l'on pust l'en empescher. » Cet enragé carillonneur se laissa même enlever de terre, et, « avec les jambes, serra ledit sieur curé entre icelles, le saisit ensuite à ses habitz et le voulut atirer violamment hors de ladite esglize, en jurant. » Cette scène de désordre « dura bien demye heure ou environ [1]. »

top. de la Mayenne, p. 98.) — (Voir le Chartrier de Saint-Maur-sur-Loire, aux *Archives de Maine-et-Loire*. Il a été publié par M. P. Marchegay, au tome I" des *Archives d'Anjou*.) — L'*Album de Château-Gontier et ses environs* reproduit la vue du château actuel des Courants. Cette seigneurie fut possédée successivement par la famille Laubier de Bodieu, du milieu du XV° au commencement du XVII° siècle. En 1627, René de Bodieu vendit les Courants à Emmanuel Le Roux, qui les céda, en 1649, à Anselme de Boisjourdan. Depuis 1802, les Girard de Charnacé en sont détenteurs.

1. *Archives de la Mayenne*, B. 2698. — Voir la pièce justificative n° 5.

Marguerite Bodin, veuve de Henri de Chivré, marquis de la Barre, « mort aux armées du roy, en juin 1675, » soutenait, la même année, devant le présidial de Château-Gontier, un procès contre René Trochon, avocat, curateur aux causes de Louis, Henri, Hélène, Marguerite et Henriette-Cécile de Chivré, enfants mineurs desdits sieur et dame de Chivré [1]. Elle avait donné précédemment procuration à ce René Trochon pour renoncer, en son nom, à la communauté d'entre le défunt marquis de la Barre et elle, ainsi qu'à la garde-noble de leurs enfants mineurs, sans préjudice de ses droits et sauf à accepter ultérieurement la succession de son mari, pour ses enfants, par bénéfice d'inventaire [2].

La même année, elle rendait aveu pour les terres de « Saulgé, paroisse d'Exoudun, et de Bouleuf [3] ». Le 4 novembre 1676, elle reconnaissait la création d'une rente de 2,000 livres pour le principal d'une somme de 36,000 livres au profit de « Messire Jacques Henry, chevalier, seigneur châtelain de Cheusse et de Coudren [4] ». Jacqueline de Béchevel, femme de Gédéon de Chivré, se plaignait, à la même époque, au présidial, de nombreux larcins commis à son préjudice [5].

Le 19 février 1677, un écrit sous seing privé fut passé entre « dame Marie de Montesson, veuve de Messire Alexandre d'Aché, vivant chevalier, seigneur dudit lieu, demeurant en la maison seigneuriale de la Roche-Talbot, et dame Marguerite Bodin, veuve de Messire Henry de Chivré, fils aîné et principal héritier de Messire Henry de

---

1. *Archives de la Mayenne*, B. 2370. — La Chesnaye des Bois, t. IV, p. 367. — Attaché comme aide de camp au service de Louis II, prince de Condé, duc d'Enghien, Henri de Chivré, marquis de la Barre, avait été grièvement blessé au siège de Limbourg en 1675. Il avait succombé à Maëstricht, où il avait été transporté. C'est donc à tort que Garret de Ste-Catherine dit que ce personnage avait été tué en 1673 au siège de Maëstricht.
2. *Ibid.*, B. 2369.
3. *Archives nationales. Documents relatifs à la famille de Chivré.*
4. *Bibl. nat., Cabinet des Titres*, n° 753.
5. *Archives de la Mayenne*, B. 2698.

Chivré, chevalier, seigneur marquis de la Barre, » par lequel ils convenaient que la somme de 22,000 livres, restant du prix de la vente du Plessis-Bourel encore due par les héritiers de feu Messire Henry de Chivré, marquis de la Barre, serait « transmuée et due pour l'avenir par forme de principal de création de rente hypotécaire de 1,100 livres [1] ».

Le 23 et le 29 avril 1678, les créanciers de Henry de Chivré, marquis de la Barre, font abandon par contrat à sa veuve Marguerite Bodin, pour la somme de 110,000 livres, de la terre et marquisat de la Barre, par-devant Langlois, notaire à Paris [2]. Le 15 novembre de la même année, par-devant Jean Carré, notaire royal à Angers, « Marie de Montesson, veuve de Messire Alexandre d'Aché, vivant chevalier, seigneur dudit lieu, demeurante en sa maison seigneuriale de la Roche-Talbot, paroisse de Souvigny, pays du Maine, estant de présent en cette ville, a reconnu et confessé avoir cejourd'hui quitté, cédé et transporté, tant en principal qu'intérêts, à Messire François de la Forest d'Armaillé, chevalier, seigneur dudit lieu, demeurant en cette ville, paroisse de Saint-Michel-du-Tertre, à ce présent et acceptant, la somme de 22,000 livres de principal, que ladite dame de Montesson a dit et assuré lui être légitimement due par les héritiers de feu Messire Henry de Chivré, vivant chevalier, marquis de la Barre, restant du prix de la terre du Plessis-Bourel, que Messire Charles de Montesson, chevalier, seigneur comte dudit lieu, père de ladite dame cédante, lui a vendu par contrat passé devant Pierre Briand et Jean Gaultier, notaires royaux du comté du Maine, le seiziesme jour de décembre l'an 1647, laquelle somme ledit sieur de Montesson a donnée à ladite dame cédante en faveur de son

---

1. *Archives de Maine-et-Loire*, E. 2010.
2. *Titres de la Vaisousière*, t. XXXII, f° 188.

mariage avec ledit défunt sieur d'Aché, et laquelle dite somme de 22,000 livres avait été commuée en rentes, constituée par écrit sous seing privé fait en double entre ladite dame cédante et dame Marguerite Bodin, veuve de Messire Henry de Chivré, fils aîné et principal héritier dudit défunt sieur de Chivré, et encore entre la dame veuve de feu sieur de Rigné, tante de ladite dame Bodin, en date du 19e jour de février 1670 [1]. »

La ruine de la maison de Chivré se consommait lentement. Déjà Marguerite Bodin avait été obligée de donner, l'année précédente, en paiement de sommes dues à Messire Claude Lemaistre, seigneur de Montsabert [2], conseiller en la grande chambre du Parlement, fils de Messire Pierre Lemaistre, chevalier de l'ordre du roi, gentilhomme de la Chambre, seigneur de Montsabert, les métairies de la Ferrée, située dans la paroisse de Bierné, des Hoisoullières, de la Hadouillère et de la Carterie, également sises dans la même contrée, qui dépendaient de la terre et seigneurie de la Barre, « sur le pied du denier vingt-un du prix de la ferme desdits lieux que ledit sieur de Montsabert tiendra à un denier de cens de la seigneurie du Plessis-Bourel [3]. » Les beaux jours des Chivré étaient passés. Aux splendeurs d'autrefois succédait la gêne. Bientôt la déchéance allait être complète.

A cette époque, on ne célébrait plus le culte calviniste au château de la Barre, paraît-il, car, le 5 octobre 1678, on baptisait au temple de Sorges, près les Ponts-de-Cé, Louis,

---

1. *Archives de Maine-et-Loire*, E. 4208.
2. On prononçait *Montsabel* au XVIIe siècle. C'est l'orthographe fréquente même dans les actes publics, et celle que signe la famille Lemaistre. Le fief de Montsabert avait été détaché primitivement de la terre de Trèves, qui le gardait dans sa mouvance. Suzanne Clausse, veuve de Jean d'Aubigné, avait cédé cette seigneurie, le 30 avril 1630, à Pierre Lemaistre, ci-dessus nommé. Son fils, Claude Lemaistre, est inhumé, le 12 octobre 1685, dans le chœur du Tourcil. Anne-Charles Goislard en rend aveu dès le 27 février 1683. Le château datait des XVe-XVIe siècles. (*Dict. hist. de M.-et-L.*, t. II, p. 732.)
3. *Archives de la Mayenne*, B. 2394.

fils d'Ambroise Ferron, né à la Barre ¹. Le parrain était le marquis de la Barre et la marraine Françoise de Chivré, demoiselle de la Barre. Le temple de Sorges remontait au XVI° siècle. Les protestants avaient, en effet, sollicité, en 1579, en vertu de l'édit de pacification, l'autorisation d'y ouvrir un prêche, qui fut interdit en 1582, repris en 1600, malgré les démarches du Conseil de ville, et saccagé par les soldats de l'armée royale le 8 avril 1622. Après la révocation de l'Édit de Nantes, la démolition en fut ordonnée ².

En 1679, on fit une montrée qui constata d'une façon saisissante l'état d'abandon et de délabrement dans lequel se trouvaient les bâtiments de la Barre et les métairies voisines. Le mardi 15 novembre, des « experts des mestiers de masson, charpentier, couvreur de maisons, vitrier, plombier et serrurier » furent chargés de dresser un état détaillé de la série des travaux reconnus indispensables. C'étaient « Mathurin Roullière, masson, demeurant au lieu de la Codessaye, paroisse de Bierné; Julien Sailland, charpentier, demeurant au bourg de Châtelain; Jacques Fournier, couvreur de maisons; Pichot, maître vitrier, et Mathurin Desmards, maître serrurier, demeurant à Château-Gonthier, » qui furent chargés de cette besogne, chacun pour sa partie.

Près de deux cents vitres manquaient dans le château et dans les fermes ou avaient besoin d'être remplacées. Les gouttières de plomb étaient dessoudées, crevées, tombées à plat sur les entablements ou dégradées. L'escalier de bois, montant au grenier du pavillon, les volets, les fenêtres, les portes, les poutres, les soliveaux des appartements, les barrières du parterre et du jardin, l'escalier de la chambre

---

1. *État civil des protestants de Sorges. Archives du Tribunal Civil d'Angers.*

2. Cette démolition donna lieu à une adjudication concédée le 29 août 1685 à l'Hôtel-Dieu d'Angers, qui y employa les manœuvres du 4 au 11 septembre. Les charpentes et menuiseries ainsi que l'ardoise servirent à la reconstruction de la ferme de la Haie-le-Roi, détruite par un incendie le 27 août précédent, et la chaire fut donnée à l'église de Sorges. (*Dict. hist. de M.-et-L.*, t. III, p. 535.)

de l'écurie, les râteliers des chevaux de selle, les portes de la remise aux carrosses, des étables, des granges, les « canardiers », réclamaient l'office du charpentier. Les ferrures, les serrures, les verrous, les loquets, les vergettes des vitres, les clefs, les crampons de fer, les « crouillets, » les cadenas, les gonds, les grilles, etc., avaient été brisés ou perdus. Le couvreur affirmait qu'il était nécessaire « de mettre trois cents pieds de chaulattes » sur le corps du logis et sur les pavillons, ainsi que de les recouvrir entièrement en certains endroits. Les cheminées et les plafonds des chambres étaient en triste état. Les terrasses des hauts greniers, les planchers, les lambris, les carreaux, les murailles, le perron, la balustrade, exigeaient de nombreuses et importantes réparations. Toutes les pièces étaient à reblanchir et à enduire à neuf. C'était donc un vrai *Château de la Misère*, digne d'être décrit par l'auteur du *Capitaine Fracasse*.

Il en était de même des autres maisons et métairies. Le pont de l'entrée de la cour du Plessis-Bourel, le portail, les bâtiments, le moulin, la chapelle de l'Aubier [1], les logis de la Touchaye [2], de la Guitonneraie [3], de la Morinière [4], de la Bergerie, de la Bruère [5], de Chivré [6], de Vaugilmer [7], des Brosses [8], de la Rabellière [9] et de Viercé [10], menaçaient de s'écrouler. Le rapport des experts fut présenté à René Gallichon, sieur de Courchamps [11], conseiller du roi, lieute-

---

1. Aubier (l'), f., c^{ne} de Grez-en-Bouère. — Fief vassal de la châtellenie de la Vaisousière.
2. Touchais (la), f., c^{ne} de Grez-en-Bouère.
3. Guitonneraie (la), f., c^{ne} de Bierné.
4. Morinière (la), f., c^{ne} de Bierné.
5. Bruère (la), f., c^{ne} de Grez-en-Bouère; aujourd'hui détruite.
6. Chivré (le Grand et le Petit), f., c^{ne} de Bierné. — Un autre lieu de Chivré existe en Saint-Michel-de-Feins.
7. Vaugilmer ou Vaugilmet, f., c^{ne} de Grez-en-Bouère; ce lieu donne son nom à un affluent du Béron.
8. Brosses (les), f., c^{ne} de Grez-en-Bouère.
9. Rabellière (la), f., c^{ne} de Bierné; aujourd'hui détruite.
10. Viercé, closerie, c^{ne} de Bierné; aujourd'hui détruite.
11. Courchamps, c^{ne} de Montreuil-Bellay (M.-et-L.). — Cette châtellenie relevait de

nant général en la sénéchaussée et siège présidial de Château-Gontier, assisté de l'un des greffiers, maître René Arnoult, le 2 décembre 1679. Le texte original de cette curieuse montrée, qui figure aux archives de la Mayenne, a été rongé en partie par les rats [1].

En 1683, Marguerite Bodin donne pouvoir à M. de Tonlieu, avocat au parlement à Paris, d'emprunter pour elle la somme de 1,200 livres [2]. Le 15 avril de la même année, on baptise au temple de Sorges un autre enfant d'Ambroise Ferron, né à la Barre. Il eut pour parrain Messire Henri de Chivré et pour marraine Anne de Chivré [3].

Les calvinistes, si remuants et si redoutables au XVIe siècle et même pendant la première partie du règne de Louis XIII, étaient rentrés dans le calme depuis soixante ans. Leur nombre diminuait sensiblement. Depuis la publication de l'Édit de Nantes, ils avaient été tolérés, sinon libres, dans tout le royaume de France, et il n'y avait pas en Europe un seul état catholique où les dissidents fussent mieux traités. Ils vivaient vis-à-vis des autres habitants dans une paix que le souvenir des anciennes luttes n'aurait pas fait espérer. Au commencement de son règne, Louis XIV estimait devoir à ses sujets de la religion réformée la justice et l'observation stricte des précédents édits. Il ne voulait, dit-il lui-même dans ses *Mémoires*, « les presser par aucune rigueur nouvelle. » Mais, quand des influences puissantes se furent emparées de l'esprit du monarque, il renonça à la prudente et sage politique inaugurée par Henri IV et songea à rétablir l'unité de religion dans ses états, même par la force. On prohiba les mariages mixtes ; on décida que les enfants des religionnaires pour-

---

Vihiers. N. h. Louis Gallichon, conseiller au parlement de Bretagne, résidait dans le beau château de la seigneurie en 1630.

1. *Archives de la Mayenne*, B. 2384.
2. *Bibl. nat., Cab. des Titres*, n° 753.
3. *Etat civil des protestants de Sorges. Archives du Tribunal civil d'Angers.*

raient être élevés dans le catholicisme dès l'âge de sept ans, tandis que toute tentative de prosélytisme calviniste devait être sévèrement réprimée. Partout où des conflits éclatèrent, on démolit les temples, on inquiéta les pasteurs, on gêna la liberté des prêches, on interdit les assemblées des réformés. Les huguenots furent exclus des emplois publics; on ne négligea rien, en un mot, pour obtenir des résultats rapides. Les protestants, hors d'état de résister, émigrèrent, malgré les défenses, et se réfugièrent en foule dans les états voisins qui avaient embrassé le calvinisme tels que l'Angleterre, la Hollande, l'Allemagne et la Suisse. Le 18 mai 1682, un édit royal déclarait passibles des galères les chefs de famille qui prendraient le chemin de l'étranger. Les biens des émigrés furent confisqués. Quant aux pasteurs, on les invita à s'exiler, et ceux qui s'y refusèrent furent bannis. Cette campagne contre l'hérésie fut populaire et l'opinion publique y applaudit. Les dragonnades triomphèrent aisément de la révolte des religionnaires du Dauphiné en 1683. Le roi, désireux d'en finir rapidement, interdit, par un édit du 21 août 1684, aux ministres, d'exercer plus de trois ans dans le même lieu. Enfin, le 17 octobre 1685, Louis XIV signait la révocation de l'Édit de Nantes, qui était aussitôt notifiée à tous les intendants et à tous les gouverneurs de provinces.

Devant la volonté royale si nettement exprimée, il fallait céder, c'est-à-dire abjurer ou émigrer. Les conversions furent nombreuses dans le Haut-Anjou, et les huguenots disséminés dans le ressort du présidial de Château-Gontier se résignèrent à renoncer à l'hérésie. Déjà, le 27 mars 1685, François Aubry, curé de la paroisse de Sœurdres, où était situé le château de la Touche-Moreau, comme nous l'avons raconté, avait reçu l'abjuration d'Élisabeth Durand, épouse de Philippe Tillard, femme de chambre de Jacqueline de Béchevel, épouse de Messire Gédéon de Chivré, baron de Méliand, seigneur de la Touche-Moreau [1]. Le 3 septembre de la même année, la dame de la Touche-Moreau suivait l'exemple de sa camériste [2].

Le 14 novembre, Elisabeth Gaudot, veuve de René Belhomme, demeurant à Bierné, rentrait à son tour dans le giron de l'église romaine et était baptisée par Jean-Charles Gaultier de Brullon, prêtre curé de la paroisse, « commissaire en cette partie de Monseigneur l'Evesque d'Angers [3], » en présence de plusieurs ecclésiastiques des paroisses voisines et de maître Mathurin Gaultier, notaire royal, « demeurant audit bourg [4]. » Thérèse Gaultier, fille de Pierre Gaultier et d'Hélène du Rocher, originaire de Vannes, en Bretagne, veuve de n. h. Jacques de Montmoriel, également natif de Vannes, se convertit ensuite. Son enfant, âgé de deux ans, fut baptisé le même jour [5]. Le 14 décembre, Gédéon de Chivré, seigneur baron de Méliand et de la Touche-Moreau, accompagné de Philippe Tillard, son procureur, de Thomas Tillard et d'Isaac de Cantepie, se présentait devant le curé de Bierné. Tous les quatre firent retour au catholicisme [6].

Les dames de Chivré se décidèrent enfin à renoncer au calvinisme [7]. « Nous Jean-Charles Gaultier de Brullon, prestre curé de Bierné, commissaire en cette partie de

---

1. *Registres paroissiaux de Sœurdres.* — François Aubry, curé le 10 novembre 1673, résigna ses fonctions en 1717 et mourut le 24 août 1720, âgé de 79 ans. (*Ibid.*) — Les registres paroissiaux remontent à 1594.
2. *Ibid.*
3. Henri Arnauld, évêque d'Angers de 1650 à 1692.
4. *Registres paroissiaux de Bierné.*
5. *Ibid.*
6. *Registres paroissiaux de Sœurdres.* — Les habitants de la Faucille, près l'Hôtellerie de Flée, renoncèrent aussi au calvinisme. Le 19 janvier 1686, Pierre de la Faucille, seigneur dudit lieu, et dame Louise de Madaillan, Judith de Madaillan et plusieurs autres personnes de leur maison abjuraient dans la chapelle du château de la Faucille, pour éviter la confiscation de leurs biens, qui fut exercée, le 15 mars suivant, contre René, le puîné de la maison, resté fidèle à sa foi et réfugié à l'étranger. (*Dict. hist. de M.-et-L.*, t. II, p. 135-136.)
7. *Registres des baptêmes, mariages et sépultures de la paroisse de Bierné pour l'année 1686.* Ce registre est paraphé par R. Gallichon. Le papier est timbré, à un sol.

Monseigneur l'evesque d'Angers, à tous qu'il appartiendra certifions que ce jour d'huy treziesme jour de febvrier mil six cens quatre-vingts-six Dame Anne Vallée, veuve hault et puissant Messire de Chivré, seigneur marquis de la Barre, lieutenant général de l'artillerie de France, Dame Marguerite Bodin, aussi veuve hault et puissant Messire Henry de Chivré, aussi en son vivant seigneur marquis de la Barre, et damoiselles Anne, Françoise et Elisabeth de Chivré, filles dud. deffunt seigneur Anne de Chivré et de lad. dame Vallée, toutes demeurantes en la paroisse de Bierné, en leur chasteau de la Barre, province d'Anjou, ont entre nos mains faict abjuration de l'heresie calvinienne et ont embrassé la Relligion Catholique, Apostolique et Romaine, à laquelle elles se sont réunies, ont promis y vivre et mourir; en foy de quoy avons signé le présent acte aveq les dites dames et damoiselles, ce qui a été faict aud. chasteau de la Barre, en présence de Messire Charles de Quatrebarbes, prestre curé de la paroisse de Longné [1], y demeurant, et encore de Maistre Pierre Trochon, conseiller du Roy, premier et ancien président en la seneschaussée et siège présidial de Chasteaugontier, y demeurant, tesmoins soubsignez. Signez Anne Vallée, Marguerite Bodin, Anne de Chivré, Françoise de Chivré, Elisabeth de Chivré, Quatrebarbes, curé de Longné, Trochon, et J.-C. Gaultier de Brullon, curé de Bierné. »

Le 26 du même mois, « Jacques Avar, fils de Moyse Avar et de Marie Parol, de la paroisse d'Essoudun, dans la province du Poictou, » se convertissait au catholicisme également, en présence de noble et discret Pierre-François Ernault, « prestre sacristain de la paroisse, » de François Bruneau et de Michel Bihorreau [2].

---

1. Loigné, c^ⁿ de Château-Gontier, — *Longné* (Archives de l'abbaye de la Roë). — Ancienne paroisse du doyenné de Craon, de l'élection et du marquisat de Château-Gontier. (*Dictionnaire topographique de la Mayenne*, p. 194.) — D'après les anciens registres de l'état civil de cette paroisse, Charles de Quatrebarbes était curé de Loigné depuis 1661. Il conserva cette fonction jusqu'en 1695. De 1670 à 1700, M. Bouvet fut prêtre sacristain de Loigné. (Note communiquée par M. E. Baudre, curé de Loigné.)

2. *Registres paroissiaux de Bierné, ibid.*

LE PLESSIS-CHIVRÉ

CHAPITRE SIXIÈME

Les dames de Chivré émigrent en Hollande. — Mort de Henri de Chivré, IIIe du nom, dernier représentant de la branche aînée des Chivré, marquis de la Barre. — Saisie de la terre de la Barre et ses dépendances. — Les Chivré de Normandie héritent du titre de marquis de la Barre. — Pierre Blanchaux est nommé fermier judiciaire de la seigneurie. — Poursuite des criées et vente par décret des divers biens. — Inventaire des titres et papiers concernant la seigneurie de la Barre et les féodalités qui en dépendent. — J.-B. Colbert, marquis de Torcy, comte de la Barre. — La marquise de Torcy ordonne à Me Joseph Godefroy, avocat au parlement, procureur fiscal, de classer les titres de la Barre. — Les héritiers du marquis de Torcy sont condamnés à payer les ventes et issues de la terre de la Barre aux héritiers du marquis de Bailleul. — La Barre aux XVIIIe et XIXe siècles.

Le 9 juillet 1689, le parlement de Paris condamnait Marguerite Bodin, marquise de la Barre, veuve de messire Henri de Chivré, à payer à Daniel, Jean, Marthe et Esther Chardon, « la somme de 3,000 livres portée en une obligation jadis faite à leur profit [1]. » L'année précédente, Gédéon de Chivré, comte de Méliand, s'était éteint au château de la Touche-Moreau [2]. Le 27 juillet 1695, Marguerite Bodin vendait à Françoise Bouranneau la métairie de la Boisdaugère, paroisse de Rouillé. Enfin, en 1700, à la requête de Guillaume Le Brun, « chevalier, marquis d'Intheville, mestre de camp de régiment, colonel-général de la cavalerie légère de France, » et de plusieurs autres créanciers, la

1. *Bibliothèque nationale, Cabinet des Titres*, n° 753.
2. En 1688, en effet, Marguerite de la Chapelle de la Roche-Giffard, dame de Sion, héritière sous bénéfice d'inventaire de feu Gédéon de Chivré, « comte de Méliand, » René du Boys, chevalier, comte de Saint-Gilles, garde-noble des enfants issus de son mariage avec feu Henriette de la Chapelle, et René de la Chapelle, chevalier, seigneur du dit lieu, aussi héritiers bénéficiaires du sieur de Chivré, Françoise de Chivré, fille majeure, héritière du côté paternel, poursuivaient devant le présidial Marguerite Bodin, veuve de Henri de Chivré, marquis de la Barre, tutrice de ses enfants mineurs, Jacqueline de Béchevel, veuve du dit sieur Gédéon de Chivré, séparée de biens d'avec lui et sa créancière, et les autres créanciers du même. (*Archives de la Mayenne*, B. 2400.)

terre de la Barre et ses dépendances étaient saisies pour paiement de diverses dettes. Le jugement de saisie est daté du 22 février 1700 [1]. Dans une autre pièce, on voit que la dame Bodin est qualifiée « absente du royaume pour fait de la religion par sentence contradictoire des requêtes de l'hôtel du 3 décembre 1700 [2]. » Les 14, 15, 16, 17, 20 et 21 avril 1700, un inventaire des titres laissés à la Barre avait été dressé en présence du lieutenant particulier du présidial. Marguerite Bodin s'était retirée en Hollande avec ses enfants. Dans son *Mémoire sur l'Anjou* rédigé en 1697 et déjà cité, Miromenil dit, en parlant de Château-Gontier : « Il n'en sortit qu'une femme et une fille [3], » après la révocation de l'Édit de Nantes. Il fait sans doute allusion ici à Marguerite Bodin et à sa famille. Ce départ pour la Hollande est mentionné dans la *Généalogie de la branche aînée de la famille de Chivré* que nous possédons.

Henri de Chivré, IIIe du nom, fils de Henri de Chivré, IIe du nom, et de Marguerite Bodin, marquis de la Barre, « mestre de camp du régiment d'Anjou, cavalerie, » dernier représentant de la branche aînée de la famille de Chivré, s'était éteint, sans alliance, le 11 septembre 1699 [4]. Par suite de ce décès, le titre de marquis de la Barre en Bierné revint de droit au cousin du défunt, Gédéon-Artus de Chivré, comte de Marencin, sieur de Sottevast. Ce seigneur portait, selon l'*Armorial Général* : *D'argent à un lion de sable, couronné, lampassé et armé de gueules* [5].

---

1. *Bibl. nat., Cabinet des Titres*, n° 753.
2. *Bibl. nat., Cabinet des Titres*, ibid.
3. P. Marchegay, *Archives d'Anjou*, t. I. Manuscrit n° 884 de la Bibl. d'Angers.
4. La Chesnaye des Bois, t. IV, p. 467. — En 1701, Louis-Roch d'Albin, seigneur de Valsergues, héritier de feu Henri de Chivré, marquis de la Barre, rendait aveu pour la terre de Sougé, « paroisse d'Exoudun et Bourleu. » (*Archives nationales, Documents relatifs à la famille de Chivré.*) — En 1703, Gédéon de Chivré reconnaît devoir au sieur Jarry, marchand, la somme de 350 livres pour droit de rachat, (*Bibl. nat., Cabinet des Titres*, n° 753).
5. D'Hozier, *Armorial général* (Caen), p. 295. — Le même auteur, à la page 423, attribue des armes semblables à Gabriel de Chivré, écuyer, seigneur de Blagny.

Gédéon-Artus de Chivré, chevalier, II⁰ comte de Marencin, sieur et patron de Sottevast et de Blagny, était fils de Henri II de Chivré, I⁰ʳ comte de Marencin, de la paroisse de Tribehon en Normandie, marié le 20 août 1652 à Elisabeth de Couvert [1]. Son extrait de baptême est conservé à Sottevast. Il épousa en 1682 Elisabeth de Montfiquet; il fut inhumé le 3 avril 1708 [2]. D'autres enfants étaient issus du même mariage. Ces Chivré, cadets de Marencin, écuyers, gentilshommes protestants, passèrent en Hollande en 1684. Leur sœur, Suzanne-Henriette de Chivré, demoiselle de Marencin, s'unit à Jean Cornet, seigneur de Neuville-la-Bretonnière [3]. Les Chivré de Normandie étaient de zélés calvinistes. Il existe, non loin du château de Sottevast, un lieu que l'on appelle encore aujourd'hui « le cimetière des protestants. » On garde aux archives de Sottevast la copie d'un acte constatant le racquêt et l'amortissement d'une rente de 200 livres au profit du corps de la religion réformée de Caen, faits par Mʳᵉ Henri II de Chivré, comte de Marencin, en date du 23 février 1654 [4].

Henri-Louis-Gabriel de Chivré, chevalier, marquis de la Barre, III⁰ comte de Marencin, seigneur patron de Sottevast, épousa une demoiselle Viel du Val par contrat de mariage passé le 10 juin 1711.

1. La Chesnaye des Bois, *ibid.* — Garret de Sainte-Catherine, *Généalogie de la famille de Chivré.*
2. *Registres paroissiaux de Sottevast.*
3. La Chesnaye des Bois ne mentionne que Suzanne-Henriette de Chivré et Gédéon-Artus de Chivré. — Les Chivré actuels sont catholiques. Dignes héritiers du nom de leurs illustres ancêtres, les descendants des glorieux seigneurs dont nous avons écrit l'histoire ont bravement combattu pendant la dernière guerre contre l'Allemagne, et deux d'entre eux sont tombés héroïquement sur les champs de bataille. Aujourd'hui, la branche cadette des Chivré de Normandie possède le château de Sottevast, et la branche aînée a celui d'Auxais.
4. *Archives du château de Sottevast.* — Un acte du 30 juillet 1637 constate la constitution de cette rente au profit « du corps de la religion prétendue réformée, à Caen, par Mʳᵉ Guillaume de Couvert, chevalier, seigneur et patron de Sottevast, Élisabeth de Saint-Simon, sa femme, Mʳᵉ Arthur-Antoine de Couvert, son fils, chevalier, seigneur et baron de Coullomb, et Estienne du Vivier, écuyer, seigneur de la Roche. » Un *Factum pour consulter* délivré à Rouen le 7 avril 1685 contient l'indication de l'acquêt de cette rente. (*Ibid.*, n° 34, liasse 3ᵐᵉ.)

Le 27 mars 1708, Guillaume Le Brun, chevalier, marquis d'Intheville, « mestre de camp, colonel-général de la cavalerie légère de France, » mineur émancipé, procédait sous l'autorité de ses curateurs contre Gabriel de Chivré, chevalier, seigneur de Blagny, Jean Cornet, chevalier, seigneur de la Bretonnière, tuteur des enfants issus de son mariage avec feu Henriette de Chivré, Louis Cornet, seigneur de Crammeville, Gédéon de Chivré, chevalier, seigneur de Sottevast, François-Boniface de Castellane, « chevalier, comte du dit lieu, » Thérèze de Rechignevoisin de Guron, sa femme, Louis-Roch d'Albin, prêtre, seigneur de Valsergues, François d'Albin, chevalier, seigneur de Naussac, H. d'Albin, épouse de Jean de Carrière, « conseiller du Roy, juge et lieutenant général en la sénéchaussée de Toulouse, » tous héritiers paternels de feu Henri de Chivré, marquis de la Barre, héritier lui-même de dame Marguerite Bodin, sa mère, « absente du royaume pour fait de religion. » La poursuite des criées et vente par décret de la terre de la Barre fut ordonnée [1].

Pierre Blanchaux avait été nommé, en 1705, fermier judiciaire de la seigneurie [2]. Le 1er août 1708, Jacob Guittau, seigneur de la Marche, « conseiller du roi, lieutenant général en la sénéchaussée d'Anjou et siège présidial de Chasteaugontier, maire perpétuel au dit lieu, commissaire de nos seigneurs des requestes de l'hostel en cette partie, » sur la demande de Jean Chardon et de Guillaume Le Brun, auxquels s'était adjoint Gédéon Sauson, au nom de Pierre Cardot, fermier judiciaire des biens saisis, se transporta au

---

1. *Archives de la Mayenne*, série B. 2422. — Voir la pièce justificative n° 7. — On conserve à la Bibliothèque nationale une série de pièces datées des années 1706, 1714, 1716, 1719, relatives à la vente de biens saisis par les créanciers de Marguerite Bodin, qui est toujours mentionnée comme « absente du royaume pour fait de religion. » En 1717, Marguerite Bodin avait vendu au sieur Domin sa terre, château et seigneurie de Saint-Cyr. (*Bibliothèque nationale, Cabinet des Titres*, n° 753).

2. *Arch. de la Mayenne*, B. 2419. — Pierre Blanchaux soutenait, en 1705, un procès contre François-René de Bidereau, écuyer, et les autres créanciers saisissants. Une montrée des réparations à faire sur la terre fût rédigée à la même époque.

château de la Barre. Il avait reçu mission d'expulser le nommé Jean Jourdan, se disant « agent d'affaires du sieur et dame de Castellane, et tous autres qui seroient dans le dit chasteau et bâtiments de la terre de la Barre, jetter leurs meubles sur le carreau et faire ouverture de touttes les portes pour y establir le dit Sauson, fermier judiciaire, et le mettre en pocession des biens compris en son bail. » Étienne Leroy, commis greffier, accompagnait le lieutenant général de la sénéchaussée.

En arrivant, ils apprennent, de la bouche de Françoise Chatbrun, épouse de Charles Bruneau et attachée au service de F. B. de Castellane, qu'ils trouvent dans la cour, que son mari « est allé dans la province de Poitou, avecq bœufs et charetes, voiturer les meubles que le dit sieur de Castellane a retirés du dit chasteau de la Barre, » où il demeurait antérieurement. Mre Jacques Collin, avocat au parlement et au siège présidial de Château-Gontier, « demeurant paroisse de Saint-Remy, procureur spécial des dits sieurs Chardon et Le Brun, » intervient à son tour. Il demande à pénétrer dans l'habitation. Sauson comparaît alors également. Il requiert aussi l'ouverture d'une porte de l'appartement « qui donne sur la cuisine, à la main droite en entrant. »

Le lieutenant général de la sénéchaussée enjoint à Gabriel Guioullier, huissier audiencier, « de faire commandement à un serrurier ou mareschal » de se transporter à la Barre, avec les instruments nécessaires, pour ouvrir les portes. A trois heures et demie de l'après-midi, René Talvatre, maréchal, demeurant au bourg de Saint-Aignan, près Gennes, se présente et procède à l'opération. On entre dans la maison ; on découvre dans une des chambres « un garde-manger suspendu au plancher, une vieille table et deux chaises de bois de chesne. »

Thomas Osber, écuyer, sieur du Manoir, « demeurant en la parroisse de Longueville, province de Normandie, évêché de Bayeux, procureur spécial de Mre Jean Cornet, chevalier, seigneur de la Bretonnière, » prie le lieutenant général de constater que le coffre où ce personnage avait déposé ses titres, ses papiers et son linge, a été enlevé. Jacques Collin fait observer ensuite que toutes les portes sont dépourvues de clefs et de serrures. Sauson dit que les bâtiments de la basse-cour sont en mauvais état ; la charpente des écuries s'est effondrée ; les prés « sont entièrement gastés, parce que le précédent fermier a négligé de les faire taupiner et a laisé vaquer les bestiaux dans les dits prez ; » l'herbe est coupée en divers endroits. Enfin Sauson est établi fermier judiciaire et installé dans le château. Il en aura la garde et surveillera la propriété [1].

Le 4 août 1708, messire Charles Le Tessier, sieur de Coulonge, avocat au siège présidial de Château-Gontier, et Mathurin Gaultier Le Fébure, notaire royal, demeurant au bourg de Bierné, comparaissaient devant les membres du présidial, en qualité de défendeurs. Messire Jean Chardon, capitaine au régiment des gardes françaises, et messire Guillaume Le Brun, chevalier, marquis d'Intheville, héritiers de la dame de la Barre, se présentaient, de leur côté,

---

1. *Archives de la Mayenne*, B. 2422. — Voir la pièce justificative n° 8. — Le Plessis-Bourrel avait pris ce nom de la famille Bourreau, Bourrel ou Borel, qui en fonda le château au moyen âge. — Simon Bourreau, qui vivait en 1290, époux de Jeanne de Murs. — Jean Bourreau, Ier du nom. — Jean Bourreau, IIe du nom, époux de Jeanne du Brouassin. — Marguerite Bourreau, femme de Jean Auvé, IIe du nom, qui devint par ce mariage seigneur du Plessis-Bourreau. — Jean Auvé, IIe du nom, décédé en 1388. — Gervais Auvé, époux de Guillemette de Vendôme, 1405. — Simon Auvé, époux de Marguerite Clérembault, 1425-1463. — Jean Auvé, IIIe du nom, époux de Jeanne de la Jaille Roche-Talbot, 1452-1500. — Louis Auvé, marié d'abord à Jehanne de Bellay, puis à Renée Clérembault, 1535. — Pierre Auvé, époux de Louise Haston. — Renée Auvé, épouse de Magdelon de Brée, chevalier, seigneur de Perrant, puis de Jean de Chourches, chevalier, seigneur de Malicorne, gouverneur du Poitou. Elle mourut sans enfants. Avec elle finit la maison d'Auvé, la seconde branche étant déjà tombée en quenouille avant son décès. — Le mariage de N. Auvé avec un Montesson fit entrer ensuite le Plessis-Bourreau dans cette famille qui le vendit aux Chivré au XVIIe siècle. (Manuscrit 991 de la Bibl. d'Angers.) — Le Plessis-Bourreau 1514-1582, registre appartenant à M. le comte Le Gonidec de Traissan. — Voir aussi les documents généalogiques sur les Chivré aux *Archives de Maine-et-Loire*, E. 2010. (Cette pièce est du XVIIe siècle.) — Le propriétaire actuel du Plessis-Bourreau est M. Alfred Barouille, député de la Mayenne.

comme demandeurs. Mᵉ Jacques Collin, avocat au parlement et au siège présidial de Château-Gontier, « y demeurant paroisse de Saint-Remy, » concluait, au nom de J. Chardon et G. Le Brun, à ce qu'en conformité de la sentence « de nos seigneurs des requestes de l'hostel du Roy, à Paris, du 16 juillet 1708, » les défendeurs fussent tenus de représenter leurs titres et papiers concernant la terre et seigneurie de la Barre dont ils avaient la garde. Ces titres seront « paraphez par premier et dernier et mis dans un coffre à part, clos et scellé, » dont ils auront la surveillance. C'est Le Tessier qui avait été chargé de conserver une partie des archives de la Barre, dont il avait dressé l'inventaire, après le départ de Marguerite Bodin et de ses enfants pour la Hollande.

Notre avocat répond qu'il montrera les titres « à tous jour et heure qui lui seront indiquez pour estre paraphez par première et dernière pièce, » mais il s'oppose à ce que le coffre soit scellé et cacheté, « par la raison qu'il est obligé d'en ayder les créanciers et les fermiers judiciaires, tant modernes que anciens, pour se faire payer des rentes féodalles et autres droits seigneuriaux à eux appartenant du temps de leur jouissance. » Le Fébure avait également reçu en dépôt certains titres de la Barre. Il déclare qu'il est prêt à les exhiber ; toutefois, il ne souffrira pas que ces documents « luy soient ostez, ny enfoncez sous des scellez et cachets. » S'il était privé des titres, il lui serait impossible de poursuivre les débiteurs. Pierre Blanchaux, ancien fermier judiciaire, est créancier du montant des droits seigneuriaux et féodaux, échus et acquis pendant son bail. Il doit en être payé. Le notaire ne peut pas se dessaisir des papiers nécessaires à ces divers recouvrements. Mᵉ Jacques Collin maintient ses conclusions. Les deux parties s'obstinent, chacune, à soutenir leurs arguments contradictoires.

Le 20 août suivant, on procède donc à l'ouverture du coffre-fort qui contenait huit registres reliés, couverts de parchemin, et une série de liasses dont les pièces composaient les archives du château de la Barre. Nous en reproduisons la liste complète à la fin de ce volume. Ces documents sont datés des XVe, XVIe et XVIIe siècles [1]. Ils ont actuellement disparu [2]. Les titres et papiers furent « paraphez et cottez, » puis remis dans le coffre, qui fut « clos, fermé et scellé du scel de la sénéchaussée du dit Chateaugontier. » Mathurin Gaultier Le Fébure en eut la garde spéciale et les conserva dans sa maison de Bierné. Le greffier prit la clef.

Le 23 du même mois, le lieutenant général se transportait chez Me Charles Le Tessier pour faire l'inventaire des autres titres et papiers qui lui avaient été confiés. Celui-ci étant obligé d'aller au palais pour y plaider, la vérification est ajournée au lundi 3 septembre. Au jour convenu, le magistrat se présente chez l'avocat qui lui fait observer que « les dits titres ayant esté une fois inventoriez, paraphez et cottez par le greffier, » lors de l'inventaire dressé en 1700, il n'est pas nécessaire de les inventorier et de les parapher de nouveau, mais qu'il suffit « de recoler le dit inventaire, puisqu'il offre en demeurer dépositaire, comme de biens de justice, pour lui remettre à qui par justice sera ordonné. » Cette proposition est acceptée. Me François Jousselin, greffier ordinaire, exhibe la minute de l'inventaire rédigé antérieurement sur la demande de Marie Michel, femme de Claude Buisson, bourgeois de Paris. Le Tessier ouvre alors un grand coffre, couvert de cuir noir, renfermant les titres, qui sont « cottez et paraphez » par le lieutenant général. Le coffre est clos, scellé et cacheté; la clef est ensuite remise aux mains du greffier.

En 1718, Guillaume Le Brun, chevalier, marquis d'In-

---

1. *Archives de la Mayenne*, B. 2422. — Voir la pièce justificative n° 9.
2. *Ibid.* — Nous avons vainement cherché à retrouver ces titres. M. le marquis de Robien nous a écrit qu'ils ne figuraient pas parmi les pièces conservées aux archives du château de Robien.

theville, Jacques-Antoine de Saint-Simon, chevalier, seigneur de Courtemer, Marthe Chardon, sa femme, Esther Chardon, veuve de Raoul de Couvert, chevalier, seigneur de Coullons, les dites dames Chardon héritières par bénéfice d'inventaire de feu Jean Chardon, leur frère, « capitaine au régiment des gardes françoises, » poursuivaient, conjointement avec le sieur d'Intheville, la vente par décret « des terres et seigneuries de Plessis-Bourel, l'Aubier, Saint-Aignan, la Barre en Anjou, Croix-Bouesée en Exoudun, la Barre-Saint-Sorlin en Poitou, contre Louis-Roch d'Albin, prêtre, seigneur de Valsergues, François d'Albin, chevalier, seigneur de Naussac, Alexandre d'Albin, François-Boniface, seigneur comte de Castellane, Marie-Thérèse de Rechignevoisin de Guron, sa femme, Louis Chabot, chevalier, seigneur du Chesneau, Suzanne Chabot, veuve d'Alexandre Gougeon, sieur des Coullandres, Alexandre de Vendée de Champrou, frère et unique héritier de feu Henri de Vendée, chevalier, seigneur du Bois-Chapelean, Hortense d'Albin, femme de Jean de Carrière, lieutenant général en la sénéchaussée de Toulouse, Gabriel de Chivré, chevalier, seigneur de Blagny, Henri Cornet, seigneur de Ramville, Louis Cornet, seigneur de Crammeville, enfants et héritiers de feu Suzanne-Henriette de Chivré, femme de Jean Cornet, seigneur de Neufville, de la Bretonnière, etc., Louis-Henri-Gabriel de Chivré, comte de Marancin, René-François de Chivré et Bonaventure-Marie de Chivré, enfants et héritiers de Gédéon-Artus de Chivré, chevalier, seigneur de Sottevast, tous héritiers de feu Henri de Chivré, chevalier, marquis de la Barre, capitaine de cavalerie au régiment d'Anjou, à son décès fils et unique héritier de feu Marguerite Bodin, veuve de Henri de Chivré, marquis de la Barre, absente du royaume pour fait de religion [1]. »

1. *Archives de la Mayenne*, B. 2437.

Le 23 juillet 1720, Henri-Louis-Gabriel de Chivré, seigneur de Sottevast, dit le comte de Marencin, avec ses frères et ses cousins-germains, Henri Cornet, seigneur de la Bretonnière, et Louis Cornet, seigneur de Crammeville, obtint un brevet du roi, pour cause de religion, à l'effet de vendre le marquisat de la Barre en Anjou, et, le même jour, le marquis de Torcy en fit acquisition par acte ratifié le 31 mars et le 21 avril 1729 [1]. En octobre 1735, les terres de l'ancien marquisat de la Barre furent érigées en comté [2].

En 1740, le nouveau propriétaire de la Barre était donc « Jean-Baptiste Colbert, marquis de Torcy, Croissy, Sablé, Bois-Dauphin, baron de Pincé, seigneur de Baïf, des fiefs qui furent réunis de la Roche-Talbot et autres fiefs unis et réunis du marquisat de Sablé, comte de la Barre en Biérné, seigneur châtelain de la Guénaudière en Bouère et autres fiefs et seigneuries, ministre, secrétaire d'État, commandeur des ordres du Roy, surintendant général des postes, » fils de Charles Colbert, marquis de Torcy et de Croissy, neveu de Jean-Baptiste Colbert, contrôleur général des finances, que l'histoire a nommé « le grand Colbert. » C'est lui qui fit construire le château actuel de Sablé sur les plans de Mansard, dit-on, avec les matériaux de l'ancien manoir de Bois-Dauphin. Il était devenu, en 1711, marquis de Sablé, par l'acquisition qu'il avait faite d'Augustin de Servien, abbé de Saint-Jouin-de-Marnes et du Perray-Neuf [3].

Le 20 novembre 1748, Catherine-Félicité Arnaud de Pomponne, fille de Simon, marquis de Pomponne, veuve de J.-B. Colbert de Torcy, marquise de Torcy, qui avait déjà obtenu des lettres d'abréviation l'autorisant à faire tenir

---

1. La Chesnaye des Bois, t. IV, p. 467, constate cette vente de la Barre. — De Magny, *Nobiliaire de Normandie*, t. II, p. 54 de la 3ᵉ partie.
2. Cauvin, *Armorial du diocèse du Mans*. — M. l'abbé Foucault prétend, à tort, que la terre de la Barre emprunte son nom aux de la Barre de Préaux, qui ne furent jamais possesseurs de cette seigneurie.
3. Voir le *Dict. top. de la Sarthe* au mot *Sablé*.

au château de la Barre « les assises des terres de la Barre, le Plessis-Bourel, la Guénaudière, Bierné, Saint-Aignan, Chivré, Vaugilmer, le Grand-Vilechien, la Morinière, Gillié, Gaigné, la Plesse, la Férée, la Châlerie et la Cure de Bierné [1], » chargeait par procuration spéciale Me Joseph Godefroy, avocat au parlement, « procureur fiscal, depuis 1735, du marquisat-pairie de Sablé au Mayne, y demeurant, » de l'administration de ses domaines seigneuriaux. Il devra achever les réparations à faire à la Guénaudière, rendre compte des amendes infligées aux sujets du comté de la Barre et les recouvrer, recevoir les aveux et hommages dus par les tenanciers et les vassaux, continuer les assises des fiefs, perfectionner les tenues de la Guénaudière et de leurs dépendances, ranger les titres de la Barre et de la Guénaudière, fief par fief, et en dresser l'inventaire régulier. La copie de cet inventaire sera envoyée à la marquise de Torcy, avec un état complet des comptes et autres pièces de dépenses des receveurs, depuis 1718, y compris les trois premiers mois de l'année 1743, « qui sont au chartrier de Sablé. » Me Joseph Godefroy demeurait alors à Paris chez le sieur des Granges, baigneur, rue de Seine [2]. Après les Torcy, la famille Le Voyer de Paulmy posséda la Barre pendant quelques années.

On conserve aux Archives nationales un *Mémoire historique sur Chateaugontier* rédigé en 1781 pour « haut et puissant seigneur messire Jean-Thérèse-Louis de Beaumont, marquis d'Autichamp, commandeur de l'ordre royal et militaire de Saint-Louis, maréchal des camps et armées du Roy, commandant en second le corps de la gendarmerie, inspecteur de cavallerie, premier escuyer de Son Altesse Monseigneur le prince de Condé, gouverneur de la ville de Chateaugontier et lieutenant du Roy des ville et chasteau

---

1. *Archives de la Mayenne*, B. 2632.
2. Cette pièce fait partie de la collection particulière de nos manuscrits relatifs au Maine et à l'Anjou.

d'Angers. » Le censif fait par le sieur Pierre des Portes, avocat au parlement, et par Louis-Pierre Maillard, feudiste, associés, constate que « la patrimonialité de la terre de Chateaugontier a été contestée à Monsieur le marquis de Bailleul, par M. de Torcy, marquis de Sablé, au sujet de l'acquêt par lui fait de la terre de la Barre de Bierné tenue nuement de la baronnie de Chateaugontier et dont il a prétendu ne point devoir de ventes, vu sa qualité de grand-croix et secrétaire de l'ordre, la ditte terre de Chateaugontier, suivant luy, n'ayant été aliénée qu'à titre d'engagement et de réméré perpétuel. » Le procès avait été porté au conseil privé du roi, en 1723, et était resté pendant jusqu'au 15 novembre 1774, époque à laquelle était intervenu un arrêt qui confirmait la patrimonialité de la terre de Château-Gontier au profit du marquis d'Autichamp et de ses successeurs à titre particulier. Les héritiers du marquis de Torcy avaient été condamnés à payer les ventes et issues de la seigneurie de la Barre de Bierné aux héritiers du marquis de Bailleul [1].

Le 6 février 1787, le sieur Grisel, avocat au parlement, « demeurant à Valognes en Basse-Normandie, » adressait, de Valognes, à M. Rivereau de la Garde, une lettre fort curieuse pour lui demander, au nom des Chivré de Normandie, divers renseignements sur les origines de leur famille, sur les archives et sur le marquisat de la Barre. Le 14 février, M. Rivereau de la Garde répondait, dans une lettre datée de Laval, qu'il avait eu autrefois en dépôt les titres de la terre de la Barre pour les mettre en ordre et instruire la féodalité de cette seigneurie, mais que cette opération était terminée depuis cinq ans et qu'il avait remis les archives au château de la Barre, dont, disait-il, « la propriété appartient maintenant à M. Dubois. » On voit dans cette seconde lettre, que nous reproduisons ainsi que la

---

1. *Archives nationales*, T. 96. (*Papiers Beaumont d'Autichamp.*)

première aux pièces justificatives, que la terre de la Barre rapportait, à cette époque, environ 15,000 à 18,000 livres de revenu. M. Rivereau de la Garde analyse sommairement le chartrier et mentionne « les lettres d'érection en marquisat, les lettres ou provisions de dame d'honneur de Madame de Chivré et des lettres particulières de Madame Catherine, sœur du Roy [1]. »

Olivier-Ambroise Dubois, seigneur de la Barre de Bierné, en 1787, était contrôleur ordinaire des guerres. Il avait épousé, en 1761, Thérèse-Anne-Ambroise Martin de la Blanchardière. Thérèse Dubois, fille et unique héritière des précédents après la mort de son père décédé le 22 décembre 1793, s'était unie à Pierre-Marie-Alexis du Plessis-d'Argentré, marquis d'Argentré, le 8 avril 1792. La terre de la Barre, moins quelques fermes attribuées à Louis-Joseph, marquis du Plessis-d'Argentré, passa à Caroline du Plessis-d'Argentré, épouse de Paul-René, comte de Robien. Cette importante seigneurie, dont les possesseurs n'avaient pas émigré, ne fut pas saisie à l'époque de la Révolution [2]. La famille de Robien en est encore actuellement propriétaire [3].

Pendant les guerres de la Chouannerie, la Barre fut le théâtre de plusieurs rencontres entre les Bleus et leurs ennemis acharnés. Puis, durant de longues années, la vieille demeure des Chivré redevint vide et silencieuse. Soudain, dans la nuit du 23 au 24 mai 1832, trois compagnies de paysans royalistes s'y rassemblèrent, par ordre du chef de division, Gaullier. Elles y furent rejointes, dans la matinée du lendemain, par les soldats de la compagnie de Saint-

---

[1]. *Archives de la Mayenne*, B. 2422. — Voir les pièces justificatives n°° 10 et 11.
[2]. Note communiquée par M. le comte Le Gonidec de Traissan.
[3]. Le château de Robien est situé près de Quintin (Côtes-du-Nord). C'est un beau spécimen de l'architecture du XVIII° siècle. Cette terre appartenait dans les commencements de la féodalité à la maison d'Avaugour. Jeanne d'Avaugour l'apporta en mariage, en 1214, à Jacques Boschier, chevalier anglais, qui prit le nom de Robien. Leurs descendants en ont conservé la possession.

Denis-d'Anjou, qui obéissaient au fameux Guittet, dit Saint-Martin, l'un des plus intrépides vétérans de la Chouannerie [1]. A six heures, la petite troupe se mettait en marche, et, deux jours après, Saint-Martin tombait mortellement blessé au combat de Chasnay, entre Gennes et Grez-en-Bouère. La visite de quelques rares promeneurs, attirés par le mélancolique souvenir de Catherine de Chivré et par le désir de contempler sa statue mutilée, trouble seule désormais la paix du château endormi.

---

1. Extrait des notes et papiers de la famille de Gaullier, appartenant à M. de Gaullier, régisseur du domaine de Bourmont, près Candé (Maine-et-Loire).

PIÈCES JUSTIFICATIVES

I

Extraits des procès-verbaux des synodes protestants, relatifs aux huguenots de Craon et de Château-Gontier. (1599-1609).

« Actes du sinode provincial d'Anjou, Touraine, et tenu à Pringeay le dix neuf et vingtiesme jour de juillet l'an 1600, auquel sont comparuz...... ....
....
Pour l'eglise de Cran et Chasteaugontier et Landelles : Monsieur de la Branschouère, ministre, et Monsieur de Montoisier, ancien................................

« Faictz particuliers.

« Monsieur Bernard, s^r de la Branchouère, ministre de l'eglise de Cran et Chasteaugontier, a représenté au sinode l'article de son congé obtenu au sinode de la province de Xaintonge, ensemble de la confirmation d'icelluy au colloque donné en datte du neufiesme de septembre 1599, signé : Neclin et Ferrière ; sur quoy la compagnie l'a receu et luy a donné les mains d'association pour servir en la province ès eglises de Cran et Chasteaugontier et Lan-

— 100 —

delles, ès quels il est appellé ; veu aussi le tesmoignage de l'eglise de Mauzay, laquelle il servoit auparavant.

2. Sur la remonstrance du dit sieur Bernard qu'il a faicte des difficultés qui le travaillent tant pour la distraction de ses estudes, à raison des voiages frequens qu'il a faict, que pour le danger des chemins et l'exaction des tailles : le sinode a adjugé qu'il se doibt evertuer en la visitation des trois quartiers de Cran, Chasteaugontier et les Landelles, veu les conditions de son envoy ; et quant à Laval, il y sera pourveu cy après. Pour les tailles, qu'il accepte l'offre que les anciens de Chasteaugontier et Laval luy ont cy faictes, usant pour l'election de son domicille le plus commode de l'offre de l'une des trois maisons à luy faictes et par l'advis commun des dictes eglises. Quand au convoy que la compagnie a jugé necessaire, veu les lieux où il a à passer, qu'il se contente pour le present d'un homme de pied qui l'accompagne, à raison duquel ceulx ausquels ilz adviseront aussy de le soulager pour les frais du dict serviteur...
.... »

Synode tenu à Preuilly, du 8 au 11 mai 1602.

« .... Faictz particulliers ....

« Les eglises de Chasteaugontier, Cran, Laval et les Landelles seront exhortées de se mieux acquiter de leur devoir envers leurs pasteurs, et Mr Bédé, chargé de leur en escrire.

Synode tenu à Vendôme, le 28 avril 1604.

« ....

Proceddans à la distribution des frais pour le synode nationnal prochain venant, a esté la cotisation qui s'ensuit :
Tours, 97 livres.
Chinon et l'Ile Bouchart, 14 livres.
....

....

Chasteaugontier, 14 livres, 7 sous, 6 deniers.

....
....

Synode tenu à Belesme, le 3 mai 1606.

« ....

Les lettres et remonstrances de Madame de la Barre ont esté représentées à ceste assemblée par M. Viguen, par lesquelles elle requiert que l'exhortation se face tous les dimanches en sa maison par M. de la Branchouère, nonobstant le jugement de l'assemblée tenue à Molières. Sur quoy le dit sieur de la Branchouère ayant esté cy, ensemble le sieur de Linières, député de l'église de Cran et Chasteaugontier, la compagnie a exhorté le dit sieur de la Branchouère, ensemble les dites églises, d'accorder à la dite dame, d'icy au prochain synode, l'exercice et continuation du saint ministère au jour et en la façon accoustumée.

....

Synode de Saumur, du 18 au 23 juillet 1607.

« ....

Le different des eglises de Cran, Molières et les Landelles, proposé par M. de la Branchouère, leur pasteur, et de la Maisonneufve, ancien, est renvoyé au prochain colloque de la province en cas qu'ilz ne s'en puissent accorder par entre eux et, attendant le dit colloque, continueront les eglises l'exercice de la religion comme à l'accoustumée. « ....

« ..... M. Dubois est receu en cette province pour estre pasteur en l'eglise de Laval et Terchant, suivant l'envoy du synode national, et que neantmoins jusques au prochain synode il exercera son ministère chez Madame de la Barre, à la Barre, dite cy devant la Guénaudière, et ce, de trois sepmaines en trois sepmaines, à jour de dimanche, à la charge qu'elle contribuera à la pention du dit sieur et frais de l'eglise pour un tiers, et que les proches voisins de la dame de la Barre, qui sont de l'eglise de Chasteaugontier et comprins soubz le rolle dressé pour la pention du dit sieur de la Branchouère, pasteur d'icelle, ne s'en pourront distraire, ains tenus de contribuer leurs subventions pour l'entretenement du dit sieur de la Branchouère, et demeure la dite eglise de Laval jointe au colloque du Maine.

« Au nom de Dieu.
« Actes du synode provincial d'Anjou, Touraine, le Mainne, Vendosmoiss Ludonnois et Grand Perche, tenu à Poligny, près Laval, les deux, trois, quatre, cinq, six, sept et huictiesme de septembre mil six cens neuf, auquel synode sont comparus :
« ....
Pour les eglises de Chasteaugontier, Crau et les Landelles, Me Estienne Bernard. sieur de la Branchoire, et Me Abel du Val, sieur de Villeray, antien.

Estat de l'année courante pour les eglises, veufves et proposants :..

L'eglise de Chasteaugontier touchera une portion et demye pour ceste année. »

Faictz particulliers

« ....
Sur l'appellation de l'eglise de Chasteaugontier touchant à ce qui fut ordonné au collocque d'Anjou pour Monsieur de Montoisier, a esté advisé que le jugement du dit collocque tiendra. Le dit de Montoisier contribuera tousjours à l'entretien du pasteur de Chasteaugontier ; en outre, que si quelques autres de la dicte eglise de Chasteaugontier sont plus proches de l'eglise de Chasteauneuf ou la Barre, et ont désir de jouir du mesme benefice que le dit sieur

de Montoisier, ce sera à la mesme condition, et ne pourront estre receus à la participation de la cene ès dites eglises plus voysines qu'ilz n'y aportent une attestation de la dite eglise de Chasteaugontier, tesmoignant comme ilz auront contribué à la subvention de la dicte eglise de Chasteaugontier..

« Sur le different d'entre les eglises de Chasteaugontier et Chasteauneuf touchant le leg de cent livres faict par le deffunct sieur de Dangé, la compagnye a trouvé bon qu'il demeure à ceux de Chasteaugontier ausquelz il avoit esté cy devant adjugé, et toutesfoiz ilz en useront selon l'intention du testateur, dont ilz s'informeront dilligemment. »

(Extraits d'un manuscrit de la Bibliothèque de Blois, fonds Pothée, de 159 feuillets, papier, fin du XVI^{mo} et commencement du XVII^{mo} siècle.)

II

Poursuites dirigées contre la marquise de la Barre, les seigneurs de la Touche-Moreau, de la Faucille et des Aunais, accusés de diverses contraventions aux édits du roi. Sentence et condamnation. (1665).

En l'audience de la cause d'entre le procureur du Roy du siège poursuivant en l'exécution du jugement du 26 may dernier d'une part, et dame Anne Vallée, marquise de la Barre, tant en son nom que comme mère tutrice naturelle des enfants de deffunt messire Anne de Chivré, vivant son mary; messire Gédeon de Chivré, chevalier, seigneur baron de Melyand et de la Touche-Moreau ; messire Marc de la Faucille, seigneur du dit lieu et Abel Bédé, escuyer, sieur des Aulnaiz, deffendeurs d'autre part, ont comparu les partyes, sçavoir : le dit sieur procureur du Roy en sa personne, la dite dame marquise de la Barre et [le sieur] de Melyand, par Mᵉ René Trochon, présent et assistant le dit sieur de la Faucille, aussy en personne, assisté de Mᵉ Martin Hardy, et le dit sieur des Aulnaiz, par Mʳᵉ Joseph Trochon, respectivement.

Après que Mʳᵉ Pierre Trochon, conseiller et advocat du Roy pour le procureur de Sa Majesté à ce siège, a dict qu'ayant esté bien informé que les seigneurs de la Barre, de la Touche-Moreau, de la Faucille et des Aulnais, lesquels sont domicilliez en ce ressort et y font profession de la religion prétendue reformée, se sont détachez de l'observation des édiz de nos roys et de l'exécution de plusieurs arrests et reglements rendus sur l'exercice de ladite R. P. R. il en auroit fait sa remonstrance à ce siège, deuement, le 26 du mois de may dernier, et faict voir que les dessus nommés ont introduit en leurs maisons l'exercice publicq de la religion prétendue reformée, quoy que, lors de l'Édict de Nantes, ilz n'eussent point en icelle droit de haulte justice mouvante neument et sans moyen de Sa Majesté, ce qui est contre le contenu en l'article 7 de l'édict ; que ilz ont permis qu'un seul ministre ayt fait le presche hors de sa résidence en plusieurs lieux au préjudice de l'édict et soubz pretexte d'anesse (sic), ce qui est contre l'arrest rendu en forme de reglement au privé conseil du roi le XXI janvier 1657, et qu'ils ont fait bastir des temples en leurs maisons depuis l'édict, sans permission de Sa Majesté, ce qui est contre l'article XIII de l'édict et l'arrest donné aux grands jours tenuz à Poitiers le 16 septembre 1634.

Sur lesquelles contraventions ayant requis estre pourveu, le siège auroit ordonné que les deffendeurs seroient assignés à la 15ᵉ pour representer les tiltres en vertus desquels ils ont prétendu establir en leurs maisons l'exercice publicq de la religion prétendue reformée et ont respondu aux conclusions qu'on auroit à prendre contre eux, et cependant leur auroit esté fait deffenses de contrevenir aux dites déclarations arrests et reglements rendus en conséquence, à peine de 6 l. d'amende.

Aux fins de laquelle ordonnance, les deffendeurs ayant esté appelez, dès le 31 du mesme mois, et là, aiant, au cours de l'instance, communicqué diverses preuves et deffenses, lesquelles ne peuvent entrer en aucune considération, le seigʳ de la Faucille, pour le soustien de ses deffenses, a fait voir un adveu qu'il dict avoir esté rendu le 16 décembre 1556 (à) Messire François de Rohan, chevalier, seigneur baron de Mortier-Crolle, par Pierre de la Faucille, seigʳ du dit lieu. Par cet adveu, il prétend avoir droict de haulte justice en cette maison et hors de la Faucille, et, par conséquend, le deffʳ soustient qu'en icelle il a droict de faire faire l'exercice publicq. de la R. P. R. suivant l'article 7 de l'édict. Cet adveu prétendu et les droicts qu'on dict en estre dependans et y estre exercez se détruisent pour trois raisons :

La première est que cet adveu n'est présenté ny receu en jugement, donc il est nul et n'est atributif d'aucun droict ny juridiction.

La seconde est [que], encores que cet acte fust revestu de ses formes essentielles, il n'atriburoit au deffendeur le droict de l'exercice publicq. de la R. P. R. en sa maison, d'aultant qu'elle ne relève pas nuement du Roy, ainsy que le plain fief de haubert auquel et aux justices de cette qualité Sa Majesté a accordé la faculté de l'exercice publicq. de la R. P. R. par le dit article 7 de l'édict.

Et la troisiesme fait cognoistre que le deffendeur ne peut vallablement prétendre le droict de l'exercice publicq. de la R. P. R. en sa maison, puisqu'en icelle il n'y a point de pasteur actuellement résident, ainsy qu'il est ordonné par déclaration de Sa Majesté, du 16 décembre 1556, art. 7, et par plusieurs arrestz du privé conseil du roy et entre aultres par celuy du 3 febrier 1664, rendu contre le nommé Bernardeau, ministre de Monleron, au profist des habitans catholiques du dit lieu. Cette condition est de l'essence de la propre doctrine de ceux de la religion P. R. contenue en leur discipline ecclésiastique, chap. premier, article 13.

Le deffendeur n'a point fourny d'autres deffenses, point d'acte en forme authentique, point de pocession conforme aux édicts par lesquels il puisse appuyer ses prétentions; c'est pourquoy il y a lieu de croire que, lorsqu'il aura recogneu la foiblesse de ses deffenses, il entrera dans les sentiments de Messire Gédeon de Chivré, chevalier, seigneur de la Tousche-Moreau, l'un des deffendeurs, lequel, après avoir eu communication des demandes à luy faictes, a déclaré, par son libelle de deffenses, qu'il n'entend faire l'exercice publicq. de la R. P. R. en sa maison de la

Tousche-Moreau et se reduist à l'exercice accordé par l'article 8 de l'édict. S'il persiste en cette déclaration, il y a lieu de l'en juger et lui faire deffenses de rien entreprendre au préjudice de l'édict, déclarations, arrests et reglements rendus en conséquence, soubs les peines portées par iceux.

Les deffenses proposées par le seig^r de la terre des Aulnais ne sont pas plus considérables que celles de ses deux deffendeurs; elles n'ont qu'un [peu] plus d'opiniastreté, laquelle il est facile de surmonter par l'authorité des édicts, la vigueur des choses jugées et par les maximes de sa propre doctrine.

Pour deffenses, il dict que la ville de Chateaugontier a tousjours esté un bailliage auquel ceux de la R. P. R. ont eu l'exercice publicq. d'icelle.

Que l'eglize de ce bailliage a été transferée en sa maison des Aunais par arrest contradictoire rendu au conseil privé de Sa Majesté en celuy des habitans de cette ville le 17 may 1612.

Pour faire voir que icelles deffenses ne militent pas, il est nécessaire de justifier que la ville de Chateaugontier n'a point esté lieu de bailliage à ceux de la R. P. R. ny auparavant l'Édict de Nantes, ny lors d'icelluy, ny mesmes après, et qu'en Chateaugontier il n'y a point eu d'Église de la R. P. R. establye suivant les formes prescrites par les édicts et les institutions de cette nouvelle et prétendue religion reformée.

La ville de Chateaugontier n'a peu tenir lieu de bailliage à ceux de la R. P. R. auparavant l'édict, d'aultant que, par les articles 10 et 11, sont qualifiés lieux de bailliage, outre les anciens, ceux qui estoient du temps de Henri 3 ressortissant sans moyen en cours de parlement soit par gouvernement ou par appel des sentences rendues par les juges de ces bailliages.

Or, en ce mesme temps, Chateaugontier n'estoit pas de

cette qualité ; ce n'estoit pas un gouvernement relevant sans moyen au parlement ; les appellations des jugements rendus par les juges de cette ville ne s'y relevoient pas aussy immédiatement ; de plus, c'est que cette ville apartenoit à Henry de Bourbon, comme membre dépendant de son duché de Beaumont ; elle ne pouvoit tenir lieu de bailliage à ceux de la R. P. R. parce qu'ils n'en ont jamais prétendu ès terres et juridisctions des seigneurs particuliers, telle qu'estoit la ville de Chateaugontier.

Tous les bailliages crééz et reservez par l'Édict de Nantes ont esté establiz par les commissaires envoiés ès provinces pour l'exécution d'iceluy. Les Srs de Roissy et de la Noue furent en cette ville en 1601. Ils dressèrent leurs procès-verbaux de l'estat de l'affaire de ceux de la R. P. R. Ils ne manquèrent de leur faire connoistre leurs prétentions et d'exposer leurs droictz de bailliage. Mais leurs demandes furent appuyées sur de si foibles fondements qu'ils ne peurent rien obtenir.

Sy la ville de Chateaugontier n'a peu estre un bailliage à ceux de la R. P. R. auparavant et lors de l'édict, elle ne la point aussy esté du depuis l'édict. Il est vray que Sa Majesté y a créé un siège présidial par l'édict du mois de juillet 1639, que les appellations des jugements qui se rendent au siège nouvellement créé se relèvent nuement et sans moyen en la Cour de Parlement. Mais les deffendeurs ne peuvent pas vallablement prétendre que la création de ce siège leur face un lieu de bailliage. Il faudroit que les commissaires envoiez par le roy pour l'establissement de cette compagnie le leur eussent designé. Ils n'en avoient pas ordre de Sa Majesté et ceux de la R. P. R. ne leur en firent mesmes lors aucune demande, aussy sçavoient-ils bien qu'ils n'y estoient pas recevables et que le prétendu droict de bailliage ne leur competoit pas plus lors de l'establissement du siège qu'auparavant et lors de l'Édict de Nantes, et il ne leur a jamais esté possible de justifier qu'il y ayt eu exercice publicq. de la R. P. R. en leur ville, non pas mesmes péndant le temps ordonné par l'article 9 de l'édict, ny qu'ils aient edifié quelque temple. La preuve par tesmoings n'en est recevable, suivant l'arrest du privé conseil du Roy du 7 aoust 1662.

Sy en cette ville il y avoit eu exercice publicq. de la R. P. R. il y auroit eu un temple et un pasteur. Les deffendeurs auroient faict voir qu'en leurs assemblés sinodalles il auroit esté pourveu d'un ministre à cette églize de la R. P. Ref. d'aultant qu'ilz n'ont point d'exercice publicq. sans églize, point d'églize sans pasteurs nommez en cette forme. C'est la disposition de leur propre doctrine et de leur discipline ecclésiastique, chapitre premier et second article des sinodes. Il n'a point esté représenté d'acte de cette élection de ministre, donc il vray de dire que ceux de la R. P. R. n'ont point eu en la ville de Chateaugontier de lieu de bailliage puisqu'ils n'y ont point eu de temple ny de ministre.

N'y ayant point eu d'églize de la R. P. R. en cette ville, comment le deffendeur peut-il prétendre qu'elle aye esté transferée en sa maison des Aunais? Les temples ne sont point enclos dans les maisons des seigneurs en lieux de bailliage. Ils sont bastis ès faubourgs des villes et autres places, lesquelles ont esté désignées suivant l'article XI de l'édict; leur situation doibt estre dans un lieu de facile accès, donc l'églize imaginaire de Chateaugontier n'a peu estre transferée en la maison des Aunais. Mais il est vray que ceux de la R. P. R. y ont introduit l'exercice publicq d'icelle par une contravention formelle qu'ils ont faite à l'édict; ils ont estably l'exercice publicq de leur religion, lequel leur estoit deffendu, dans une maison, laquelle n'estoit pas capable de le recevoir, puisque la terre des Aunais n'est point de la qualité portée par celle de l'édict; elle n'a jamais esté en droict de haulte justice relevant nuement de Sa Majesté. Les adveus que le deffendeur a communiquez font foy de cette vérité ; cette maison relève de ce marquisat de Chateaugontier à foy homage simple et droict de basse justice seulement, donc l'exercice publicq de la R. P. R. n'a deub y estre faict. Il a encores moings deub y estre continué depuis 1612 jusques au jour, d'aultant que les habitans catholiques de cette ville s'estoient plaint au conseil privé de Sa Majesté des contraventions que le deffendeur faisoit à l'édict avec ceux de la R. P. R. de cette ville ; il y en eut instance au conseil et, par arrest du 17 may audit an 1612, ce prétendu exercice publicq de la R. P. R. qu'on faisoit en la maison du deffendeur, fut réduict au particulier, conformément à l'article 8 de l'édict, et depuis cet arrest le seigneur des Aunais n'a pas laissé de continuer l'exercice publicq de la R. P. R. en sa maison, quoy qu'il n'y aye point eu de ministre résident, contre et au préjudice, non seulement des édicts, mais encores contre les institutions de la R. P. R.

Par cet arrest du 17 may 1612, Sa Majesté a permis, de grâce, la continuation du presche en la maison des Aulnaiz, donc le seigneur de cette terre ne l'avoit point de droict. Depuis ce temps, Sa Majesté a revoqué touttes les grâces par elle accordées à ceux de la R. P. R. par déclaration du 18 juillet 1656, verifiée en parlement le 7 septembre ensuivant, et partant le presche n'a plus deub estre faict en cette maison et ne doibt estre toléré en aucunes de celles des bas justiciers, puisque le roy a revoqué cette faculté qu'il leur avoit donné de grâce et que l'Édict de Nantes ne leur accorde point.

La pocession dans laquelle le deffendeur dit qu'il est de faire faire l'exercice publicq de la R. P. R., en sa maison, depuis plus de 60 ans, n'est considérable que parce qu'elle vérifie les contraventions par luy faictes aux Édicts, arrests et reglements de son prince souverain. Cette possession, ou plustost cette violence faicte aux ordonnances de nos roys, ne peult pas establir le droict que prétend le deffendeur. Les édicts sont insprescriptibles et cette longue suitte des entreprises faictes contre iceux est plus digne d'une punition exemplaire que capable d'acquérir aucun droict au deffendeur.

Quand à la dame de la Barre, en la qualité qu'elle procède, elle a communiqué plusieurs actes et deffenses, lesquelles ne sont suffisantes ; elle dict que Chateaugontier a tousjours esté un bailliage à l'esgard de ceux de la R. P. R ; qu'en chasque bailliage ils ont droict d'avoir deux Églizes ; que le seigneur de la terre des Aunais, l'un des deffendeurs, estant en possession du premier temple, le second ne luy peult estre contesté, d'aultant que c'est la disposition de l'article 9 de l'édict, et que, d'ailleurs, s'il se trouve quelque chose à redire à l'establissement du droict de bailliage en cette ville de Chateaugontier, elle ne laisse pas d'estre bien fondée au droict de l'exercice publicq. de la R. P. R. en sa maison de la Barre, pour ce qu'en icelle elle a droict de haulte justice par la consolidation qu'elle a faicte des fiefs qui en dependent à la haulte justice du Plessis-Bourel, qu'elle a acquise depuis quelques années, et que, dans sa maison, elle a tousjours eu un pasteur résident.

Il a esté clairement justifié que la ville de Chateaugontier n'a peu estre un bailliage à l'esgard de ceux de la R. P. R., ny auparavant l'Édict de Nantes, ny lors d'iceluy, ny mesmes par la création du siège présidial de cette ville, c'est pourquoy il est facile de reconnoistre que ce premier moyen de deffenses n'est aucunement considérable ; par iceluy, on voit que la dame de la Barre a voulu partager avecq le seigneur de la terre des Aunais un estre chimérique, un droict de bailliage, lequel n'a eu d'establissement que dans l'imagination de ceux de la R. P. R.

Le droict de bailliage supose un temple ; la dame deffendresse ne demeure pas positivement d'accord d'en avoir fait édifier un en sa maison de la Barre.

Deffendant à trois demandes incidentes, lesquelles luy ont esté faictes et dont la première consiste à déclarer sy le lieu où s'est faict l'exercice publicq de la R. P. R. en sa maison de la Barre, est un temple ou non ; la seconde, sy, anciennement, il n'y a pas eu une chapelle bastie en l'enclose de cette maison soubs le tiltre de Ste-Marguerite, en laquelle a esté celebrée la Ste Messe, et la troisiéme, s'il n'est pas vray qu'il a esté legué par defunte dame Cecille de Monceaux, vivante dame de la Barre, une somme de 400 l. de rente pour l'entretien du ministre de cette maison.

La dame deffendresse a denyé ces deux derniers faicts, et, à l'esgard du premier, elle y a respondu en la manière ordinaire à ceux de la R. P. R. Elle a dict que, sy le lieu de second bailliage luy est adjugé, ce lieu où s'est faict l'exercice publicq de sa religion sera qualifié du nom de temple, et, sy le droict de second bailliage ne luy est pas accordé, ce sera un lieu anonime où se fera l'exercice publicq de la R. P. R. d'aultant qu'elle est dame de haulte justice par la consolidation qu'elle dict avoir faicte ; c'est en quoy consiste son second moyen, lequel est aussy facile à destourner que le prétendu droict de bailliage.

L'on soustient les faicts portez par les demandes incidentes et que, par les raisons alleguées, ils n'ayent point lieu de bailliage en la maison de la Barre. La dame deffendresse n'a point eu droict d'y faire edifier un temple tel qu'on soustient estre le lieu où s'est faict l'exercice publicq de la R. P. R. Il en a la figure. Il a esté basty depuis l'édict, sans permission de Sa Majesté. Elle desnyé tous ces faicts, et, sur iceux, il y a lieu d'apointer les parties contradictoires.

Quand au second moyen de deffenses proposé par la dame de la Barre, par lequel elle prétend justifier avoir droict de haulte justice en sa maison, et, par conséquand, l'exercice publicq de la R. P. R. suivant l'article 7 de l'édict, il n'est pas plus considérable que le premier, par plusieurs raisons.

La première résulte de ce que la dame deffendresse n'avoit point en sa maison de la Barre, lors des Édicts de Sa Majesté, le droict de haulte justice, ny de la qualité, ny en la quantité ordonnée par l'article 7 de l'édict, puisqu'elle, ny ses prédécesseurs, seigneurs de cette maison, n'estoient point en possession actuelle de haulte justice ou plein fiefs de haubert, soit pour le tout, la moitié ou le tiers d'icelle, soit en propriété ou par usurfruit; et elle est demeurée d'accord, par ses deffenses, que, lors des Édicts, les seigneurs de la Barre ne possédoient que la quatriesme partye du fief et haulte justice du Plessis-Bourel, donc il est vray de dire que, lors des dicts Édicts, ils ne possedoient pas la quantité des fiefs et haulte justice ordonnée pour iceux. C'est pourquoy l'on n'a peu ny deub introduire en cette maison l'exercice publicq de la R. P. R. D'ailleurs, sy les seigneurs de la Barre n'avoient pas, lors des dicts édicts, la possession d'une portion suffisante de ce fief, cette féodalité n'estoit aussy de la qualité portée par les Édicts ; ce fief n'estoit pas semblable au plein fief de haubert relevant neuement du Roy, ausquelles féodalitez seulement nos monarques ont accordé l'exercice publicq de la R. P. R. La disposition de l'article 7 de l'Édict de Nantes, relatif au premier article de la conférence de Nérac et au cinquiesme de celle de Flez, justifie que l'exercice publicq de la R. P. R. n'a esté accordé par nos roys qu'à ceux lesquels, lors de leurs édicts, estoient en pocessiou actuelle de la haulte justice, d'une portion suffisante d'icelle ou du plein fief de haubert relevant neuement du Roy.

Il est sy véritable que l'intention de nos Roys n'a pas esté d'accorder ce privilège aux hauts justiciers mouvans d'autres féodalitez que celle de leur couronne, que, sy leur volonté souffroit une autre explication, il s'en suivroit que les seigneurs haults justiciers, relevant de seigneurs particulliers, auroient aultant de privilège que ceux qui relèvent nuement de Sa Majesté, et que ces sortes de seigneurs particulliers suzerains establiroient, ès maisons de leurs vassaux, aultant d'exercice publicq. de la religion P. R. que bon leur sembleroit, en recevant leurs adveus aux droicts de telles haultes justices, ce qui est contre l'intention de nostre souverain, lequel n'a pas accordé aux seigneurs possédant le simple fief de haubert, qui est semblable aux haultes justices d'Anjou relevant de seigneurs particulliers, l'exercice publicq. de la R. P. R. dans leurs maisons, mais au contraire, Sa Majesté les a réduits à l'exercice particulier contenu en l'article 8 de l'Édict de Nantes.

Or, il est sans contredit que les seigneurs de la Barre, lors des Édicts de Sa Majesté, n'estoient pas en possession actuelle, ny de la quantité ny de la qualité de la haulte justice necessaire pour leur attribuer en cette maison le droict de l'exercice publicq de la R. P. R. puisque les trois quarts du fief du Plessis-Bourel n'ont esté acquis qu'au mois de decembre 1647. Il n'est point aussy contesté que ce fief et haulte justice, nouvellement acquis, ne soit en la mouvance du Marquisat de Chateaugontier. Les adveus, lesquels ont esté communiquez, justifient que ce fief relève de Monseig^r Mre Louis de Bailleul, chevalier, Marquis de cette ville, grand présidant au Parlement. Et ne sert de rien à la dame deffendresse d'alleguer la consolidation qu'elle prétend avoir esté faicte du fief de la Barre à celuy du Plessis-Bourel, duquel il estoit mouvant, d'aultant que, encores que cette prétendue consolidation eust lieu, ce qui n'est pas accordé, neantmoings elle n'auroit pas peu establir en sa maison l'exercice publicq de la R. P. R. sans avoir justifié de sa possession anuelle lors des Édicts de sa haulte justice, laquelle soit mouvante nuement du Roy.

Il luy est aussy innutille de dire que Sa Majesté ayant

erigé la seigneurie de la Barré en dignité de Marquisat, elle a droit de l'exercice publicq de la R. P. R. en sa maison, d'aultant que, outre qu'elle n'a point présenté ses prétendues lettres d'erection ny les arrests de vérification d'icelle, c'est que cette erection ne s'est peu faire qu'au désir de la déclaration de Sa Majesté du XI janvier 1657, par laquelle elle ordonne que ces sortes d'erections ne se font qu'à la charge que ceux de la dite religion P. R. au proffit desquels elles sont accordées, n'introduiront point l'exercice publicq de leur religion en leurs maisons nouvellement érigées en haulte justice, nonobstant tous arrests à ce contraires, ce que le Roy a declaré vouloir estre executé.

La possession qu'elle met en avant ne luy est pas plus advantageuse qu'au seigneur de la terre des Aunais ; les quittances des payemens, qu'elle dict avoir faicts à ses ministres pour les reconnoistre des assistances qu'elle se persuade en avoir receu, n'establissent point le droict qu'elle prétend de l'exercice publicq de la R. P. R. en sa maison, d'aultant qu'il n'a deub y estre introduit que par l'authorité des Édicts et par la permission de nos Roys et non pas par des contraventions formelles à leurs intentions arrests et reglemens.

Si les deffendeurs tiroient advantage de leurs prévarications, il se doit donner des recompenses aux infracteurs des Édicts de nos monarques. C'est ce qui ne sera pas tolleré par ceux ès mains desquels nostre monarque dépose son authorité. Ils y sont engagez par la creance de leurs majeurs. Ils y sont obligez par cette sacrée foy catholique à laquelle ils ont tousjours esté inséparablement uniz. C'est le moins de procurer en ce ressort le restablissement entier de ce véritable fondement de la religion orthodoxe. Et, par ses raisons, a conclud, avecque lecture faite de la déclaration du dit de Chivré, deffenses luy soient faites de faire aucun exercice publicq de la R. P. reformée en sa maison de la Touche-Moreau, sous les peines portées par les Édicts ; qu'inhibitions soient aussy faites au seigneur de la Faucille de faire aucun exercice soit publicq, soit particulier, en sa maison de la Faucille, et audits seigneurs de la Barre et des Aunais de faire ni permettre estre fait en leurs maisons autre exercice que celuy lequel est contenu en l'article 8 de l'Édict de Nantes, avec dites deffences de contrevenir aux Édicts, déclarations et reglements rendus par Sa Majesté sur le fait de l'exercice de la dite R. P. R. soubs les peines portées par iceux. Et, pour l'avoir fait, qu'ilz soient condemnés en chascun cent livres aplicables à la noriture des pauvres de l'Hostel-Dieu de cette ville ; que deffences soient pareillement faites à tous ministres de la R. P. R. de faire aucun presche ès dites maisons, à peine de punition corporelle ; et, après que le dit procureur du Roy a soustenu que, dans l'enclose de la maison de la Barre y a eu chapelle fondée soubs le nom de Ste-Marguerite, en laquelle a esté celebrée la Ste Messe, que le lieu où s'est cy devant fait l'exercice publicq de la R. P. R. en cette maison est un temple et en (a) la figure et qu'il a esté legué par dame Cecille de Monceaux, vivante dame de la Barre, une somme de quatre cents livres de rente pour l'entretien du ministre de la dite maison, ce qui a esté denié par la dite dame de la Barre, a esté requis, sur les dits faits, estre les parties apointées contraires et qu'il soit permis compulser tous actes, d'obtenir faire publier et fulminer monitoire, à fin de preuve, mesme de faire monstre de l'estat du lieu auquel s'est cy devant fait le dit exercice publicq de la R. P. R. en la dite maison, de la Barre ; que ce qui sera jugé soit executé, nonobstant opositions ou apellations quelconques et sans prejudice d'icelles, et publié au prosne des grandes messes parochialles des lieux ès quels les maisons des deffendeurs sont situées, attendu qu'il s'agist de l'execution des Édicts, déclarations de Sa Majesté, arrests et reglements de son Conseil.

Trochon, pour la dite dame Vallée, marquise de la Barre, a dict qu'elle est en pocession d'avoir en sa maison seigneurialle de la Barre l'exercisse de la religion prétandue refformée, de plus de soixante et cinq ans, et ainsy qu'elle debvroit estre à couvert de toutes recherches, puisqu'il n'y a aucun autre exercisse publicq, ny lieu de bailliage, en l'estandue de ce ressort, dont les appellations vont directement à la Cour, depuis la création du siège présidial et auparavant pour les affaires excedant les chefs présidiaux, joinct que la terre de la Barre a esté erigée en marquisat par tiltres du prince, verifflés en parlement, et qui ne faict qu'un mesme composé avec la terre du Plessis-Bourel, dont elle relevoit auparavant son acquisition; d'aultant qu'il est permis par la coustume d'Anjou de faire de son fief son domaine, comme a faict la deffendresse, laquelle, estant dame de la dite terre du Plessis, dont elle possédoit un quart auparavant son acquisition et qui releve nument de Chateaugontier eu haulte justice, on ne peut vallablement debatre son droict, estant permis à tous seigneurs haults justiciers de la religion prétandue reformée, par l'Édict de Nantes, article sept, d'avoir en telles des maisons de leurs justices l'exercisse de leur religion, n'estant point portés en aucuns articles d'iceluy qu'il soit necessaire que la haulte justice relève nument du Roy, non plus que d'en avoir esté en pocession lors de l'édict. Mais quand ces conditions seroient requises que non Chateaugontier appartenoit, lors de l'édict, au Roy, dont le seigneur de Chateaugontier le tient seulement par engagement de la dite terre du Plessis, de laquelle les autheurs de la dite deffendresse possédoient un quart, [qui] relevoit nument de Chateaugontier en haulte justice, et ainsy, en tout et partout, la dite deffendresse est bien fondée à demander la continuation de l'exercisse de sa religion en la maison de la Barre, où elle faict sa demeure actuelle, n'y ayant point d'autre lieu d'exercice publicq dans toute l'estandue du dict ressort, où il n'y a pas soixantes personnes de la dicte religion prétandue reformée.

Mᵉ Hardy, pour led. de la Faucille, a dict que, sa terre de la Faucille estant en droict de haulte justice a luy en pocession immémorialle d'y faire l'exercisse de sa religion, il conclud à y estre maintenu.

Mᵉ Trochon a dit que Henry quatre, qui possedoit à titre de succession et de conqueste l'héritage des fleurs de lys, qui scavoit que la violence avoit esté et seroit tousjours inutille pour la deffense de la religion, qui n'ignoroit pas que la paix de l'union estoit la mère de la vraye piété, désirant faire vivre ses frères en repos et dans une tranquillité publicque, nonobstant la différence des religions, dont le remède doit estre reservé à Dieu seul, fist dresser l'Édict de Nantes, en l'an mil cinq cent quatre-vingt-dix-huit, par deux ou trois grands personnages du Royaume; dans lequel, établissant une différance perpétuelle entre l'intérieur et l'extérieur, le fort de la conscience et celuy de la police civile, l'obligation envers Dieu et envers les hommes, il a conservé toutes les maximes génèralles de l'Estat, n'a donné aucune atteinte aux loix publicques du Royaume, aux ordonnances ny aux coustumes qui concernent la justice particulière ; mais il a esté indulgent à la necessité ; il a tolléré ce qu'il ne pouvoit empescher, et, comme Dieu seul est scrutateur des cœurs, il luy a laissé le jugement de la vérité et, à ses suictes, la liberté de conscience, sans aucune inquisition sur l'intérieur ; et, par les édicts, il (a) conservé d'un costé et restabli l'exercice de la religion catholicque dans toute l'estendue du royaume, réintégré les ecclésiastiques en tous leurs droicts et biens occupés, ordonné que les festes de l'église seront gardées et observées et les dixmes payées aux ecclésiastiques. Mais, en autres païs, il permet la liberté de conscience, l'exercice de la religion prétendue reformée, l'impression des livres pour la controverse, en sorte que, par cet édict, toutes recherches sur l'intérieur, sur la conscience, sur l'esprit et la volonté des hommes est interdicte. Cependant, quoique le seigneur des Aulnais soit dans les termes de l'édict et fondé en les arrests du conseil, sur un arrest rendu avec connoissance de cause sur le procès-verbal dressé par les commissaires de parties, pour la contravention faicte à iceluy, d'avoir l'exercice, en exécution dudict édict, en lequel exercice dont depuis lequel et auparavant de la dicte possession de faire faire le presche en ladite maison des Aulnais, les mariages et baptesmes, sans aucun trouble de la part des habitans catholiques ; que la maison n'estoit scituée en aucun bourg, ny village, lesquels sont esloignés de cette ville d'une demie lieue, en droit de justice qui attribue au propriétaire d'icelle l'exercice de la religion, appuié (de) plus de soixante ans de possession acquise, au veu et sceu des catholicques ; et est de tous points en contravention à cet édict, à la requeste du demandeur, qui prétend que ladicte maison des Aulnais n'a les marques de seigneurie suffisante pour attribuer au seigneur proprietaire d'icelle le droit d'exercice publicq accordé par l'édict ; quelle entreprise ne peut passer que pour un trouble en sa pocession, la maison des Aulnais estant plus entièrement de ce ressort et la seulle qui serve de lieu d'assemblée aux habitans de la ville pour l'exercice de leur religion ; lequel exercice ne leur peut estre empesché, autrement les édicts de pacification et les déclarations de nos Roix, qui portent le tiltre de liberté et ne veullent pas qu'aucune violence soit faite à l'exercice de la religion, seroient inutilles ; les autres libertés seroient destournés, s'il estoit permins de changer de foy et de religion, jusques à certaine concurrance, et s'il n'estoit pas loisible d'exécuter, dans sa famille, ce qui est permins de croire dans son cœur. Par ces raisons, conclud à ce que le dit seigneur des Aulnais soit maintenu en (la possession) en laquelle il est de faire faire le presche en sa maison, les mariages et les baptesmes, et que deffenses soient faites au demandeur et à toutes autres [personnes] de les troubler, sous les peines qui y appartiennent.

Repliquant le dit Trochon, adcat du Roy, il a dit que le sieur de Chivré ayant persisté en sa déclaration de n'entendre faire l'exercice public de la R. P. R. en sa maison de la Touche-Moreau, il y a lieu de l'en juger et luy faire deffenses de contrevenir aux édicts, arrests et reglements, soubs les peines portées par iceux.

Et à l'esgard du sgr de la terre de la Faucille, que n'ayant fait aparoir d'aucun acte autentique par lequel il puisse deuement vérifier que sa maison soit au droict de haulte justice relevant nument du Roy, ny mesme d'autres sgrs particuliers, ny que, lors des Édicts, ses predecesseurs ayent esté en possession actuelle d'ancun droict de justice en cette maison dans laquelle il n'y a jamais eu de Ministre résidant, deffences luy doivent estre faites, non seulement de faire l'exercice publicq de la R. P. R. en sa maison, mais encores de s'imiscer en l'exercice particulier contenu en l'article 8 de l'édict.

Quand à la dame de la Barre, elle fonde sa prétention sur une possession abusive et une violence faite aux édicts et déclarations de Sa Majesté, lesquelles entreprises ne lui peuvent attribuer aucun droit, non plus que le prétendu bailliage qu'elle dit estre en cette ville à l'esgard de ceux de la R. P. R. d'aultant qu'un bailliage de cette qualité devroit estre verifié par les procès-verbaux des commisseres envoyés par le Roy és-provinces pour l'exécution de ses édicts de pacification ; il n'en a esté representé aucun, aussy n'en a-t-il point esté fait ; et de plus, si les commisseres avoient estably les lieux de bailliage en ce ressort, ils ne l'auroient pas désigné en la maison de la Barre, pour ce que cela se seroit fait contre la disposition de l'article 15 de l'édict.

Les prétendues lettres d'érection du marquisat de la

Barre ne sont pas plus considérables que les autres moyens alignés par la deffendresse, parce que, qu'outre qu'on s'est bien donné garde de les communiquer, aussy bien que les arrests de vérification d'icelles, c'est qu'elles ne sont point attributives du droit de l'exercice publicq de la R. P. R. en cette maison, cela a esté ainsy ordonné par déclaration de Sa Majesté du unze janvier 1659, laquelle a esté communiquée.

L'aquisition qu'elle dit avoir faite du fief et haulte justice au Plessis-Bourel ne luy donne pas plus de privilège, puisque la consolidation alleguée, quand elle seroit véritable, ne peut produire autre effet que d'unir la basse justice de la Barre à la haulte justice de ce fief; nouvellement acquise, cette consolidation prétendue ne peut faire changer d'assiette à cette haulte justice, ni la transferer en une maison dans laquelle elle n'estoit pas lors de l'Édict de Nantes.

Cette possession actuelle du droit de haulte justice ou plein fief de haubert, en laquelle ceux de la R. P. R. devroient estre lors des édicts, pour estre capables de recevoir le privilège de l'exercice publicq de la R. P. R. en leurs maisons de telle haulte justice, est une condition essentielle sans laquelle ceux de la R. P. R. n'ont pu introduire en leurs maisons cet exercice publicq. L'article 7 de l'Édict de Nantes fait voir la nécessité absolue de cette possession actuelle. Alléguer que cet article de l'édict n'en fait point de mension, c'est pleder contre les termes dans lesquels il est conceu, puisqu'il est dit, par iceluy : « Pourveu que les dessus dits soient en possession actuelle de la dite haulte justice, encores, etc. » Les articles premier et cinquiesme des conferences de Nérac et de Flex sont ennoncés ès mesmes termes, cela est verifié par la lecture d'iceux et la communication, laquelle en a esté faite.

Outre cette possession actuelle, si nécessaire et si bien justifiée, il n'y a pas de difficulté que le fief possedé doit estre relevant nument de Sa Majesté, ainsi que le plein fief de haubert; c'est la disposition de l'article 7 de l'édict; par iceluy, l'on reconnoist que le Roy a honnoré de grâces specialles ceux qui relevent nument de sa couronne et leur a accordé l'exercice publicq de la R. P. R. en leurs maisons de telle haulte justice estant en sa mouvance immédiate. Elle ne l'a pas attribué aux propriétaires de simples fiefs de haubert, lesquels ont droit de haulte justice, d'autant qu'ils ne la relevent pas nument de Sa Majesté.

La dame de la Barre demeure d'acort que, lors de l'Édict de Nantes, elle, ny ses predecesseurs, ne possedoient pas le fief et haulte justice du Plessis-Bourel. Elle a fait pleder, sans mesme en rien justifier, que, lors des édicts, ils n'estoient sg^{rs} que de la quatriesme partie de cette féodalité; par le dit article 7, cette portion est déclarée insuffisante pour introduire, ainsy qu'a esté fait en cette maison, l'exercice publicq de la R. P. R.

Quand à la mouvance de cette haulte justice, la deffendresse convient aussy qu'elle est en celle du marquisat de cette ville, lequel apartient à un seigneur particulier; mais pour aucunement apuier sa prétention, elle s'efforce de persuader que le sg^r suzerain n'a acquis le marquisat de Sa Majesté que par engagement. Elle n'en represente point le contract et ne justifie par aucun acte que, lors de l'Édict de Nantes, quand le domaine de Chateaugontier apartenoit à Henri le Grand, comme Roy de France, les sg^{rs} du Plessis-Bourel lui aient fait aucune obeissance féodalle en cette qualité et pour raison de cette feodalité prétendue consolidée à la basse justice de la maison de la Barre.

Aussy est-il certain que le Grand Monarque estoit seigneur de cette ville, comme membre dependant de sa duché de Beaumont. Lors de l'édict de pacification, il n'avoit encores incorporé au Domaine de France les terres et seigneuries, lesquelles il possedoit à tiltre successif de ses illustres predecesseurs; cette union ne s'est faite que plus de huit ans après l'Édict de Nantes, c'est pourquoy cette derniere prétention n'a pas plus de fondement que les autres deffenses proposées par la deffendresse.

Le sg^r de la terre des Aunais a fait pleder que Henri le Grand, de triomphante memoire, pour bonnes considérations à ce le mouvents, a permis à ses sujets le libre exercice de la R. P. R. soubs les conditions portées par ses édicts, déclarations, arrests et reglements rendus en conséquence. C'est ce dont l'on demeure d'acort, et l'on ne requiert aujourd'hui autre chose que l'exécution de ces mesmes édicts, déclarations, arrests et reglements.

Par l'article 7 de l'édict, l'exercice publicq de la R. P. R. n'est permis qu'à ceux qui possedent haulte justice ou plein fief de haubert. Le sg^r de la terre des Aunais n'est pas propriétaire d'un fief de cette qualité en sa maison. Elle est en la mouvance du marquisat de cette ville, au droit de basse justice seulement, donc, en icelle, il n'a point droit d'exercice publicq de la R. P. R.

Il est vray que, par l'article 8 de l'édict, comme bas justicier, il peut avoir l'exercice particulier de sa religion en cette maison. Ses predecesseurs, pretendant le droit de l'exercice publicq, furent réduits à ce mesme exercice particulier, contenu en l'art. 8 de l'édict, par arrest contradictoirement rendu entre eux et les habitans catholiques de cette ville, le 17 may au dit an 1612; les termes de cet arrest sont considérables.

Sa Majesté, de grâce, a permis et permet de continuer le presche au lieu des Aunais, à condition, néanmoins, de n'exeder le nombre de trente personnes; après quoy, comment le deffendeur peut-il prétendre et justifier au droit de l'exercice publicq de la R. P. R. en cette maison? Il y a lieu, non seulement de le lui defendre, mais de lui faire inhibition de continuer le presche en sa maison des Aunais, d'autant que cette faculté de presche ne lui est point atribuée par l'édict. Elle ne lui est accordée que par grâce spécialle de Sa Majesté, laquelle Elle a depuis revoquée, ensemble toutes celles qu'elle auroit cy devant aussy acordées à ceux de la R. P. R. outre celles lesquelles sont contenues en l'édict de pacification. Cette révocation est amplement enoncée en la déclaration du Roy du 18 juillet 1658, vérifiée en parlement le 7 ensuivant.

Il y a plus, c'est que le deffendeur n'a point de ministre résidant en sa maison, et, par consequand, il n'y peut faire l'exercice publicq de la R. P. R. conformément à la déclaration de Sa Majesté, du 16 decembre 1656, art. 7. Tous ces actes ont esté communiqués au deffendeur; après quoy, il est aisé de reconnoistre que, dans ses deffenses, il y a plus d'opiniastreté que de justice, c'est pourquoy le demendeur a percisté ès conclusions par luy prises contre chaccun des deffendeurs.

Partyes et procureur du Roy ouïz, nous avons donné acte, au dict Gédeon de Chivré, de sa déclaration de ne prétendre aucun exercice publicq de la religion prétendue reformée en sa dite maison de la Touche-Moreau et de ce qu'il a requis estre maintenu en l'exercice d'icelle, suivant l'article huict de l'édict; et, lecture faicte des déclarations du dix huict juillet mil six cens cinquante et six et onze janvier mil six cens cinquante et sept, nous avons faict et faisons deffenses aux seigneurs de la Barre, de la Faucille et des Aulnaiz, de faire aucun exercice publicq, en leur maison de la Barre, de la Faucille et des Aulnaiz, de la religion prétendue reformée, à peine de cinq cens livres d'amande, et à tous Ministres d'y faire aucun presche ny fonction de la prétendue religion, que suivant l'article du dit édict et déclaration, à peine de punition et de cinq cens livres d'amande ; et, avant faire droict sur les amandes requises par le dit procureur du Roy contre les deffendeurs, disons, qu'à sa diligence, il sera informé des contraventions à nostre jugement du vingt et six may dernier dit ; après que le dit procureur du Roy a soustenu qu'il y a eu dans l'encloze de la maison de la Barre, une chapelle fondée soubs le tiltre de Sainte-Marguerite, et, qu'au passé, il y a eu célébration du divin service, que le lieu où se faict l'exercice est un temple et en a la figure ; dit qu'il a esté legué quatre cens livres de rente pour l'exercice de la dite religion, ce qui a esté denyé par la dite dame de la Barre ; nous les avons, en ce resgard, appointées contraires ; permis au dit procureur du Roy d'informer des dicts faicts, tant par tiltres que par tesmoings, et, à cette fin, d'obtenir, faire publier et fulminer monitoire et decerner compulsoire contre touttes personnes publicques, affin de représentation des tiltres et papiers dont les partyes s'entendent ayder et servir ; produiront par devers nous, prendront communication de leurs productions pour contre icelles ; fournir reproches et salvations dans les delaiz ordinaires ; permis aussy, au demendeur, de faire dresser procés-verbal de l'estat du dit lieu où se faict l'exercice de la religion, partyes duement inthimées ; pour ce faict, estre ordonné ce que de raison. Et faisant droict sur la remonstrance du dit procureur du Roy, nous avons faict et faisons deffenses à ceux de la religion prétendue reformée, residant en cette ville, de s'assembler et faire leurs prières à sy haulte voix qu'elles soient entendues des voisins et passans, à peine de vingt-cinq livres d'amande pour la première contravention et de plus grande en cas de residive, ce qui leur sera denoncé et le tout publié aux prosnes des grandes messes parroisialles des lieux où les dites maisons de la Barre, de la Faucille et des Aulnaiz sont situéez, à ce qu'aucun n'en ignore, et executé nonobstant oppositions ou appellations quelsconques, sans prejudice d'icelles attendre ce dont il s'agist, mandant, etc... Donné à Chateaugontier, par devant nous les gens tenant la sénéchaussée et siège présidial du dit lieu et prononcé par nous, Gatien Gallichon, conseiller du Roy dans ses conseils, etc., le deuxiesme jour de mars mil six cens soixante et cinq.

(*Archives de la Mayenne*, **B. 2336.**)

III

Procédure criminelle contre le cuisinier, le cocher, le sommelier et un laquais du château de la Barre, qui avaient accablé de coups Hector et Michel Thouin. (1670)

I

Monsieur
  Monsieur le Lieutenant général criminel au Siège
    Présidial de Chateaugontier.

Supplient humblement Hector et Michel les Thouins, perre, fils, présens en personnes, qui ont constitué Mᵉ Christophle Chouippes leur advocat procureur en cette cause, qu'il vous plaise leur décerner acte de la plainte qu'ils font de ce que, le jour d'hier, s'en retournant du bourg de Bierné, aveq François Maingot, contre lequel ilz ont instance devant vous, en laquelle ayant esté appointé contraire, vous aviez permis audit Maingot de fere ouir un des tesmoings par luy produits devant le sieur curé dudit Bierné; icelluy Maingot les auroit obligés d'entrer dans une maison deppendant du chasteau de la Barre, en laquelle on vend vin, et, apprés y avoir mangé ensemble, s'en retournant dudit lieu, le cuisinier de ladite maison de la Barre, appellé Justin, se seroit adressé aux suppliants, et, apprés les avoir maltraités, non contant de ce, les auroit contraints et violantés d'entrer dans ladite maison de la Barre; là où estant, assisté des nommés Delespine, cocher, la Chesnaye, somelier, Soudain, laquest, et autres dont ils ne peuvent savoir les noms, les auroient maltraités de plusieurs coustz de baston et gros tricotz; et, non contans de ce, estant sortis, ils les auroient encore poursuivis et continué leurs mauvais traitemens, exeds et viollances, dont ils sont griefment blessés et incommodés, ainsy quil vous apparoistera par le raport des chirurgiens qui les ont traictés et médicamentés; et, à cette fin, leur permettre d'informer desditz excez et viollances, et, pour cet effet, obtenir faire publier et fulminer monitoire, pour le tout communiquer à monsieur le procureur du roy [et pour] estre ordonné ce qu'il appartiendra fere de justice.

H. Touin.

Chouippes pour les suppliants.

Acte de la plainte permis *in faciendo* devant nous des faicts dicelles circonstances et dépendences, mesme obtenir, fere publier et fulminer monitoire pour ce fait et le tout communiquer au procureur du roy, ordonner ce que de raison mandant. Donné à Chateaugontier, par devant nous juge susdit, le sixiesme mars mil six cent soixante dix.

Petit.

II

Du jeudy xiij mars 1670.

Par devant nous, Louis Petit, et en présence etc., a comparu ledit Le Groix, desnommé, au rasport de l'aultre part, duquel serment pris, a dist estre aagé de cinquante et un an ou environ, et lecture à luy faicte de son rasport, a dit icelluy contenir vérité, n'y voulloir adjouster ny diminuer; que ledit Thouin père ne peut estre guéry de dix jours, à commencer du jour de ses blessures, et qu'il appartient raizonnablement, pour pensemens et médicamens topiques, la somme de cent solz, pourveu qu'il n'arive auscuns acidans, lesdits

Thouins se venant faire panser de leurs demeures en ceste ville à distance de deux lieues, et ont besoing de se faire soigner ; et ne peult ledit Thouin père travailler, pendant ledit temps de dix jours, à compter dudit jour de ses blessures ; dont et de tout quoy avons fait et dressé le présent procès-verbal pour servir et valloir. Donné audit Chateaugontier, pardevant nous juge susdit, ledit jour et an que dessus, etc. ; et, au regard dudit Thouin filz, ne peult estre guéry de quatre à cinq jours, après ses blessures, et appartient pour cet effet vingt solz.

Le Groix.

Petit.

Taxé au dit Le Groix, pour rasport et vériffication, XX solz.

III

Je Me Chirurgien résidant en la ville de Chateaugontier, certifie à tous qu'il apartiendra que, le cinquiesme jour de mars mil six cents soixante dix, j'ai veu, visité Hector Toüin et Michel Toüin, son fils, demeurant au bourg de Saint-Aignan, lesquels, après les avoir visités, leur ay trouvé, au dit Hector, plusieurs grandes contusions, sittuées sur les parties supérieures des deux homoplattes, contenantes, lesdites contusions, jusques aux premières des fausses côtes, tant lattérallement que postérieurement, à dextre que cenestre, plus deux aultres contusions, contenantes les partyes moyennes et inférieures des deux bras, scavoir le dextre et le cenestre, et, audit Michel, une contusion avec une petite excoration, dont il a sorty quelque peu de sang, sittuées sur la partye moyenne de l'os occipital, lesquelles contusions me semblent avoir esté faites par instrumens contondans ou froissans comme coups de baston, de poing, cheuttes et aultres ; à raison de quoy, il est de besoing que lesdits blessés soient bien et dument pansés et médicamentés, pour obvier aux accidens qui pouroient survenir, comme douleur, inflamation, fiebvres et aultres que dessus. Je certifie véritable.

LE GROIX.

IV

Hector et Michel les Thouins, demandeurs, contre, Justin, cuizinier de la maison de la Barre, Renou-Delespine, cocher, la Chesnaye et Soudain, laquests.

Audition.

Du sabmedy viii mars 1670.

Simon Challigné, mestayer de la Mausellière, parroisse de Bierné, aagé de trente et huict ans ou environ, tesmoing à nous produict, veriffié et faict jurer de dire vérité, dit cognoistre les partyes à suffire et n'estre leur parent, allyé ny debteur. Enquis, dépose que, jeudy dernier, sur les trois à quatre heures de rellevée, estant à bessonner dans son jardin dudit lieu de la Mausellière, il veid dans la prée de la Barre sept à huict personnes, qu'il ne recogneut, qui se tenoyent les uns et les autres ; seullement entendit la voix d'un d'entreux, qui dist : « Tu retourneras et ne passeras pas ; » et estayent à bessonner, avec luy, dans sondict jardin, Pierre et Jacques les Cirans, ses domestiques. Est ce qu'il a dit scavoir ; lecture a luy faicte de sa déposition, y a persisté et déclaré ne scavoir signer. Taxé cinq sols, pour séjour.

PETIT.

Du jeudy xiii mars 1670, continué l'audition cy dessus par Nous Juge susdit, en présence dudit Petit. Michel Crosnier, tailleur d'habictz, demeurant au bourg de Saint-Aignan, aagé de trante et cinq ans ou environ, tesmoing à nous produict veriffié et faict jurer de dire vérité, dit cognoistre les partyes à suffire, n'estre leur parent, allyé ny debteur. Enquis, dépoze que, le cinquiesme de ce mois, s'en revenant de la maison du sieur curé de Bierné, sur les deux à trois heures de rellevée, de dépozer devant luy sur l'assignation à luy signyfiée en conséquance de la commission rogatoire obtenue par le nommé Maingot, notaire royal, au procès qui a devant nous conduit lesdits les Thouins, attendu que luy dépozant estoit blessé à une hanche, à la Jurande et audition de sa dépozition y comparurent lesdits Thouins ; après laquelle, s'acheminèrent, avec luy, lesdits les Thouins et Maingot, jusque proche le clos de vigne du chasteau de la Barre, où il fut entre eux propozé d'aller disner au lieu de la Bergerye, dépendant dudit chasteau, où l'on vend vin ; et ledit Maingot ayant une tanche en sa main, le dépozant et lesdits Thouins disrent que, s'ilz mangeoyent ladite tanche, ilz luyen pairoyent chacun leur part ; et, estant audit lieu de la Bergerye, commandèrent à la femme de François Huault de leur aprester à disner, et de leur servir du vin ; et, après leur réfection prise, ledit Maingot dist qu'il avoit affaire au lieu de la Bodière y quérir une pottée de beurre qu'il y avoit acheptée, et que, sy luy dépozant et lesdits Thouins y voulloyent aller avec luy, il n'y avoit de détour de leur chemin, ce qu'ilz octroyèrent audit Maingot ; et, acheminez, entrèrent tous dans la grande prée dudit chasteau de la Barre, du costé d'un des boutz du jardin, pour aller audit lieu de la Bodière, qui est situé près ledit chasteau ; et, au hault de ladite grande prée, entendisrent la voix d'une personne, qui dist en ces mots : « L'on ne passe point par issy, retirez-vous! » Pourquoy le dépozant et ledit Maingot prist autre chemin et entrèrent dans une des pièces dudit lieu de la Bergerye, qui joint ladite grande prée, et lesdits Thouins,

— 131 —

qui restèrent en icelle, n'ayant [pu] advenir sitôt qu'ils entendisrent la voix dudit homme, lequel, approchant à grands pas desdits les Thouins, veid que c'estoit le nommé Justin, cuizinier dudit chasteau de la Barre, auquel lesdits Thouins ostèrent promptement leurs chapeaux, qu'ils eusrent longtemps à la main; croit qu'ils lui demandoyent excuze, ne saict ce qu'ils se disrent les uns aux autres, estant fort esloigné deux, sinon qu'il entendit dire audit Justin: « Sortez de là, tu n'y passeras ! » poussant ledit Thouin, père, auquel il donna un coup de housine ou baston, de grosseur d'environ le poulce, sur les épaulles. Ensuite de quoy, lesdits Thouins se retirèrent de ladite prée, et entrèrent en ladite pièce de la Bergerye, où estoit ledit dépozant, avec ledit Maingot, d'où ledit Thouin, père, dist, audit Justin, qu'il avoit servy en ladite maison du chasteau avant luy. Sur quoy, [fut] réparty par ledit Justin : « Quoy que tu est servy avant moy, il fault que tu viennes parler à Mon^r et à Madame, » et poussa lesdits Thouins et les fist marcher devant luy, frapant icelluy Thouin, père, de plusieurs coups de baston ; et ledit Thouin, filz, se détourna vers ledit Justin, et, d'un baston qu'il avoit, le poussa sur la main dudit Justin, lequel dist au déposant et audit Maingot qu'il falloit qu'ils allassent, avec luy, parler au Sr Marquis de la Barre; où, estant tous entrez en la basse-cour dudit chasteau, y trouvèrent la mère dudit Sr Marquis de la Barre et aultre Dame, que ledit dépozant ne cognoist, avec l'une des filles de ladite Dame, laquelle lui demanda ce qu'il avoit à clocher ; ledit dépozant lui dist qu'il s'estoit démy une hanche ; luy fut dit, par ladite Dame, en ces termes : « Te voillà bien acommodé, pauvre homme ! » Et pour lors, ledit Justin luy fist voir sa main, disant qu'il avoit esté ainsy maltraité par lesdits Thouins ; ne sait, ledit dépozant, ce qu'elle répartit, sinon qu'il veid, à l'instant, que lesdits Thouins fusrent chargez de plusieurs coups de baston, tant par ledit Justin que [par] ledit Lespine et autres valletz dudit chasteau, que ledit dépozant ne cognoist par leur nom, desquelz coups ledit Thouin, filz, tomba par terre. Sur quoy, ladite Dame dist ausdits valletz : « Tout beau ! que l'on ne les frape pas en daventage ; » lesquelz valletz se retirèrent et cessèrent de frapper; et lesdits Thouins, avec ledit dépozant et Maingot, se retirèrent de ladite court, lesquelz Thouins prisrent les devants, et ledit dépozant et Maingot restèrent sur le pont-levys, avec lesdits valletz; et lesdits Thouins, s'enfuyant et estant proche un bareau de bois qui empeschent les chartiers de passer par l'allée dudit chasteau, faisant semblant de prendre des pierres à terre, et assignant avec la main lesdits valletz, les appellant : « Normans ! j'ai servy la maison avant toy, voillà la récompense que j'en ay. » Et, sur ce, coururent quatre desditz valletz, dans ladite allée, après lesdits Thouins. Ne saict, ledict dépozant, ce qu'ils leur fisrent, attendu la crainte qu'il eut, s'en alla avec ledit Maingot par un autre chemin, puis, incontinent, veid revenir lesdits valletz ; peu de temps après, entendit ledit Thouin père crier : « A la force! au meurtre ! l'on tue mon filz, » et continua son chemin, avec ledit Maingot, et est ce qu'il a dit sçavoir. Lecture à luy faicte de sa déposition, y a percisté et déclaré ne scavoir signer. Taxé au tesmoing dix-huit sols.

Petit.

V

Du mercredy xix mars 1670, continué ladite audition cy dessus par nous juge et lieutenant criminel susdit en présence dudit Petit, commis de nos greffiers ordinaires, comme ensuict.

René Gouget, poupellier, demeurant au faubourg d'Azé de ceste ville, aagé de quarante ans, tesmoing à nous produict, veriffié et fait jurer de dire vérité pour la partye et contre que dessus, qu'il a dit cognoistre à suffire, n'estre leur parent, allyé ny debteur; enquis, dépoze qu'il y a environ de quinze jours, ainsy qu'il croit, estant à travailler de son mestier de poupellier dans le chasteau de la Barre, il entendit grand bruict sur le pont, environ les trois heures de rellevée, puis veid ledit Thouin, filz, qui, d'un baston qu'il avoit levé à la main, et esloigné dudit Justin, dist en ces motz : « Je t'atraperai, mon grand normand ! » Luy répartit, ledit Justin, « qu'il failloit donc que ce fust à l'heure présente, » et, estant arivé audit Thouin, filz, le frappa de deux coups d'un baston de grosseur d'environ le doigt ; et ledit Thouin, filz, se rellevant de terre, tomba en arrière, par la rencontre d'un beuslot de terre, et, ramassant son baston, serra deux pavez. Ne saict ce qu'il en fist, estant pour lors sorty des barrières ; le père dudit Thouin s'en estant fuy, ne saict s'il fut frappé ou non, et est ce qu'il a dit scavoir. Lecture à luy faicte de sa déposition, y a percisté et déclaré ne scavoir signer.

Taxe 4 s.

Mathurin Chollet, pouppellier, demeurant avec René Gouget, tesmoing précéd^t, au faubourg d'Azé, aagé de vingt et deux ans ou environ, autre tesmoing à nous produict, veriffié et faict jurer de dire vérité, dit cognoistre les partyes à suffire, n'estre leur parent, allyé ny debteur. Dépoze qu'il y a environ de quinze jours ou trois sepmaines, estant à travailler avec ledit Gouget, de son mestier de pouppellier, au chasteau de la Barre, environ les trois à quatre heures de rellevée, entendant du bruict sur la terrasse dudit chasteau, et lesdits Thouins, sortis de de la maison d'icelluy, fusrent suiviz par le nommé Justin ; vist que le filz dudit Thouin, levant son baston, dist audit Justin : « Je te revoiré ! » Lequel Justin, ayant aussy un baston de grosseur du doigt à la main, alla audit

Thouin, filz, et le frappa de deux coups dudit baston par les espaulles ; et, s'enfuyant, ledit Thouin, filz, tomba deux fois par terre, et, se relevant la dernière fois, prist deux pavez ; ne saict ce qu'il en fist, estant resté à son travail, et remarqua que ledit Thouin, père, s'en estoit fuy avant son filz ; et est ce qu'il dit scavoir. Lecture faicte de sa déposition, y a percisté et dit ne scavoir signer.

Taxé 4 s.

VI

Du sabmedy XXII mars 1670, continué ladite audition cy dessus par Nous Juge susdit, en présence dudit Petit, etc.

Pierre Brodier, clozier, demeurant au lieu de Guettelou, parroisse de Grez-en-Bouère, aagé de quarente ans ou environ, autre tesmoing, veriffié et fait jurer de dire vérité, dist cognoistre les partyes à suffire, n'estre leur parent, allyé ny debteur. Enquis, dépoze qu'il y a environ de quinze jours, estant à travailler et espacer de la terre dans la grande prée du chasteau de la Barre, avec les nommez Bruneau, Dubois, Thouslier, Chevrollier, Mareau et Pierre Goyau, sur les trois heures de rellevée, parusrent, à l'une des cornières de ladite prée proche le jardin, quatre hommes, qui voulloyent travercer ladite prée, sans qu'il y paroisse de santier pour y passer ; et ledit Justin, qui estoit avec le dépozant et autres, dist qu'ils ne passeroyent, n'y ayant de chemin ; lesquelz quatre hommes continuant leur route, alla, ledit Justin, vers eux, et recognut le dépozant que c'estoyent lesdits les Thouins, père et filz, Maingot et Crosnier ; et d'abord, ledit Justin frappa d'un coup d'un gros baston ledit Thouin, filz, qui en tomba par terre, et, relevé, donna aussy, audit Justin, un coup de baston sur le bratz ; et, au bruict qui se fist, vinsrent deux à trois lacquais dudit chasteau, qui emmenèrent de force lesdits les Thouins audit chasteau, et estoyent suiviz par lesdits Maingot et Crosnier. Puis après, entendit un grand bruict dans la court dudit chasteau ; et lesdits les Thouins, sortiz et estant vis à vis le jardin de la poupinière, prisrent des pierres, jurant le nom de Dieu, aspellant lesdits lacquetz : « Normans et torcheurs de cul de chevaux ! » Et, incontinant, vist que trois à quatre desdits lacquetz dudit chasteau suivirent lesdits les Thouins. Ne saict ce qui se passa entreux, et est ce qu'il dit scavoir. Lecture à luy faicte de sa déposition, y a percisté et déclaré ne scavoir signer.

Taxé III s., le surplus compencé avec le deffault.

Pierre Goyau, demeurant au village de Guettelou, parroisse de Grez-en-Bouère, aagé de soixante ans ou environ, autre tesmoing à nous produict, veriffié et fait jurer de dire vérité, dit cognoistre les partyes à suffire, n'estre leur parent, allyé ny debteur. Enquis, dépoze que, quinze jours sont ou environ, qu'il estoit avec Pierre Bodier, les nommez Dubois, Thouslier et Marreau, dans la grande prée dudit chasteau de la Barre, à parer du terrier, sur les trois à quatre heures après midy, où estoit aussy ledit Justin, qui les faisoit travailler ; vist lesdits les Thouins, Maingot et Crosnier, qui sortayent de la maison de la Bergerye dudit chasteau de la Barre ; et, entrez dans ladite prée, ledit Justin leur dist qu'il n'y avait point de chemin par ladite prée ; et ledit Thouin, père, dist qu'il ne scavoit point de chemin à passer par ailleurs, et qu'il y avoit vingt ans qu'il y passoit ; et sur ce, ledit Justin alla vers lesdits les Thouins, et, d'abord, fraspa d'un baston ledit Thouin, filz, qui en tomba par terre, lequel, rellevé, donna un coup de son baston audit Justin ; et parurent sur le bord du jardin, qui est proche ladite prée, trois à quatre des lacquais dudit chasteau, lesquelz menèrent lesdits Thouins et ceux de leur compaignie audit chasteau, où il se fist grand bruict en la cour, d'où, sortiz, lesdits les Thouins, et entrez en la grande allée, prisrent des pierres, jurantz : « Mordieu ! sortez donc, normans, torcheurs de cul de chevaux ! » Et est ce qu'il a dit scavoir. Lecture à luy faite de sa déposition, y a percisté et declaré ne sçavoir signer.

Taxé III s., le surplus compencé avec le deffault.

Petit.

Et, ledict jour, vingt et deuxiesme mars audit an 1670, continué ladite audition comme dessus.

Mathurin Audiot, mareschal, demeurant au faubourg d'Azé lez ceste ville, aagé de trente et quatre ans ou environ, autre tesmoing produict, veriffié et faict jurer de dire vérité, dist cognoistre les partyes à suffire, n'estre leur parent, allyé ny debteur. Dépoze que, dimanche dernier, seiziesme de ce mois, estant allé au chasteau de la Barre y ferrer deux chevaux, sur les quatre à cinq heures du soir, et de suite alla au bourg de Saint-Aignan, avec le palfranier dudit chasteau de la Barre et un lacquais appellé Bellet, boire en la maison du nommé Latour, cabaretier, portant, ledit lacquais, un fuzil et une espée à son costé, et, ledit palfranier, une espée aussy à son costé; fut dit, par ledit palfranier : « L'on m'a dit qu'il y avoit de certains Thouins qui me voulloyent du mal ; » ce que ledit lacquais répéta aussy, et ledit palfranier dist : « Jarnydié ! je ne say pourquoy ilz me veullent du mal, il y a sy peu que je suis dans la maison ; » en adjoustant qu'il se donnet au diable, que, s'ilz luy faisoyent du mal, il les assommeroit, s'il pouvoit; et ledit lacquais dist : « Jarnydié ! Mordié ! » que, sy lesdits Thouins l'ataquoyent, il en feroit autant, s'il pouvoit; et après avoir achevé leur vin, prisrent une aultre pinte de vin, qu'ilz busrent ensemble, proche un pillier de bois qui est dans le carefour dudit bourg ; puis, le dépozant monta sur son cheval et s'en vint en ceste ville, et est ce qu'il dit scavoir. Lecture à luy faicte de sa déposition, y a percisté et a signé.

M. AUDIOT.

PETIT.

Les Thouins demandeurs.

Pour une plainte, au juge...............	VIII s.
Pour l'audience des témoins, au juge....	IIII l. X s.
Au greffier.............................	IIII l. X s.
Veriffication des Rapportz, au juge.....	XX s.
Au greffier.............................	XX s.
Exécutoire..............................	X s.
Somme.....	XI l. XVIII s.

(Archives de la Mayenne, B. 2688).

IV

Pièces concernant la contestation qui s'était élevée entre le syndic du clergé d'Anjou et le s^r de Chivré, marquis de la Barre, au sujet de l'exercice de la R. P. R. au lieu du Plessis-Bourel, paroisse de Bierné (1670).

I

Nous commissaires sus dits, avons ordonné que les littres que le dit sieur de Chivré a fait aposer ez esglizes des parroisses de Bierné et de St-Aignan, comme seigneur du Plessis-Bourrel, seront effacées à ses frais et dilligences dans un mois pour tous dellais; sinon et à faulte de ce, avons permis au dit scindic du clergé de les faire effacer aux frais et despens du dit sieur de Chivré, sans préjudice, néantmoins, au dit sieur du Plessis-Bourrel, s'il se faict catolique, et à ses successeurs qui seront catoliques, de jouir du dit droit de littre dans les dites esglizes, et pour le surplus avons esté partagés et d'advis contraires.

Nous Voysin de la Noiraye, estant d'advis de faire deffences au dit sieur de Chivré de faire aucun exercice de la Religion prétendue Réformée dans la dite maison du Plessis-Bourrel ny dépendance d'icelle, et d'ordonner que la pension de trois cens livres léguée pour l'entretenement d'un ministre en l'esglize de la Barre sera employée au proffict des pauvres de l'hospital de Chasteaugontier; et avant faire droict sur l'usurpation prétendue faicte par le père du dit sieur de Chivré de la dite chapelle et revenu d'icelle ; que dans trois mois pour tous dellais le dit scindic y fera plus ample preuve, autrement et à faulte de ce faire dans le dit temps et icelluy passé, il soit dez a présent deschargé de la dite demande.

Et nous Doizay avons esté d'advis de maintenir le dit sieur de Chivré au droict de faire l'exercice, suivant l'article sept de l'édict de Nantes, dans sa maison du Plessis-Bourrel ou dans celle de la Barre, à la charge qu'il faira sa déclaration dans laquelle des dites maisons il voudra demeurer, et qu'il y fera sa résidence actuelle, et de débouter le dit scindic du surplus de ses demandes.

Faict à Tours, le 13 aoust 1670.

VOYSIN
DE LA NOIRAYE.

DOISAY
DE SOUCELLE.

II

Jean-Baptiste Voysin, etc.

Entre le scindic du clergé d'Anjou demandeur aux fins de l'exploict du dernier novembre 1669 d'une part,

Et Mre Henri de Chivré, chevalier, seigneur marquis de la Barre et du Plessis-Bourrel, deffendeur, d'autre part.

Veu les lettres patentes données à Saint-Germain en Laye les eptième septembre 1667 signées Louis, et plus bas, par le Roy, Phelipeaux, et scellées du grand sceau de cire jaune, par lesquelles Sa Majesté nous ordonne d'informer des entreprises, contraventions et innovations faictes à l'édict de Nantes et à celluy de 1669, et aux édicts et déclarations expédiées en conséquence, recevoir et entendre sur ce les plaintes de ses sujects tant catoliques que de la Religion prétendue Réformée, pour y estre par nous pourveu selon que nous trouverons juste et raisonnable pour le bien et repos des subjects de sa Majesté ; le dit exploict d'assignation du dit jour dernier novembre 1668, tendant à ce que le dit sieur de Chivré fut tenu de raporter par devant nous les titres en original en vertu desquels il prétend avoir droict de faire l'exercice de la dite Religion prétendue Réformée dans sa maison du Plessis-Bourrel, paroisse de Bierné ; production du dit sieur de Chivré faicte au greffe de nostre commission pour estre maintenu au droict de faire faire l'exercice de la Religion prétendue Réformée dans l'estendue de son fief du Plessis-Bourrel, en vertu du septième article des généraux de l'édict de Nantes ; adveu et desnombrement rendu par Pierre Auvé, escuier, seigneur de Jenestoy, de Broussin, du Plessis-Bourrel et de Bierné, à haut et puissant prince Charles, duc de Vendosmois, seigneur de Beaumont et de Chasteaugontier, à cause de la dite terre et seigneurie du Plessis-Bourrel et de Bierné, le 29 may 1536, ez assizes dudict Chasteaugontier, aux droicts de haulte justice, moyenne et basse, signé Poisson et couvert de bazanne ; inventaire de production du dit sieur de Chivré signé Morel, son avocat ; contredit du dit scindic du clergé ; production nouvelle du dit sieur de Chivré, contenant un gros registre couvert de parchemin, intitulé amendes et remambrances des pleds de Bierné de l'an 1473, signé à la find du Pré ; autre registre, couvert de parchemin, contenant les hommages deus et rendus au marquisat de la Barre, le Plessis Bourrel et Bierné, commençant le 23 janvier 1648 et finissant le 18 aoust 1666, signé à la fin Trochon et de Chenerrin ; autre groz registre couvert de parchemin, intitulé registre des remambrances et assises du marquisat de la Barre, chastellenie du Plessis-Bourrel et Biernay, commençant le 27 febvrier 1648 et finissant au feuillet 83, le 26 avril 1667 ; bail à ferme faict par messire Anne de Chivré, chevalier, marquis de la Barre, seigneur du Plessis-Bourrel et de Bierné, à François Léon et à sa femme, le 25 novembre 1649, de la terre, fief et seigneurie du Plessis-Bourrel et Bierné, signé M. Lefebvre, notaire royal ; provisions données par le dit sieur de la Barre à Estienne le Blastier de la charge de sergent au marquisat de la Barre, Plessis-Bourel et Bierné, le quinziesme mars 1649, signées de la Barre ; pareilles provisions de sergent données par le dit sieur de la Barre au nommé Lefebvre le 12 mars 1654; deux autres provisions de sergent données par le dit sieur deffendeur le 20 may 1665; coppie d'adveu rendu par Pierre Auvé, seigneur de Genetay, du Plessis-Bourrel et Bierné, au seigneur de Chasteaugontier, à cause de la dite terre du Plessis-Bourrel et de Bierné, dans lequel le droict de haulte justice, moyenne et basse, la dite copie signée par collation par Bernier, greffier de Chasteaugontier, le 19 febvrier 1669 ; extraict dellivré par le dit Bernier, le dit jour, d'un acte de foy et d'hommage rendu en la Chambre des Comptes par René de Montesson. seigneur du Plessis-Bourreau, à cause de la dite terre, le 22 avril 1608 ; autre extrait des amandes et remambrances de la baronnie de Chasteaugontier, du 18 novembre 1582, dans lequel est faict mention de la représentation du contract d'acquest des deux tiers de la dite terre du Plessis-Bourrel faict par Mre Robert de Rotours le 28 novembre 1582, le dit extraict signé du dit Bernier ; copie collationnée par ledit Bernier d'une information faicte par le seneschal de la chastellenie du Plessis-Bourrel, Bierné, le 23 febvrier 1660 ; autre copie collationnée par le dit Bernier d'un acte de curatelle rendu en la dite chastellenie du Plessis-Bourrel et Bierné, le 23 juillet 1663 ; procès-verbal de collation des dites cinq pièces faict le 19 febvrier 1669 par François Chailland, conseiller au présidial de Chasteaugontier, en conséquence de nostre ordonnance du cinq febvrier 1669, signé du dit Bernier ; une liasse d'adveux rendus au sieur de Montesson et audit sieur de la Barre, seigneurs du Plessis-Bourrel et de Bierné, par plusieurs particuliers rellevant de la dite terre et seigneurie, inventaire des dites pièces signé Chalouyneau ; contredicts du scindic du clergé ; nostre ordonnance contradictoire du dit jour cinquiesme febvrier 1669 portant que les qualités de soy disant scindic employées dans la dite requeste seroient réformées, aveq deffence, au dit sieur de la Barre, de les employer à l'advenir, et, au surplus, à luy permis de compulser les pièces dont il avoit besoin ; signiffication de la dite ordonnance du six du dit mois de febvrier ; salvations du dit sieur de la Barre ; requeste du scindic du clergé du 24 may 1670, tendante à ce que le dit sieur de Chivré fut condamné à rebastir une chapelle apellée Sainte-Marguerite de la Guenaudière, qu'il a faict destruire pour bastir son chasteau de la Barre et restituer le revenu ; que les litres, bancs et armes, qu'il a faict mectre dans les esglizes des paroisses de Bierné et de Saint-Aignan, seront rompues, effacées et biffées, et que la somme de troix cens livres léguée pour l'entretien d'un ministre au lieu de la Barre sera appliquée pour l'entretien des pauvres de Chasteaugontier ; nostre ordonnance du 24 may 1670, par laquelle nous aurions ordonné que les parties escriroient et produiroient sur la dite requeste dans trois jours, et joinct à l'instance principalle pour sur le tout estre faict droict ainsy qu'il appartiendra ; signiffication de la dite requeste du premier aoust 1670 ; production du dit scindic du clergé contenant coppie d'un arrest du conseil du vingt quatre avril 1665, par lequel Sa Majesté auroit renvoyé devant les commissaires députez pour connoître des contreventions faictes à l'édict de Nantes ; la connaissance des choses qui regardent le faict de la R. P. R. exercice d'icelle, temples, cimetières et observations du dit édict de Nantes. Signiffication faicte du dit arrest à la requeste de dame Anne Vallée, marquise de la Barre, à Mre Henry Arnault, evesque d'Angers, et au scindic du clergé du diocéze d'Angers, le 6 juin 1665, par Giuouillier, huissier ; sentence rendue au presidial de Chasteaugontier, le deux mars 1665, par laquelle deffences sont faictes aux seigneurs de la Barre, de la Faucille et des Aulnaies de faire faire l'exercice public de la dite Religion prétendue Réformée en leurs maisons, à peine de 500 livres, que suivant l'article 8 de l'édict de Nantes; et attendu que le procureur du Roy du dit présidial avoit soustenu qu'il y a eu dans l'enclos de la maison de la Barre une chapelle fondée soubz le titre de Sainte-Marguerite et que le lieu où est faict l'exercice public est temple, et qu'il a esté légué 400 l. de rente pour l'exercice de la dite Religion prétendue Réformée, ce qui auroit esté dénié par la dite dame de la Barre, les parties auroient [esté] appoinctées contraires et permis au dit procureur du Roy d'informer des dits faitz, mesme obtenir monitoire, rellief d'apel de la dite sentence obtenu en chancellerie par la dite dame de la Barre le 29 janvier 1666 ; monitoire obtenu par le dit procureur du Roy du présidial de Chasteaugontier ; plusieurs déclarations faictes en conséquence par plusieurs particuliers; copie d'autre monitoire obtenu le deux juin 1645 pour raison de la détention du revenu de la dite chapelle de Sainte-Marguerite de la Guenaudière signé J. Nail ; extraict du poullier des noms des bénéfices d'Anjou, dans lequel est escript le chapitre de Sainte-Marguerite au manoir de la Guenaudière, à laquelle le seigneur de la Guenaudière présente, le dit extraict signé Mesart, secrétaire de l'evesché d'Angers; copie collationnée d'un don de trois cens livres de rente faict par dame Cécile du Monceau, dame de la Barre, pour l'entretien d'un ministre au lieu de la Barre, signée Faoul ; inventaire des dits titres signé Berneust: contredit du dit sieur de la Barre ; salvations du dit scindic du clergé, et tout considéré :

Nous commissaires sus dits avons ordonné que les litres que le dit sieur de Chivré a faict apposer ez esglizes des parroisses de Bierné et de Saint-Aignan, comme seigneur du Plessis-Bourrel, seront effacées à ses frais et dilligences dans un mois pour tous dellais, sinon et à faute de ce avons permis au dit scindic du clergé de les faire effacer aux frais et despens du dit sieur de Chivré, en vertu du présent jugement, sans préjudice, néantmoins, au dit sieur du Plessis-Bourrel, s'il se faict catholique, et à ses successeurs qui seront catholiques, de jouir du dit droict de litre dans les dites esglizes ; et pour estre faict droict sur le surplus des demandes du dit scindic du clergé, ordonnons que nostre procez-verbal de partage, intervenu entre nous pour raison de ce, sera envoyé à Sa Majesté et à nos seigneurs de son conseil, pour y estre pourveu ainsy qu'il appartiendra. Faict à Tours, le treize août 1670.

VOYSIN
DE LA NOIRAYE.

DOISAY
DE SOUCELLE.

III

Nous commissaires susdits.

Nous Voysin de la Noiraye estant d'advis de faire deffences à la dite dame de la Barrée de faire aucun exercice de la Religion prétendue réformée dans la dite maison de la Barrée.

Et nous Doizay estant d'advis de maintenir la dite dame de la Barrée au droit de faire l'exercice de la Religion prétendue réformée dans la dite maison de la Barrée suivant l'article huictiesme de l'édict de Nantes.

Faict à Tours, le 14 aoust 1670.

VOYSIN
DE LA NOIRAYE.

DOISAY
DE SOUCELLE.

(*Archives nationales, TT. Fonds des Religionnaires*).

V

Procédure criminelle contre René Moreul, sieur de la Groussinière, huguenot, et contre un nommé Duret, accusés de diverses impiétés et irrévérences (1676).

I

Monsieur
 Monsieur le Lieutenant Général Criminel en la sénéchaussée et siège présidial de Chasteaugontier.

Supplie humblement Jehan Gennier, prestre, curé de Longuefuie, present en personne, disant que l'onziesme du mois d'octobre dernier, jour de dimanche, il avoit esté requis de fere des fiançailles de deux particuliers de sa parroisse, sur les quatre à cinq heures du soir; ce qu'ayant fait et sortant de l'Eglize, avec grand nombre de personnes qui y avoient assisté, il parut René Moreul, sieur de la Groussinière, qui depuis peu a changé de religion, en des habits indécens et deshonnêtes, contrefaisant l'evesque ou le curé, un viollon à la main, dans les rues et proche l'eglize dudit Longuefuie, de sorte que tous les assistants s'en scandalisoient d'une telle facon que le suppliant eut bien de la peine à ramener leurs esprits de l'impiété et irreverence commises contre les cérémonies de l'eglize par ledit Moreul; depuis lequel temps, quelques mauvais esprits, à l'imitation dudit Moreul, se sont tellement oubliés que, dimanche dernier, jour de la feste de tous les Saints, un particulier nommé Duret, de la mesme parroisse, ayant entré en l'eglize, sur le soir, tout rempli de vin, et saisy des cloches, et fait tinter d'une telle façon, à l'assistance d'un nommé Lagrange, refugié aux Courans, situés en la mesme parroisse, que le suppliant fut obligé d'entrer à l'eglize pour y apprendre les desordres qui s'y commettoient par lesdits Duret et de Lagrange; lesquels ayant voulu reprendre doucement et faire entrer en considération des impiétés qu'ils commettoient en un lieu saint et sacré, et, au lieu de prendre ses admonisions pour douces et bégnines, iceluy Duret, en jurant et blasfémant le saint nom de Dieu, se seroit suspendu aux cloches, et auroit entouré le suppliant des cordes d'icelles et maltraité et renié de la derniere impiété, et qui merite une punition proportionnée à telles impiétés dont le suppliant espère, qu'à la déclaration d'une personne qu'il fournira à M. le procureur du Roy, il y pourvoira.

Ce considéré, Mr vous plaise de donner acte au suppliant de l'offre qu'il fait de fournir un délateur à mondit sieur le procureur du roy, pour luy administrer preuve des impiétés et irrévérences qui ont esté commises par lesdits Moreul, Duret et de la Grange contre l'honneur de Dieu et de l'eglize, des lieux saints et sacrés, en jurant et blasphémant le saint nom de Dieu, par ledit Duret, et en ladite eglize de Longuefuie, pour à la délation leur faire et parfaire leur procès, et sera justice.

Veu la requeste cy dessus, nous avons jugé le suppliant de son offre de fournir un délateur au procureur du Roy, et, cependant, en attendant, nous luy avons promis d'informer des faits cy dessus, mandant etc,. Donné à Chasteaugontier, ce trois novembre mil six cent soixante et seze.

CLAUDE BERNIER.

II

Le quatriesme jour de novembre mil six cent soixante seze, à la requeste de messire Jean Gennier, prebstre, curré de Longuefuie, y demeurant, où il a ellu domisille, et ancorre en la maison de M⁹ René Leriler, sieur de la Ganties, advocat procureur au siège présidial de Chasteaugontier, y demeurant, Monsieur le procureur du Roy joinct par vertu de mandemant par ledit sieur Gennier, obtenu de monsieur le Lieutenant Criminel audit siège, en datte du troiziesme du courrant, signé Claude Bernier, j'ay adjourné chacquuns de Jean Abafour, filleur de lainne, Jean Gandouin, tissier, René Minsière, poupellier, et René Chasebeuf, tailleur d'habis, demeurant au bourg dudit Longuefuie, à estre et comparoir, le sabmedy prochain venant, par davant et en la maison de monsieur le lieutenant général criminel au siège présidial dudit Chateaugontier, pour depozer veritté sur les faictz dont ils seront anquis, à painne à chacquun des contrevenans de dix livres d'amande et procéder, comme de raison. Faict par moy Jean Dorcemaine, premier huissier en la marechaussée dudit Chasteaugontier, imatricullé au siège présidial dudit lieu, soubzsigné résidant audit Longuefuie, parlant ausdits Abafour, Gandouin, Minsière et Chasebeuf, à chacquun desquels j'ay baillé séparément aultant des présentes.

Ratturé un mot nul.

Ratturé ancorre un mot nul.

DORCEMAYNE.

Reçu, pour sallaire, trante solz.

Controllé à Chasteaugontier, ce 6 novembre 1676, folio 22.

RICHARD.

III

Audition.

Du sabmedy unziesme novembre 1676.

René Minsière, poupelier au bourg de Longuefuye, aagé de cinquante cinq ans ou environ, premier tesmoing à nous produit suivant l'exploit à luy donné par Dorcemayne, huissier, le quatriesme de ce mois, à nous représenté, reçu et fait jurer de dire verité pour la partye et contre que dessus qu'il dit cognoistre, n'estre le parant, allié, debteur, ny subjet. Depoze que, dimanche dernier, jour de feste de Toussaints, sur le soir, estant en sa maison, il entendit sonner les cloches de l'eglize de Longuefuye, ce qui luy fist croire qu'on allait faire quelque prierre pour les deffunctz trepassez, cause que luy deposant et René Minsière, son fils, allèrent en ladite églize ; où estant, luy deposant, veid que c'estoit ledit Duret qui sonnoit, estant accompagné du nommé Lagrange, demeurant en la maison des Courans, et Mathurin Abaffour, demeurant au lieu du carrefour, parroisse dudit Longuefuye ; veid aussy ledit sieur Guenier, curé, qui faisoit effortz de les empescher de sonner, mais il ne put y parvenir, parceque ledit Duret voullut opiniastrement sonner, disant que c'estoit la coustume de sonner pour les trepassez, que les cloches estoient aux habitans et non pas à luy ; que, s'il cassoit la cloche, il la feroit reffondre et mettre une corde toute neufve ; ouït le déposant dire au dit Abaffour ces mots : « Sonnons ou nous en allons ! Enfin ledit sieur curé ne put les empescher de continuer de sonner. Ce que ledit deposant voyant, il sortit de ladite églize, avec sondit fils, et se retirèrent en sa maison, ne scait ce qui se passa et plus avant, se souvient que la dispute d'entre ledit sieur curé et ledit Duret dura bien demye heure ou environ, et est ce qu'il a dit scavoir. Lecture à luy faite de sa dépozition, y a percisté et déclaré ne scavoir signer.

Taxé XII s.

  Claude Bernier.   Garnier.

Jean Abaffour, filleur de lainne, demeurant au lieu du Carrefour, parroisse de Longuefuye, aagé de trente sept ans ou environ, aultre tesmoing à nous produit suivant l'exploit de Dorcemayne, huissier, du quatriesme de ce mois, à nous représenté, reçu et fait jurer de dire verité, dit cognoistre les partyes, n'estre le parant, allié, debteur, ny subjet; enquis, dépoze que, trois sepmaines sont ou environ, à jour de dimanche, au soir, sortant de l'églize dudit Longuefuye, d'où il venait de sonner le pardon, il veid le sieur curé, dans le cimetière, qui venait de fiancer Jullien Dupont avec la fille du nommé Le Marchand, qui sortoient aussy de ladite églize, et entrèrent dans la maison de Guiard, hoste audit bourg; veid aussy ledit Moreul-Groussinière, de la religion prétandue refformée, dans la rue, près ladite maison de Guiard, couvert d'un tapy sur ses épaulles et d'un bonnet sur sa teste, ayant un viollon à la main, duquel il jouait, et entra en ceste posture dans ladite maison de Guiard, où la nopce estoit à se réjouir; ne scait à quel dessein ny combien de temps il y resta, par ce que ledit déposant se retira en sa maison; que, dimanche dernier, jour de Toussaints, estant allé sonner le pardon au soir, à la brune, par l'ordre dudit sieur curé, comme sacriste de peine, y seroit intervenu ledit Duret, lequel dist qu'il voulloit sonner pour ses amys trepassez, prist la corde de la cloche que sonnoit le déposant et se mist à sonner, ce qui obligea icelluy déposant d'entrer chez ledit sieur curé, lequel lui ayant demandé qui sonnoit, il lui repartit que c'estoit ledit Duret; sur quoy ledit sieur curé dist qu'il ne voulloit pas qu'il sonnast, et alla en ladite églize, pour l'en empescher, où il fut suivy par ledit déposant ; où estant, il fist ses effortz d'empescher ledit Duret de sonner, mais il ne put y parvenir; mesme le dépozant ayant monté au clocher et tiré à luy les cordes des cloches, ledit Duret y monta après luy, baissa lesdites cloches, et continua à sonner, sans que ledit sieur curé pust l'empescher; ce que le déposant voyant, il se retira et les laissa en contestation ; ne scait ce qui se passa en plus avant, et est ce qu'il a dit scavoir. Lecture à luy faite de sa déposition, y a persisté et declaré ne scavoir signer.

T. XII s.

CLAUDE BERNIER. GARNIER.

René Chassebeuf, tailleur d'habitz, demeurant audit bourg de Longuefuye, aagé de dix sept ans ou environ, aultre tesmoing à nous produit suivant l'exploit de Dorcemayne, huissier, du quatriesme de ce mois, à nous representé, reçu et fait jurer de dire vérité, pour la partye et contre que dessus, qu'il dit ne cognoistre, n'estre le parant, allié, debteur, ny subjet; dépoze qu'il y eut dimanche dernier trois sepmaines, qu'estant sur la relevée, après vespres, dans le cimetière dudit Longuefuye, il veid le sieur curé dudit lieu faire les fiançailles de Jullien Dupont avec Jeanne Le Marchand ; qu'après lesdites fiançailles, lesdits Dupont et sa fiancée, avec les parans, entrèrent en la maison du nommé Guiard, hoste audit Longuefuye ; qu'incontinant, ledit Moreul-Groussinière, huguenot, sortit de la maison du nommé Duret, demeurant audit bourg, ayant un grand sac de peau de veau sur la teste et un tapy sur les épaules, avec un viollon à la main, duquel il jouoit, et, en ceste posture, entra en ladite maison de Guiard, où estoit la nopce, d'où il ressortit incontinant, par la rue, et s'en retourna par des jardins ; ne scait à quel dessein il s'estoit ainsy couvert et déguizé ; que, dimanche dernier, jour de Toussaintz, au soir, estant, le déposant, dans l'églize dudit Longuefuye, il veid ledit Duret y entrer, avec le nommé La Grange, qui estoit armé d'un fusil, et Mathurin Abaffour ; lequel Duret se mist à sonner les cloches, et, incontinant, ledit sieur curé estant venu en ladite églize, pour l'empescher de sonner, ce qu'il ne put faire, disant, ledit Duret, qu'il se meslat de son bréviaire, le traitant insolemment et de petit homme ; que les nommés Jean Baudouin et Jean Abaffour ayant monté dans le clocher, s'estant efforcez de tirer à eux les cordes des cloches, ledit Duret se seroit laissé enlever de terre, et, avec les jambes, serré ledit sieur curé entre icelles ; le saisit ensuite à ses habitz et le voulut atirer violament hors de ladite églize, de quoy il fut empesché ; ne scait à quel dessein l'entendit jurer ce mot : « Mordieu ! » Enfin ledit sieur curé ne put l'empescher de sonner, et, quelque temps après, les cordes desdites cloches ayant esté tirées dans le clocher, ledit Duret y monta et continua de sonner dans ledit clocher, puis les rabaissa et sonna d'habondant, et, ensuite, s'en alla ; et est ce qu'il a dit scavoir. Lecture à luy faite de sa déposition, y a persisté et declaré ne scavoir signer.

  CLAUDE BERNIER.   GARNIER.

Jean Gandouin, tixier en toille, demeurant audit bourg de Longuefuye, aagé de vingt et un ans ou environ, aultre tesmoing à nous produit suivant l'exploit de Dorcemaine, huissier, du quatriesme de ce mois, à nous représenté, reçu et fait jurer de dire vérité, dit cognoistre les partyes, n'estre le parant, allié, subjet, ny debteur, fors dudit Duret, auquel il doibt quinze sols ; enquis, dépoze qu'il y a environ de trois sepmaines, à jour de dimanche, après vespres, estant dans ledit bourg de Longuefuye, il veid sortir de l'églize dudit lieu le sieur curé et ensuite Jullien Dupont et Jeanne Marchand, qui venoient de fiancer, lesquelz, avec les parans, entrèrent en la maison de Guiard, hoste audit bourg; et, incontinant, veid aussy ledit Moreul Groussinière, qu'on luy a dit estre huguenot, couvert d'un rideau de lit sur ses épaulles, un sac de cuir sur sa teste et un viollon à la main, duquel il jouoit; et, en ceste posture, entra en ladite maison de Guiard, où estoit la nopce, d'où il ressortit incontinant par une porte de derrière ; ne scait à quelle fin il s'étoit ainsy déguizé ; que, dimanche dernier, jour de Toussaints, au soir, estant en sa maison, luy fut dit qu'il y avoit du désordre dans l'églize, ce qui l'obligea d'y entrer ; où il veid ledit Duret sonner les cloches, non sans les empeschemens dudit sieur curé, qui y estoit aussy, auquel il disoit qu'il voulloit sonner. Et, sur ce, ledit déposant et Jean Abaffour, sacriste de peine, estant montez dans le clocher et [ayant] tiré à eux les cordes des cloches, ledit Duret monta après eux, rabaissa lesdites cordes, et continua à sonner lesdites cloches, sans que ledit sieur curé le pust empescher. Et, en mesme temps, le déposant se retira, et ne scait ce qui se passa en plus avant, sinon qu'il entendit le sieur curé dire hautement qu'on se souvint des insollences que commettoit Duret, et est ce qu'il a dit scavoir. Lecture à luy faite de sa déposition, y a persisté et déclaré ne scavoir signer. T. XII s.

CLAUDE BERNIER. GARNIER.

(*Archives de la Mayenne, B. 2698*).

VI

Montrée des réparations à faire au château de la Barre, en Bierné, et aux métairies qui en dépendaient (1679).

En conséquence de la sentence de nos seigneurs des requestes de l'hostel du Roy à Paris, du septiesme jour d'octobre dernier, portant qu'il seroit proceddé au procès et débat de visite des lieux qui ont esté délaissez à la dame Bodin par contract des 23 et 29 avril 1678 par experts dont les partyes conviendroient devant nous personnellement, sur le fait des réparations mentionnées au procès-verbal du premier avril 1677 ; lesquels experts en feront leur rapport et mantion des réparations qui ont esté faittes et celles survenues depuis le dist procès-verbal et qui regardent le curateur des enfants de la ditte dame Bodin, le poursuivant crieur et le plus ancien des opposans ou devant appellez ; lequel avis auroit esté signiffié à Servais du Bourget, Jacques Pauratelin et leurs femmes cy devant poursuiv. crieurs de la terre et seigneurie de la Barre, et à Me P. Chinard, p^r des sieurs de Florigny et plus ancien des créanciers opposans, par exploit de Careul, huissier de la Cour, le 17° du dit mois d'octobre, controllé à Paris, le lendemain, par Bourguignon, à comparoître, ce jourdhuy mardy quinziesme novembre 1679 ; le mesme auroit signiffié à M° Réné Trochon, s^r des Places, ad^{at} p^r au siège présidial de cette ville, curateur nommé par justice aux enfants mineurs du dit feu seigneur marquis de la Barre et de la ditte dame Bodin, sa veuve, par exploit du quatorzième de ce mois, fait par devant huissier, aussy à comparoître, ce jourdhuy, en exécution du dit arret de la présentation ; duquel arrest le dit Froger, pour la ditte dame Bodin, nous a requis acte et signification, en exécution de luy, à nommer des experts des mestiers de masson, de charpentier, couvreur de maison, vitriers, plombiers et serruriers. Nous voulons, de sa part, convenir et se reportant à nous d'en nommer d'office. Sur quoy, nous avons, au dit Froger, pour la ditte dame Bodin, délivré acte de ses dires et déclarations et de la présentation du dit arrest, et ordonné qu'il sera proceddé à l'exécution d'iceluy et donné deffault des dits du Bourget, Pauratelin et leurs femmes et du dit Chinard, après avoir attendu quatre heures de relevée à sonner, et donné acte au dit Trochon de sa comparution pour les dits mineurs et de sa déclaration de s'entendre nommer des experts de la partye et de s'en reporter à nous d'en nommer d'office ; d'envoyer de quoy informer que les dits lieux seront veuz et visitez par Mathurin Roullière, masson, demeurant au lieu de la Codessaye, paroisse de Bierné, Julien Sailland, charpentier, demeurant au bourg de Chastelain, Jacques Fournier, couvreur de maisons, Hocquedé, plombier, Pichot, maistre vitrier, et Mathurin Desmards, maistre serrurier, demeurant en cette ville ; et ordonné qu'ils comparaistront devant nous, sabmedy proschain, à dix heures du matin, pour praister serment et autres choses sur les dits lieux, les tous visister, en dressant leur rapport au dossier du dit arrest et pour affirmation véritable ; et nous, pour savoir et valloir aux partyes ce que de raison, mandons estre donné au dit Chateaugontier, par nous Lieutenant général susdit, le mercredy quinzième jour de novembre mil six cent soixante dix neuf.

Et le dixhuitiesme jour du dit mois et an, par devant nous lieutenant et commissaire susdit, ont comparu, en leurs personnes, les dits Roullière, Sailland Fournier, Hocquedé, Pichot et Desmards, desquels avons pris le serment.

Ils mentionneront les réparations mentionnez au dit procès-verbal du dit jour premier avril 1677 et feront mantion des réparations qui ont esté faittes, de celles depuis survenues et de celles qui restent à faire et en dresseront leur rapport et justifieront et vérifieront devant nous, ce qu'ils ont promis faire. — Donné au dit Chateaugontier, par nous juge susdit, le dit jour dix huit novembre mil six cent soixante dix neuf, et ont les dits experts desclaré ne scavoir signer, hors les soussignez ; et a le dit Desmards, l'un des experts, dit avoir autres fois signé, mais ne le pouvoir faire, ainsy qu'il a déclaré devant Me Jean Gilles, notaire de cette cour, attendu son hanflure de main.

SAILLAND. HOCQUEDÉ. 1679. A. PICHOT.

Et le premier jour de décembre au dit an mil six cent soixante dix neuf, devant nous Réné Gallichon, sieur de Courchamps, conseiller du Roy, lieutenant général en la senéchaussée et siége presidial du dit Chateaugontier, commissaire de nos seigneurs et de la Cour en cette partie, assisté du dit avocat M° Jousse, ont comparu les susdits experts cy devant par nous nommez d'office, lesquels ont dit s'estre transportez au chasteau de la Barre et autres lieux délaissez à la dite dame Bodin, en conséquence du dit arrest, et avoir veu et visité et remarqué les réparations et assertions qui sont à faire sur les dits lieux, ce qui a esté fait et ce qui est survenu à faire, depuis la première monstrée, suivant leurs rapports cy après, chacun par leur regard.

Et le premier, le dit Pichot, vitrier, a dit avoir entré en la chambre nommée le cabinet, entre la chambre jaune et la violette, aux croisées duquel il fault cinq vittres mesure ; pour quoy faire et fournir, appartient quinze livres quinze sols, cy.. 15 l. 15 s.

Dans la ditte chambre jaulne, il y manque seize vittres mesures, là où il y avoit aparance d'y en avoir eu ; pour les faire et fournir, appartient quarante livres, cy...... 40 l.

Dans la chambre violette, il y manque trente six vittres et quatre qu'il fault retirer ; pour en faire et fournir, appartient quatre vingt dix livres, cy.................. 90 l.

Qu'à la croisée du hault du grand degré, il manque deux vittres ; pour les faire et fournir, appartient six livres cinq sols, cy.................................... 6 l. 5 s.

Que, dans la chambre de la Rayne, il faut retirer seize vittres, là où il manque seize pierres ; pour quoy faire et fournir, appartient six livres cinq sols, cy....... 6 l. 5 s.

Que, dans l'antichambre de ladite chambre de la Rayne, il y manque sept vittres, là où il y a aparance d'y en avoir eu ; pour quoy faire et fournir, appartient vingt livres, cy... 20 l.

Qu'en la chambre de Son Altesse, il faut retirer vingt vitres, là où il manque cinq pierres ; pour quoy faire et fournir, il appartient sept livres quinze sols, cy.... 7 l. 15 s.

Que, dans la galerie, il y manque dix huit vitres, et dans la chambre à costé il y en a vingt et deux où il y manque quarante pierres ; pour en faire et fournir, appartient soixante dix livres, cy.. 70 l.

Et, au milieu du dit grand degré, il y a une croisée où il y manque deux vitres mesure ; pour les faire et fournir, appartient sept livres dix sols, cy............. 7 l. 10 s.

Au bas duquel degré il fault deux vitres mesure à une croisée ; pour les faire et fournir, appartient quarante sols, cy.. 0 l. 40 s.

Estant allé par luy Pichot, dans une des chambres des pavillons où couche le vallet de chambre, il a remarqué qu'il y manque quatre vitres mesure ; pour les y sceller, faire et fournir, appartient dix livres, cy............ 10 l.

Que, dans la grande salle, il y manque trente vitres mesure, duquel en fault relever trente et une; pour quoy faire et fournir, appartient vingt six livres, cy.......... 26 l.

Dans la cuisine, il y manque une vitre mesure, dont il en fault en relever une, là où il manque trente pierres; pour quoy faire et fournir, appartient cinq livres cinq sols, cy.. 5 l. 5 s.

En la petite salle basse, il fault en relever trois vitres où il manque quarante pierres ; pour quoy faire et fournir, appartient quatre livres quinze sols, cy. ...... 4 l. 15 s.

Que, dans les deux petites antichambres proche la ditte salle basse, il manque deux vittres mesure, sur lequel il fault en relever une; pour quoy faire et fournir, appartient six livres quinze sols, cy.................... 6 l. 15 s.

Dans les chambres du hault du petit degré, à main droite, il y manque une vitre, et fault en relever trois vitres, comme aussy dans l'autre chambre du hault du dit degré à main gauche il manque une pierre et une vitre; pour ce faire et fournir, appartient quatre livres dix sols, cy... 4 l. 10 s.

Que, dans la chambre de l'orloge, il y manque cinq vitres neufves ; pour les faire et fournir, appartient dix neuf livres, cy...................................... 19 l.

Qu'à la croisée du hault du petit degré, il y manque une vittre neufve ; pour quoy faire et fournir, appartient quatre livres dix sols, cy................................. 4 l. 10 s.

Dans la salle haulte, il y manque quatre pierres aux vitres; pour ce, appartient dix sols, cy......... 0 l. 10 s.

Que, dans la chambre de Madame, il fault retirer quatre vitres; pour ce faire et fournir, appartient vingt quatre sols, cy .... 0 l. 24 s.

Qu'au lieu où sont les latrines, il manque trois vitres neufves, et qu'il fault en retirer une; pour quoy faire et fournir, appartient onze livres dix sols, cy... 11 l. 10 s.

Qu'au cabinet de Madame, il y manque deux vitres neufves, et fault en relever six, là où il est nécessaire d'y mettre dix pierres ; pour quoy faire et fournir, il appartient cinq livres cinq sols, cy.................... 5 l. 05 s.

Qu'à la croisée du bas du petit degré, il y manque une vitre neufve, et qu'il fault en relever une autre ; pour ce faire et fournir, appartient trois livres quinze sols, cy. 3 l. 15 s.

Que, dans la chambre à côté de la petite salle d'en bas, il fault relever deux vitres; pour ce faire et fournir, appartient douze sols, cy. .... 0 l. 12 s.

Dans la chambre proche l'hallée ou passage pour aller au jardin, il manque quatre vitres neufves, et fault en retirer quatre autres ; pour quoy faire et fournir, appartient onze livres quinze sols, cy .... 11 l. 15 s.

Qu'il fault relever deux vitres sur la porte de la ditte hallée pour aller au jardin; pour quoy faire et fournir, appartient cinquante sols, cy................... 0 l. 50 s.

Que, dans le pavillon, près l'hallée couverte, il y manque quatre vitres neufves; pour quoy faire et fournir, appartient dix livres, cy................................ 10 l.

Dans la chambre de l'escurie, il manque une vitre neufve, et il fault en relever sept, là où il manque soixante et dix pierres ; pourquoy faire et fournir, appartient onze livres quinze sols, cy................... 11 l. 15 s.

Que, dans le cabinet près la terrasse où sont les provisions, il y manque quatre pierres cassées aux vitres ; pour quoy faire et fournir, appartient trente sols, cy. 0 l. 30 s.

Et est ce que le dit Pichot a dit estre à faire de son mestier au dit chasteau de la Barre, d'où il s'est transporté au lieu seigneurial du Plessis-Bourel, et est entré dans la chambre sur le portal, où il a remarqué qu'il manque quatre vitres neufves, là où il y apparance d'y en avoir eu et qu'il fault en relever deux autres ; pour quoy faire et fournir, appartient treize livres, cy.. .... 13 l.

Dans une autre maison du dit lieu, proche le puitz, il manque une vitre neufve dans la salle basse, et, en la chambre haulte, il y manque aussy trois vitres neufves, là où il y a apparance d'y en avoir eu; pour quoy faire et fournir, appartient neuf livres dix sols, cy......... 9 l. 10 s.

Et du dit lieu du Plessis-Bourel s'est, luy Pichot, transporté au lieu de l'Aubier, parroisse de Grez, où il a remarqué que, dans la chambre haulte, il manque six vitres, là où il y en a eu ; pour quoy faire et fournir, appartient douze livres, cy.................................. 12 l.

Dans l'autre grande chambre à costé, où il y a une pouttre tombée, il y manque six vitres, là où il y en a eu aussy; pour ce, appartient douze livres, cy......... 12 l.

Que, dans une petite antichambre à costé des deux grandes chambres, il manque une vitre ; pour la faire et fournir, appartient soixante dix sols, cy........ 0 l. 70 s.

Qu'en l'escallier, il y manque deux vitres; pour lesquelles faire et fournir, appartient cinq livres, cy............ 5 l.

Que, dans une petite chambre au dessous de la salle, il y manque une vitre; pour laquelle faire et fournir, appartient trois livres cinq sols, cy................. 3 l. 5 s.

Et que, dans la Chapelle, il manque huit vitres, un trèfle et quatre petites pierres autour du dit trèfle; pour quoy faire et fournir, appartient trente une livres dix sols, cy.. 31 l. 10 s.

Duquel lieu de l'Aubier s'est, le dit Pichot, transporté au lieu de Chivré, où il a aussy remarqué qu'il manque cinq vitres neufves en deux endroits, scavoir : dans la salle et en la chambre haulte, et qu'il faut en relever trois autres, là où il en manque sept pierres ; pour quoy faire et fournir, appartient la somme de vingt une livres cy........ 21 l.

Et est ce que le dit Pichot a dit estre à faire de son mestier sur les lieux cy dessus, qu'il a déclaré n'avoir esté expertisez lors de la ditte première montrée, mais qu'il paraît que, depuis, il a esté fait pour cinquante livres de réparations de son mestier de vitrier et qu'il est arrivé à faire depuis la ditte montrée beaucoup de réparation qui peuvent aller à la somme de cent livres; duquel rapport il a fait aveu et vérifié par serment en luy contenir vérité, après luy en avoir fait lecture, sans y vouloir augmenter, ny diminuer, et a signé.

Pichot.

Le dit Hocquedé, plombier, a dit s'estre aussy transporté au dit chasteau de la Barre et avoir veu et remarqué que, sur la chambre jaulne, il y a, au coing d'ycelle, une gouttière de plomb, qui donne sur la basse-cour d'un costé et de l'autre sur le mail, de douze pieds de long, laquelle est toute creusée et n'a aucuns fonds aux boutz, le caniveau en estant dessoudé; laquelle gouttière, avec le dit caniveau, il est nécessaire de refondre ; pour quoy faire et poser, appartient, fournissant de plomb neuf et se servant du vieil, dix neuf livres, cy...................... 19 l.

Plus, sur la ditte chambre jaulne, du costé de la bergerie, une autre gouttière, de six pieds de long, avec le restant d'un caniveau, de trois pieds ou environ de long, le tout estant creusé et n'y ayant aucuns fonds aux boutz de la ditte gouttière, qu'il est besoing de refondre, avec le dit caniveau; pour quoy faire comme dessus, appartient quinze livres, cy.. 15 l.

Plus une troizième gouttière, de six pieds de long, du costé de la bergerie, où il y a un reste de caniveau, d'un pied ou environ, sans aucuns fonds à la ditte gouttière, qu'il est besoing de refondre, avec le dit caniveau; pour quoy faire, il appartient vingt cinq livres, cy. .... 25 l.

Plus, sur la chambre violette, une autre gouttière, de six pieds de long, avec son caniveau entier cassé par la moitié et prêt à tomber, laquelle gouttière est toute abattue sur l'entablement, n'y ayant plus qu'un fond à un des boutz d'ycelle, qu'il est besoing de refondre, avec le dit caniveau; pour ce faire, appartient quinze livres, cy.......... 15 l.

Plus une autre gouttière, sur la ditte chambre violette, du costé de la prerie et la bergerie, qui n'a plus de fonds, qu'il est besoing de refondre, avec le caniveau ; pour ce faire, appartient vingt livres, cy...................... 20 l.

Plus une autre gouttière, qui fait le coing de la ditte chambre violette, qui a veu sur la bergerie d'un costé et de l'autre sur le jardin, de longueur de douze pieds, à laquelle il n'y a que le reste d'un caniveau comme de deux pieds de long du dit costé de la bergerie, et le bout de la ditte gouttière, qui fait faire la corniche de la ditte chambre, estant tout crevé et ayant ruisné l'entablement; pour quoy, il est nécessaire de refondre la ditte gouttière et le caniveau ; il appartient trente-cinq livres, cy.......... 35 l.

Plus une autre gouttière, qui est du costé du petit pont du jardin, qui fait le coing de la ditte chambre violette, de longueur de vingt un pieds, à laquelle il y a comme deux pieds de longueur du costé du caniveau, le surplus estant tombé, où il est besoing de refaire et mettre un caniveau neuf, et de raporter un fond à la ditte gouttière, la ressouder et redresser en plusieurs endroits ; pour ce faire, appartient, en se servant du restant du vieil caniveau, sept livres, cy.................................. 7 l.

Plus une gouttière, du costé de la cour basse, de huit pieds de longueur, qu'il est besoing de refondre, estant tombée tout à plat sur l'entablement et n'y ayant aucun caniveau; pour quoy faire aussy, avec un caniveau, appartient, à se servir du vieil plomb et en fournir au surplus de neuf, pour l'ouvrier et la pose, dix-sept livres, cy... 17 l.

Plus une gouttière du mesme costé de la basse-cour, qui se décharge dans un petit bassin, laquelle est au dessus du grand degré, est cassée, aprochant du millieu et dans les bouts, qui cause ruisne à l'entablement; pour quoy, il fault la redresser, ressouder et y mettre deux fonds ; appartient, pour ce faire, huit livres, cy....................... 8 l.

Plus avoir veu le dit petit bassin qui se décharge dans une gouttière, au dessous d'un costé de la basse-cour, qu'il fault refaire à neuf ; et, pour ce, appartient quatre livres, cy... 4 l.

Plus une autre gouttière, qui est au dessous du dit petit bassin sur le grand degré jusqu'au coing de la chambre de Madame, de dix pieds de long, qui se décharge dans une autre gouttière au dessous, laquelle il est besoing de ressouder et redresser en sept endroits et y raporter une longueur de plomb de deux pieds; pour quoy, appartient neuf livres, cy... 9 l.

Plus une autre gouttière, qui est au devant de la ditte chambre de Madame, de treize pieds de long, avec une tige au dessus de deux pieds, et un reste de caniveau, d'un pied et demy, qui joint le donjon, à laquelle gouttière il n'y a aucuns fonds, estant toute crevée dans la plate forme, qui cause ruisne à l'entablement; pour quoy, il est nécessaire de la refondre, avec le dit caniveau, à neuf, et appartient, pour ce, trente cinq livres, cy..................... 35 l.

Plus la gouttière du tour du donjon, du costé de l'hallée couverte, où il y a deux caniveaux qui conduisent les eaux dans la gouttière qui est au devant de la grande chambre, du mesme costé, laquelle gouttière il est besoing de ressouder et d'y raporter l'ornement de plomb qui y manque conforme à celuy qui y est, et, pour le hault du donjon, il fault aussy le ressouder et y mettre deux crampons de fer pour le suport de la ditte gouttière; pour ce, appartient, sans comprendre les dits crampons, quinze livres, cy.............................. 15 l.

Plus la gouttière qui est au dessus de la ditte chambre, au hault du petit degré, sur laquelle est le caniveau; à fournir pour l'ouvrier de plomb et se servir du vieil et la poze, appartient quarante huit livres, cy...... 48 l.

Et est ce que le dit Hocquedé a dist estre à faire de son mestier au dit chasteau de la Barre, et ne vouloir se charger, ny faire les réparations cy dessus, à moins que toutes ferrures luy soient fournies et que l'on fasse chaufauder dans des lieux où il est de besoing de travailler, ne voulant se charger de faire les dittes fournitures, ny chaufauder, non plus que fournir de bois ; et, au surplus, a déclaré que, depuis la première montrée, il n'a esté fait aucunes réparations au plombage cy dessus, au moyen de quoy, il y a plus de réparations à faire qu'il n'y avoit lors qu'on les comptoit à trente et quatre livres ; lequel rapport il a fait, arresté et par luy vérifié par ses soins estre véritable, après que lecture luy en a esté faitte, dont jugé, et a, le dit Hocquedé, signé.

HOCQUEDÉ.

A pareillement comparu le dit Sailland, charpentier, lequel, s'estant transporté sur le dit lieu de la Barre, lieux et dépendances et autres compris en contract de la ditte dame Bodin, nous a raporté que, dans la maison manable, entre les chambres violette et jaulne, il faut, dans l'espace qui en fait la séparation, deux poutres, de chacune trente pieds de long, et refaire la ditte séparation des dittes chambres de toute charpente ; pour quoy faire, luy estant fourny de bois, a dit qu'il luy appartient deux cent trente livres, et, à fournir, par luy, de bois, et se servant du vieil, quatre cent dix livres, cy. . . . . 410 l.

Qu'il fault refaire l'escallier de bois, servant pour monter aux greniers du pavillon, qui est rongé ; pour quoy faire, luy estant fourni de bois, a dist qu'il luy appartient douze livres, et, en fournissant, par luy, vingt livres, cy. . 20 l.

Qu'aux croizées du petit cabinet et des chambres violette et jaulne, il faut quatre grandes fenêtres, avec leurs vollets ; pour lesquelles faire, luy estant fourny de bois, a dist luy appartenir la somme de vingt livres, et, en fournissant, par luy, celle de quarante livres, cy. . . . . . 40 l.

Qu'en la grande salle, il fault mettre une pouttre, de trente cinq pieds de long ; pour quoy faire, appartient cinquante livres, la pouttre luy estant fournie en bois, sans estre façonnée, et fournissant, par luy, la ditte poustre, demande quatre vingt quinze livres, cy.................... 95 l.

Qu'en la ditte grande salle, il fault faire une croisée, avec des vollets de cinq pieds de haulteur et quatre pieds de largeur; fournissant, par luy, de bois, demande huit livres, et, luy en estant fourny, quatre livres, cy.......... 4 l.

Qu'en la salle du commun, il fault deux fenêtres, et une dans la boulangerie ; en luy fournissant du bois, appartient quatre livres, et, en faisant par luy, sept livres; qu'au puitz, il fault un montant, avec un tour, qui coustera, fournissant de bois, par l'ouvrier, six livres, et, luy en estant fourny, quatre livres, cy, en tout...................... 8 l.

Qu'il fault, au petit degré, une fenestre, de dix pieds de haulteur et de vingt pieds de large, et un solliveau, de neuf pieds de long au grenier de dessus la chambre du magasin aux avoines; pour quoy faire, luy estant fourny de bois, dit appartenir sept livres, et, luy en ayant fourny, dix livres, cy..................................... 10 l.

Qu'il fault mettre des pièces au perron qui est à l'entrée de la ditte basse-cour de la ditte maison de la Barre et dix barreaux ; refaire une barière, de dix huit pieds de longueur et de sept pieds de haulteur, proche l'hallée commune; raccommoder la barrière du parterre de derrière la grange, et, pour faire, luy estant fourny de son bois, a requis dix huit livres, et, en fournissant, appartient trente livres, cy....................................... 30 l.

En la chambre de l'escurye, au bout de l'escurye, il fault une porte neufve et racommoder un escallier de bois à montter au grenier estant au dessus de la ditte chambre ; et, appartient, pour ce, luy estant fourny bois, vingt livres, et, en fournissant, par luy, vingt neuf livres, cy... 29 l.

Qu'il fault renforcer et renbarer les rateliers de l'escurye des chevaux de selle de quarante pieds de long, et, pour ce faire, luy estant fourny de tout bois, appartient huit livres, et, en fournissant, douze livres, cy........ 12 l.

Il fault une porte à la remise des carrosses, d'onze pieds en carré, et trois portes neufves aux estables à bestiaux, et en raccomoder cinq et faire une porte à la grange au foing, d'onze pieds en carré; pour quoy, luy appartient, luy estant fourny de bois et fer, quarante livres, et, en fournissant, quatre vingt dix livres, cy.............. 90 l.

Il fault aussy raccommoder les trois portes du jardin, les recouvrir en plusieurs endroits, les redresser et y mettre trois poustres; pour quoy faire, luy estant fourny bois à placer, appartient trente livres, et, en fournissant, cinquante livres, cy .... 50 l.

Qu'aux canardiers du jardin, il y fault mettre une pièce et une bonde; pour quoy faire, appartient, luy estant fourny de bois à placer, vingt cinq livres, et, en fournissant, cinquante livres, cy............................ 50 l.

Duquel lieu seigneurial de la Barre le dit Sailland est allé au lieu et maison seigneurial du Plessis-Bourel, au dit Bierné, où le pont de l'entrée de la cour est rompu, et le pignon du portal de pierre, depuis la dernière montrée, ce qui cause la ruisne de la chambre d'au dessus; et, au regard des autres bastiments de la ditte cour, sont, pour la plus grande partye, en ruisne; la réparation desquels le dit Sailland a dit ne pouvoir mettre à prix, ne sachant si la dame propriétaire les voudra faire refaire, attendu qu'ils sont bastis à l'anthique; et, du dit lieu, s'est transporté à la mestairie du Plessis-Bourel, où il fault cent cinquante pieds et double, pour faire les réparations d'ardoise. Il fault refaire une porte à l'estable aux bœufs et la housse de l'estable aux moutons de vingt deux pieds de long et de quinze pieds de large. Il fault retailler les colombiers du derrière de la grange au foing et des estables aux bœufs et remettre une séparation dans les greniers, de dix huit pieds de long, attendu que celle qui y est est rompüe, et pour le tout faire, appartient cent livres, luy estant fourny de bois, et, en fournissant, cent quatre vingt livres, cy. . . . . , ... 180 l.

Qu'au lieu et mestairie de la Guitonneraie, dépendance de la ditte mestairie du Plessis, il fault refaire à neuf le bastiment du logis manable, de trente deux pieds de long, et de dix sept pieds et demy, de dedans en dedans; pour lequel faire, se servant de ce qu'il y aura de vieil bois bon et le reste luy estant fourny, appartient cent seize livres, et, en fournissant par luy, cent quatre vingt seize livres, cy . . . . 196 l.

Au Moulin-Bourel, il fault refaire des charpentes de l'estable aux bestiaux tout à neuf, de vingt deux pieds de long et de seize pieds de large; pour ce faire, luy estant fourny bois, appartient cinquante livres, et, en fournissant par luy, quatre vingt livres, cy. . . . . 80 l.

Qu'au lieu et mestairie de la Bergerie, il fault un tirant, avec sa pointe, et mettre une poustre, de vingt pieds, avec vingt huit soliveaux, de chacun neuf pieds de long; pour quoy, appartient cinquante livres, luy estant fourny bois, et soixante quinze livres, en fournissant, cy . . . . 75 l.

Au lieu et mestairie de la Morinière, il fault deux portes au logis manable, quatre portes aux estables aux bestiaux; pour quoy, il appartient cinquante livres, luy estant fourny de bois, et, en fournissant, cinquante cinq livres, cy. . 55 l.

Qu'au lieu et mestairie de la Touchaye, il fault en faire deux séparations d'issus entre les estables aux bestiaux, celles qui y sont estant usées de vétusté, mais deux seules; pour quoy faire, demande seize livres, bois en plus, et, en fournissant par luy, vingt livres, cy. . . . . 20 l.

Au lieu et closerie de Viercé, il fault mettre quatre chevrons, de vingt cinq pieds de long, au logis manable, faire une croisée, avec six vollets, et pareille croisée en la salle, et refaire à neuf l'estable de la ditte closerie et y mettre une porte neufve; pour quoy, appartient, tout bois à placer, quatre vingt livres, et, en fournissant par l'ouvrier, cent trente livres, cy. . . . . 130 l.

Au lieu et mestairie de l'Aubier, il fault en la salle une croisée, de dix pieds dix pouces de haulteur et de cinq pieds de large, une porte à l'entrée de la salle en la boulangerie, et un bout de bois, de six pieds de longueur, avec trois ralonges, prosche la porte à entrer dans la chambre blanche, en laquelle il fault une croisée, de dix pieds et demy de haulteur et de cinq pieds de largeur ; pour quoy faire, appartient vingt livres bois à placer, et, en fournissant par l'ouvrier, trente livres, cy......................... 30 l.

Qu'à l'escallier à monster dans les haultes chambres et aux greniers du dit lieu de l'Aubier, il fault deux fenestres, avec leurs panneaux ; pour lesquelles faire, appartient six livres, luy estant fourny de bois, et, en fournissant huit livres, cy............................... 8 l.

En la haulte chambre dessus la ditte salle et grenier au dessus, il y fault six fenestres, avec les panneaux, et à l'autre haulte chambre, qui est en ruisne, il est nécessaire d'y mettre une poustre, de vingt sept pieds de long, et vingt huit solliveaux, de chacun dix pieds, et, en la ditte chambre et grenier dessus ycelle, d'y mettre six fenestres, avec panneaux ; et, pour ce faire, bois à placer, appartient cent vingt livres, et, en fournissant par luy, deux cent vingt cinq livres, cy............................. 225 l.

A l'estable aux bestiaux, il fault une poustre, de vingt cinq pieds de long, refaire à neuf l'estable aux moutons, qui est de nulle valleur et en ruisne, faire une charpente sur le toist à porcs, de quinze pieds de long et douze pieds de large ; pour quoy faire, appartient cinquante livres, bois à placer, et, en fournissant par l'ouvrier, quatre vingt dix livres, cy............................. 90 l.

Qu'au lieu et closerie de la Bruère, il fault refaire l'estable aux bestiaux, de vingt cinq pieds de long et de seize pieds de large, et l'estable aux moutons, de quatorze pieds de long et de douze pieds de large, attendu qu'ils sont en ruisne ; et, pour ce faire, bois à placer, appartient cinquante sept livres, et, en fournissant, quatre vingt quatre livres, cy.. . . . . 84 l.

Qu'à l'estang, il fault une escoutille et une bonde, avec le pillon, et recouvrir le mur de l'entour; pour quoy appartient, luy estant fourny de bois, dix huit livres, et, en fournissant par luy, vingt sept livres, cy. . . . . 27 l.

Au lieu et mestairie de la Rabellière, il fault refaire l'estable aux moutons sur bois long à neuf, de vingt cinq pieds de long et seize pieds de large, attendu qu'elle est de nulle valleur, il fault mettre une forte clôture à l'estable aux bœufs et grange au foing, de dix huit pieds de longueur, avec soixante pieds de doublées ; pour quoy appartient soixante cinq livres, et, en fournissant de bois, cent cinq livres, cy. . . . . 105 l.

Et a, le dit Saillaud, raporté que, pour eschaufauder dans tous les lieux où il faudra refaire les gouttières de plomb qui sont au chasteau de la Barre, raccommoder le plomb suivant le rapport du plombier, il appartiendra, luy estant fourny de bois propice à cet effet, la somme de cent soixante livres, et que, s'il en fournissoit, il ne pourroit pas faire à moins de deux cents livres, cy. . . . . 200 l.

Toutes lesquelles réparations sont à faire depuis la dernière monstrée et particulièrement la chutte du pignon du portal du dit lieu seigneurial du Plessis-Bourel, et les autres aussy, qui ne sont comprises au dit premier procès-verbal de monstrée; depuis lequel, il a fait faire, de son mestier, les estables de la Guitonneraie, la charpente du moulin à eau du Moulin-Bourel, du logis manable et des estables du dit lieu et mestairie de Chivré, les pontz de la ditte maison seigneurialle de la Barre, tant de la basse-cour que proche la ditte maison; dix huit portes aux dits lieux de la Guitonneraie, Chivré, Vaugilmer et l'Aubier, fait refaire les entourages de la ditte maison de la Barre, façonné, les lattes et barraux, fait vingt huit cloizons, et fait faire plusieurs journées, et, de tout, il a fait faire des conventions devant notaire et tesmoings, et donné des acquits, aussy bien que du petit moulin à vent de la Rabelière.

Le dit Desmards, serrurier, a dit s'estre transporté au dit chasteau de la Barre et autres lieux compris ès conctract de la ditte dame Bodin, suivant son rapport cy après ; lequel nous a raporté avoir entré au dit chasteau, et, qu'au cabinet d'entre la chambre jaulne et la violette, il manque dix vergers de viltres à la croisée, un locquet et un crampon de fourniture ; pour quoy faire, fournir de matériel et mettre la serrure de la porte du dit cabinet en réparation, il appartient cinquante six sols, cy.   0 l. 56 s.

Que, dans la chambre violette, il fault soixante et douze vergers de viltres aux cinq croisées d'ycelle, la ferrure d'une des croisées à huit jours, qui donne sur les fossez du petit pont du jardin, et la ferrure d'un volet d'une des croisées qui a vüe sur le petit bois ; pour quoy faire et fournir, appartient vingt quatre livres, douze sols, cy.   24 l. 12 s.

Qu'il fault, à la croizée du hault du grand degré, six vergers de viltres et deux pattes de fer, faire une clef à la porte brisée du milieu du dit degré, et une serrure à la porte d'un poullalier, qui est en hault du dit degré ; pour quoy faire et fournir, appartient, soixante neuf sols, cy............................... 0 l. 69 s.

Qu'il manque, dans la chambre de la Reyne, deux petits verrouils aux portes, et, en la dite chambre et antichambre à costé, la ferrure des deux dernières croisées, où il y a six jours, comme aussy il fault, en la ditte antichambre, huit vergers de viltres à la croisée qui donne sur le pont du jardin, et faire une ferrure à la porte qui donne dans la gallerye ; pour quoy faire et fournir, appartient, quatorze livres, cy................... 14 l.

Que, dans la chambre de Son Altesse, il manque un verrou à la porte, un petit locquet à un jour des croisées, et, dans le petit cabinet à costé, il y a manqué aussy quatre vergers de viltres, et une clef à la porte ; pour ce faire, appartient trente cinq sols, cy.................... 0 l. 35s.

Qu'il fault, dans la gallerie, trente vergers de viltres aux croisées, un batant de locquet à une des petites portes brizées de la ditte gallerie, deux arcs-boutants au dit porche, et une ferrure à une autre porte de la ditte gallerie, qui respond dans le grand degré ; pour quoy faire et fournir, appartient dix livres, cy.................... 10 l.

Qu'au milieu du grand degré, il y a une croisée où il y manque six vergers de viltres, deux verrouilletz et un bouton de fer à une autre ; pourquoy faire, appartient quarante sols, cy.................... 0 l. 40s.

Dans la chambre d'un des pavillons, du costé du petit bois, il y manque la ferrure des deux dernières croisées, une ferrure à la porte, et une ferrure à la première porte d'entrée du dit pavillon ; pour ce faire et fournir, appartient dix livres, cy.................... 10 l.

Que dans la grande salle du dit chasteau il manque quatre vingt dix vergers de viltres, la serrure de deux croisées à huit jours, seize verrouilletz et locquets aux croisées de la ditte salle ; pour quoy faire et fournir, appartient trente huit livres, cy.................... 38 l.

Qu'à la porte de la chambre de Madame, il fault une clef ; pour ce faire, appartient dix sols, cy....... 0 l. 10 s.

Que, dans la cuisine, il y manque un locquet et trois vergers de viltres, une serrure à la porte d'entrée de la ditte cuisine et de l'office, une clef à la porte du degré pour descendre à l'office et une serrure à la porte d'entrée de la ditte cuisine et du garde manger, ce qui y est estant uzé de vétusté ; pourquoy faire et fournir, appartient cinq livres deux sols, cy.................... 5 l. 2 s.

Que, dans l'office, il fault deux locquets aux fenestres qui donnent sur la cour ; pour ce, appartient huit sols, cy.................... 0 l. 8 s.

Que, dans la petite salle basse, il fault faire à la croisée quatre verouilletz et locquetz, trois vergers de viltres, une clef à la porte de costé du grand degré, une autre clef à la porte qui ouvre dans les antichambres et deux verrouilletz; pour quoy faire et fournir, il appartient, et pour refaire deux montants et une traverse cassez à la grille qui est au devant de la ditte croisée, cinq livres douze sols, cy.. 5 l. 12 s.

Que, dans les deux antichambres à costé de la ditte petite salle basse, il y manque, en l'une, deux vergers de viltres, et, en l'autre, quatre vergers de viltres et un verouillet; pour ce faire, appartient vingt huit sols, cy. . . 0 l. 28 s.

Qu'à la garde robe qui est à costé d'une des antichambres, il manque à la porte une serrure; pour ce faire, appartient vingt cinq sols, cy.................................. 0 l. 25 s.

Que, dans la chambre du hault du petit degré à main droite, il fault refaire la serrure d'une demye croisée; pour ce faire, appartient, en se servant de la vieille ferrure, quarante sols, cy........................... 0 l. 40 s.

Que, dans la chambre du hault du petit degré à main gauche, il manque à la croisée une pouttre et un crampon de fenestre en plastre, et, à la porte de la ditte chambre, deux petits verrouilletz; pour ce faire, appartient vingt quatre sols, cy................................ 0 l. 24 s.

Que, dans la chambre de l'orloge, il fault refaire la ferrure, avec clef, de deux quarts de croisées aux fenestres brisées, la ferrure d'une autre fenestre rompue, deux locquets aux autres fenestres, vingt vergers de viltres et une serrure neufve à la porte de la ditte chambre, celle qui y est estant de nulle valleur; pour quoy faire et fournir, il appartient onze livres, cy.................... 11 l.

Qu'à la croisée du hault du petit degré, il fault deux vergers de viltres et deux crouilletz; pour ce faire, appartient dix huit sols, cy........................... 0 l. 18 s.

Que, dans la salle à costé, il manque dix vergers de viltres à deux croisées à six jours de la ditte salle ; pour quoy faire et fournir, appartient onze livres, cy. . . . . 11 l.

Que, dans une petite chambre, par laquelle on passe pour aller aux lattrines, il manque trois vergers de viltres, et, dans une croisée proche, onze vergers de viltres et deux verrouilletz ; pour ce faire, appartient trois livres dix sols, cy. . . . . - . . . . 3 l. 10 sols.

Que, dans l'antichambre ou cabinet de Madame, il fault quatre vergers de viltre et en raccommoder une qui est rompue, comme aussy, dans la viltre du petit degré, il fault deux vergers de viltres et un locquet et un verger de viltre dans la chambre à costé la petite salle ; pour quoy faire, appartient trente quatre sols, cy. . . . . . . 0 l. 34 s.

Qu'à la barrière de dessus le pont du jardin, il manque deux cadenas et vingt barreaux aux deux grilles de dessus la cour ; pour quoy faire, appartient huit livres, cy. . 8 l.

Et dist avoir remarqué qu'à l'entrée du dit pont, il y a deux gonds d'arrachés, pour une porte brizée, bien qu'il n'y en aye pas.

A la porte d'entrée du dedans du chasteau, il manque une serrure ; pour ce, appartient six livres, cy. . . . 6 l.

Que, dans la salle du commun, il manque trois grilles, et, dans la boulangerie, qui est au bout, deux grilles ; pour quoy faire et poser, appartient sept livres dix sols, cy. . . . . 7 l. 10 s.

Qu'il est nécessaire de faire soixante et un crampons de fer pour supporter les gouttières de plomb, et parfaire de vingt sept crampons, qui y sont, et dont il est besoin de les refaçonner, suivant que les gouttières seront refaites ; comme aussy, il fault une consolle de fer pour pozer dessous l'une des dittes gouttières de la chambre jaulne, du costé de la cour ; pour quoy faire et poser et fournir mattière, appartient vingt sept livres, sans y comprendre les chaufaudages, cy. . . . . 27 l.

Que, dans un cabinet ou pavillon, qui regarde sur l'hallée

couverte, il manque la ferrure des deux dernières croisées et vergettes, et, à la porte du pont, un verrouillet ; pour quoy faire, appartient six livres huit sols, cy.   6 l. 8 sols.

Que, dans la chambre de l'escurie, il manque quatre locquets et crouilletz aux croisées et deux vergettes, avec un crouillet à la porte, comme aussy, à la fenestre de la buanderie, il y manque un locquet, et, à la barrière de la terrasse des poiriers, il fault une serrure ; pour quoy faire, appartient soixante six sols, cy............   0 l. 66 s.

Aux estables aux vaches et brebis, il y a trois fenestres où il manque six grilles, de chacune trois pieds de long ; pour les faire et poser, appartient sept livres, cy. .   7 l.

A la porte de l'escurie de la remise des carrosses, il y manque une serrure et la ferrure d'une grande fenestre ; pour ce faire, appartient quatre livres, cy......   4 l.

Aux quatre portes d'estables de la ditte basse-cour, il manque quatre serrures, et est nécessaire d'y rattacher des pataires qui sont découverts ; pour ce faire, appartient sept livres, cy........................   7 l.

Qu'il fault, au premier pont, pour le moing, quatre cents livres de fer, pour le remettre en estat ; pour quoy faire, appartient, en fournissant par luy de fer, soixante livres, cy............................   60 l.

A la deuxième porte au portal du premier pont, en entrant en la première cour, où il y a deux gonds, il fault mettre deux vis et une serrure à une porte, qui y manque, paraissant y en avoir eu une ; pour ce faire, appartient quatre livres, cy........................   4 l.

A la porte du pressoir, il y manque une clef ; comme aussy, à la porte d'une petite entrée, où il y a un puitz, il y fault deux vis et un verrou ; pour ce faire, appartient trente huit sols, cy. ....   0 l. 38 s.

A la grande porte de la grange au foing, il fault une serrure neufve, la vieille estant uzée, presque de nulle valeur, et une aussy à la petite porte de la ditte grange ;

pour quoy faire, appartient quatre livres, cy. . . . . 4 l.

Dusquel chasteau de la Barre, s'est, le dit Desmards, transporté au lieu seigneurial du Plessis-Bourel, où il a veu que, dans la chambre de dessus le portal, il fault deux serrures aux deux portes, et la ferrure de deux quartz de croisées à la chambre de dessus la cour, deux serrures aux deux portes, et une serrure à la porte de la ditte cour.

Dans le corps de logis prosche le puitz, en la salle, il fault deux grilles à la croisée du pignon, l'une de trois pieds et l'autre de deux pieds ; à une dernière croizée de la ditte salle, il y fault trois grilles ; une autre à une fenestre et une serrure au grenier.

Dans la chambre à costé, il fault faire une porte, un tournant et une croizée, et aussy faire le quart d'une autre ; que, dans l'antichambre, il fault la ferrure d'une demie croisée, une serrure à la porte de la ditte antichambre et qu'il manque aussy la ferrure d'une porte par où l'on va de la ditte chambre aux chambres du dessus.

Que, dans la chambre du dessus, il manque, dans une croisée à six jours, une partye des ferrures, et qu'il est aussy nécessaire de refaire la porte de la ditte chambre ; au haut de l'eschallier, manque la ferrure d'une demye croisée, et, dans le mesme eschallier, la ferrure de deux demyes croisées.

Dans la salle, manquent la ferrure de deux croisées à six jours, plus la ferrure d'une demye croisée, à costé d'une porte qui est dans un cabinet, derrière la salle, et une serrure dans une porte de derrière de la ditte salle, et la ferrure d'une demye croizée.

Que, dans la chambre haulte, il fault la ferrure d'une demye croizée ; en l'eschallier, la ferrure d'un quart de croisée et une grille ; qu'il fault deux gonds, un locquet et un verrou à la porte qui sert pour aller à la chambre sur la cour, et, au pignon de la ditte chambre, une grille de quatre pieds de long ; fournir la ferrure de deux portes, gonds, vis et ferrures.

Pour quoy faire, a dit appartenir, fournissant de toutes matiéres par luy ou tout autre qui devra faire les réparations et reffections cy dessus, la somme de cinquante cinq livres, et ne la vouloir faire à moings, cy ...... 55 l.

Il a dit estre aussy besoing, au lieu de l'Aubier, d'une porte, d'un tournant dans l'antichambre, de la ferrure de deux portes, d'un verrout à une fenestre et d'une serrure au grenier.

Qu'il est besoing de faire une porte d'un lieu estant au derrière de la ditte salle ; comme aussy, il fault, dans la chambre blanche à costé de la salle, une croizée à six jours et une porte et ferrure et refaire pareillement la porte de l'entrée du logis.

Que, dans la boulangerie, il y a deux dernières croizées non ferrés, ausquelles il y a des grilles ; que la porte pour entrer de la boulangerie en la salle n'est point ferrée, non plus que les deux portes pour aller à la cour, et qu'il manque des grilles à des fenêtres, et qu'il est besoing de ferrer une croisée à six jours dans la chambre du hault de dessus la salle, et qu'il fault, au vitral de la Chapelle, dix sept vergettes de fer, et une barre de fer pour la soutenir et mettre la porte de la ditte Chapelle en estat de ferrure, et, qu'à l'entrée de la cour, du costé du bois, il manque la ferrure d'une porte.

Pour quoy faire, le dit Desmards dit appartenir la somme de deux cents livres, en fournissant de toutes mattières, cy.......................... 200 l.

Et il a pareillement rapporté estre allé au lieu de Chivré, où il a veu deux croisées, et qu'il est nécessaire de les refaire, aussy bien que la porte du cellier, et est ce qu'il a dist estre à faire de son mestier au dit lieu ; pour ce, appartient vingt livres, cy................. 20 l.

Desclarant aussy avoir veu des réparations à faire, que

l'on ne luy fist voir lors de la première monstrée; c'est pour quoy son rapport excédera le premier qu'il a rendu lors de la ditte première monstrée, de cinquante livres, à joindre à ce qui est à faire depuis le dit premier rapport ; et est ce qu'il a dist estre à faire de son mestier; dont lecture luy a esté faite, y a persisté, et a dist avoir autrefois su signer, mais ne le pouvoir plus faire, ainsy qu'il a déclaré devant nous Jean Gilles, notaire de cette cour, attendu son tremblement de main.

Le dit Fournier, couvreur d'ardoises, a pareillement dist s'estre transporté sur la maison et chasteau seigneurial de la Barre ; sur le corps du logis duquel chasteau et sur les pavillons qui y joignent, il est nécessaire de mettre trois cents pieds de chanlattes et recouvrir plusieurs endroits; pour quoy, appartient trois cent quatre vingt treize livres, outre les réparations qu'il fauldra faire des fractures qui se seront faites pour refaire les gouttières et raccommoder les caniveaux; fournissant d'ardoises, lattes et façon, par l'ouvrier, appartient la somme de deux cents livres, cy . . . . 200 l.

Duquel lieu et chasteau de la Barre, le dit Fournier s'est transporté au lieu seigneurie du Plessis-Bourel, où il auroit remarqué les logements du dedans de la cour estre, pour les couvertures, de nulle valleur, hors la couverture d'une chambre establie au dessus de la partie où il y a un pignon tombé depuis peu, qui soutenoit la ditte chambre, laquelle pouvoit aussy tomber ; les couvertures de laquelle, en plusieurs endroits, sont de nulle valeur, et qu'il ne peut estimer, attendu qu'il fault rebastir à neuf le dit logement.

Qu'au lieu et mestairie du Plessis-Bourel, il fault recouvrir la charpente de dessus l'estable aux moutons, de vingt deux pieds de long et seize pieds de large, ce qui ne peut estre fait, fournissant, par l'ouvrier, d'ardoises, lattes, et ce, à moins de soixante quinze livres, cy...... 75 l.

Qu'au lieu et mestairie de la Guitonneraie, il fault refaire la couverture du logis tout à neuf, de trente deux pieds de long et dix sept pieds et demy de large, de dedans en dedans ; ce qui coustera, se servant de la vieille ardoise, et, en fournissant, par l'ouvrier, la somme de cent livres, cy................,................ 100 l.

Qu'au lieu du Moulin-Bourel, il fault couvrir d'ardoises l'estable au bestiaux, de vingt deux pieds de long et seize pieds de large, n'estant couvert que de chaume et totalement en ruisne ; et, pour ce, il appartient, fournissant de toute matière, par l'ouvrier, la somme de quatre vingt livres, cy..............,............., 80 l.

Au lieu et mestairie de la Bergerie, pour remettre les couvertures des maisons et logements, il fault, pour le moings, la somme de soixante cinq livres, y compris la couverture de fond, l'autre matière à fournir à l'ouvrier, cy....,................,..... 65 l.

Au lieu de la Morinière, les couvertures d'ardoises de la maison manables, grange et estable sont, pour la plus grande partye, en ruisne, et dit que, pour les restaurer et remettre en estat de réparation, fournissant d'ardoises, lattes et clous, par le dit ouvrier, il appartient la somme de quatre vingt livres, cy............... 80 l.

Qu'au lieu de Viercé, sur les maisons, il fault relever deux cents et demy de lattes et quatre chevrons de vingt cinq pieds de large, qui sont cassés, et que, pour mettre en estat de réparation, il appartient, pour la moyenne, fournissant de toute matière, par le dit Fournier, la somme de cinquante sept livres, oustre qu'il fault, à l'estable aux bestiaux, la couvrir à neuf d'ardoises, lattes, etc., la somme de soixante quinze livres, cy............. 75 l.

Duquel lieu, il s'est transporté au lieu seigneurial de l'Aubier, où il a trouvé les couvertures des maisons, estables et granges en bon estat, fors qu'il est besoing d'y faire quinze journées, et que les couvertures de l'estable aux moutons sont de nulle valleur ; et, pour ce faire à neuf, il appartient, pour le moins, fournissant de toute matière, par ledit Fournier, la somme de quatre vingt dix livres, cy... 90 l.

Qu'au lieu de la Touchaye, il fault recouvrir l'estable aux bestiaux de vingt cinq pieds de long et de seize pieds de large, avec l'estable aux moutons, de quatorze pieds de long et de douze pieds de large, attendu que les couvertures sont en totallité ruisnées ; pour quoy faire et fournissant, par l'ouvrier, de lattes et clous, il appartient la somme de cent dix livres, cy................................. 110 l.

Qu'il fault réparer la couverture de la maison manable, au dit lieu, et couvrir le four, ce qui coustera la somme de douze livres, fournissant de toutes mattières, par l'ouvrier, cy.. 12 l.

Qu'il fault réparer les couvertures de la maison du lieu de Vaugilmer et des estables aux bestiaux ; pour quoy faire, appartient dix huit livres, cy............... 18 l.

Qu'au lieu et mestairie de la Barre, il faudra recouvrir l'estable aux moutons, qui sera refaite, celle qui y est estant en totallité ruisnée ; pour quoy faire et fournir, a dist appartenir, fournissant, par luy, de toutes mattières, la somme de soixante et quinze livres, en faisant, par luy, six journées de réparation sur les couvertures des maisons manables, cy... 75 l.

Que, sur le lieu et closerie des Brosses, il fault couvrir le logis et l'estable de trente deux pieds de long et de vingt un pieds de large, lesquels batiments ont esté depuis peu faits ; et appartient, pour ce faire, fournissant, par l'ouvrier, de toutes mattières, la somme de cent trente livres, cy. 130 l.

Qu'au lieu et moulin de la Rabellière, il fault couvrir d'ardoises l'estable aux bestiaux qui est en ruisne et n'est couverte que de littières, ce qui coustera, au moings, quarante trois livres, fournissant d'ardoises, lattes et clous, cy. . . . . 43 l.

Et a, ledit Fournier, déclaré que, depuis la dernière monstrée, il est arrivé à faire, pour le moings, vingt six journées de son mestier de couvreur sur le dist chasteau de la Barre, attendu qu'il est fort à l'eau et au vent, et que, depuis la première monstrée, il a emploié vingt milliers d'ardoises sur la grange de la Guitonneraie, et fait, sur les couvertures du dit chasteau de la Barre et maisons de la basse-cour, pour le moings, six vingt journées, employé sept milliers d'ardoises, un millier de lattes et fait la couverture de la mestairie de Chivré, où il a esté emploié vingt milliers d'ardoises, et qu'il a refait la couverture du moulin à eau du Moulin-Bourrel; il a donné les quittances; lecture à luy faite de son rapport, y a persisté et déclaré n'y rien vouloir adjouter ny diminuer et dit ne scavoir signer.

Le dit Roullière, masson, a dit estre besoing, au lieu de la Barre, de deux séparations, de chacune dix pieds de haulteur et de vingt cinq pieds de largeur, attendu qu'il fault y mettre des pouttres; que les deux cheminées des chambres menassent ruisne; pour quoy restablir, luy estant fourny de toutes mattières, appartient quatre vingt dix livres, et, en fournissant, par luy, cent quatre vingt livres, cy. . 180 l.

Qu'il fault refaire à neuf les terrasses des haults greniers en quelques endroits; pour quoy, appartient soixante livres, toutes matières à placer, et, en fournissant, par luy, cent vingt livres, cy.. . . . . 120 l.

Que, dans une chambre au dessus de la gallerie et au hault du grand escalier, il fault raccommoder en quelques endroitz, refaire la terrasse et le lambry des appartements ci contre les dittes chambres; pour quoy, appartient la somme de cinquante cinq livres, luy estant fourny de toutes matières, et, en fournissant, cent dix livres, cy. 110 l.

Que, dans la chambre de la Reyne, il fault refaire le dedans de la cheminée, réparer en plusieurs endroitz et l'enduire et reblanchir; qu'en la chambre de Son Altesse, il est nécessaire de mettre une barre de fer pour supporter le manteau de la cheminée, attendu qu'elle menace ruisne, recoller et enduire en plusieurs lieux, reblanchir l'estude estant à costé de la ditte chambre, et remettre un tuffeau à la voulte de la porte ; pour quoy, appartient, fournissant de toutes matières à l'ouvrier, trente livres, et, en fournissant, par luy, soixante livres, cy . . . . 60 l.

Dans la gallerie, il fault mettre du carreau en beaucoup d'endroitz, l'enduire et la reblanchir; pour quoy, appartient, fournissant de toutes mattières, par le dit Roullière, la somme de vingt quatre livres, cy . . . . 24 l.

Qu'au grand escallier, il fault recarler en plusieurs endroitz, raccommoder plusieurs partyes, enduire et reblanchir; pour quoy, dist qu'il fault, fournissant, par luy, de toutes mattières, soixante livres, cy . . . . 60 l.

Que, dans la grande salle, il fault enduire et reblanchir en plusieurs endroitz et lieux, refaire le foyer à neuf et mettre une barre de fer de sept pieds de longueur à la cheminée pour supporter les devants d'icelle qui menassent ruisne; qu'il fault, à la porte de la ditte salle, refaire la voulte, celle qui y est estant en ruisne, et que, dans l'hallée de pierre de taille, proche la ditte grande salle, il fault la rejoindre et la raccommoder en plusieurs endroitz, aussy bien que le perron et le bas du grand eschallier et sortie de la ditte salle; pour quoy faire, il a dist appartenir cent soixante livres, fournissant, par luy, de toutes mattières, et, moitié moings, luy en estant fourny, cy . . . . . 160 l.

A dit aussy, le dit Roullière, que, dans la boullangerie, charnier et garde-manger, il fault refaire le devant de la cheminée de la ditte cuisine, réparer en plusieurs endroitz, refaire les coings de la monstée, réparer la ditte salle du commun et boullangerie, enduire et reblanchir, et réparer le four tout à neuf; pour quoy, appartient, fournissant de toutes mattières, par l'ouvrier, cent livres, cy. 100 l.

Que, dans l'hallée pour aller à l'office et en une petite laiterie, près le dit office et la cour, il fault recarler en plusieurs endroitz, enduire et les reblanchir ; qu'en la chambre verte et dans l'hallée pour aller au jardin et en une chambre à costé, proche le pont, il fault réparer en quelques endroitz, recarler les dittes chambres et hallées, les enduire et reblanchir ; pour quoy, dist appartenir, fournissant de toutes mattières, par l'ouvrier, soixante et cinq livres, cy.................... 65 l.

Qu'il fault, au petit degré, enduire et reblanchir, recarler en plusieurs endroitz les deux chambres estant au hault du petit degré, les enduire et reblanchir ; pour quoy, appartient, fournissant de toutes mattières, par l'ouvrier, trente cinq livres, cy.................... 35 l.

En la chambre du magazin du foin et des avoines, il fault recarler en plusieurs endroitz, refaire le plancher d'au-dessus de la ditte chambre, le lambrisser de terrasse en plusieurs lieux, refaire une grosse partye de muraille à neuf, au bout du grenier, de sept pieds en carré, avec une fenestre au dessous, et recarler les deux greniers de la cour où est l'orloge ; pour quoy, appartient, fournissant, par luy, de toutes mattières, cent dix sept livres, cy. 117 l.

En la petite salle qui joint la chambre de Madame et dans la ditte chambre et cabinet, en deux petites chambres et en un grenier prosche, il fault refaire le devant de la cheminée du cabinet de la ditte dame, refaire une autre cheminée tout à neuf, recarler les dittes chambres en plusieurs endroitz, les enduire et reblanchir ; pour quoy faire, fournissant, par luy de mattières, requiert deux cents livres, et fault aussy refaire le hault des cheminées du chasteau à neuf, de cinq pieds de haulteur, attendu qu'elles sont en ruisne et tombées ; et pour ce, appartient, fournissant de toutes mattières, cent quinze livres, laquelle somme, jointe avec les deux cent soixante quinze livres comprises au premier article, font en tout, cy............ 390 l

Il fault recarler en plusieurs endroitz, aux petits pavillons de la petite cour, refaire le lambry de terrasse, enduire et reblanchir en plusieurs lieux; qu'il fault réparer les murailles d'autour, refaire les ouvertures; pour quoy il appartient, fournissant de toutes mattières, par l'ouvrier, deux cents livres, cy . . . . 200 l.

Que, sous le perron qui est à la sortie de la ditte maison et entrée de la basse cour, il fault réparer en plusieurs endroitz ; pour quoy il appartient quatre vingt livres, cy . . . . 80 l.

Qu'en la chambre de la Rayne, il est nécessaire de refaire à neuf la moustée, de refaire le devant de la cheminée, et recarler en plusieurs endroitz, l'enduire et la reblanchir, et, au regard du grenier, au dessus de la ditte chambre, il fault le relever en plusieurs endroitz, et le recarler, aussy bien que la buanderie, au dessous de la ditte chambre, raccommoder les coings de la porte, refaire le dedans de la cheminée, raccommoder les coings de la ditte cheminée, et réparer le foyer et les masses qui portent les panneaux ; fournissant de toutes mattières, par luy, demande, pour ce faire, quatre vingt livres, cy . . . . 80 l.

Dans l'escurie, il fault emplastrer les gonds de la porte en plusieurs endroitz, l'enduire et reblanchir; quil fault refaire l'eschallier des greniers tout à neuf, de seize pieds de long, avec la porte et entrée du dit grenier, qu'il fault recarler en plusieurs endroits, relier les greniers de dessus les estables où l'on met le fagot, les remettre à neuf, raccommoder les murailles d'autour en plusieurs endroitz ; pour quoy, appartient, fournissant de toutes matières, cent trois livres, cy. 103 l.

Qu'au grenier sur le grand pont, il y fault le réparer en plusieurs endroitz, refaire la voustre d'une porte proche la remise des carrosses, refaire le petit eschallier pour monter au dosme du bout et la terrasse, réparer les murailles de dessous le balustre en plusieurs endroitz ; pour quoy appartient, fournissant de toutes matières, vingt six livres, cy................................ 26 l.

Que la vouste du grand pont et les murailles qui la suportent des deux costés sont de peu de valleur, la plus grande partye estant en ruisne, attendu qu'il n'y a dessus aucune charpente ny couverture pour le soustien d'icelle, et s'il fallait les refaire et mettre en estat, il fauldroit, du moings, la somme de deux cents livres, en outre des matières et charpentes, cy................................ 200 l.

Au regard des fondements et fractures des murailles estant autour de la maison, il n'a pu les beaucoup visiter, attendu l'abondance de l'eau qui est dans les fossez, mais il fault refaire le canardier du jardin tout à neuf, de quarante thoises de murailles, ce qui ne peut estre fait à moings de quatre vingts livres, fournissant de toutes mattières, et six livres pour la terrasse d'une petite loge qui est située dans l'airre où l'on bat du blez, cy quatre vingt six livres, cy................................ 86 l.

Duquel chasteau de la Barre, il a dit s'estre transporté au lieu seigneurial du Plessis-Bourel, où il a remarqué un pignon à l'entrée de la cour pour le portal qui portoit le pont tombé depuis peu, et que, depuis, le bout du dit pont et la porte sont tombez et rompuz, si bien qu'il ne reste que partie du portal et une chambre et grenier au dessous et qui menasse ruisne, si le tout n'est promptement réparé, aussy bien que les logements de la ditte cour, pour la plus grande partye en ruisne par vetusté, lesquelles choses il n'a peu mettre à prix, attendu qu'il seroit nécessaire de faire les choses tout à neuf. Il fauldroit aussi refaire la muraille d'au dessus de la porte de l'estable aux bœufs à entrer dans la grange au foing ; pour quoy, a dit appartenir, fournissant, par luy, de touttes mattières, dix huit livres, cy................................ 18 l.

Qu'au lieu et mestayrie de la Guitonneraie, les maisons et chambres, de trentre deux pieds de long et dix sept pieds et demy de largeur, de dedans en dedans, sont de nulle valleur, à la reserve de quinze thoises qui pourront resservir, et que pour faire le surplus des dittes murailles, cheminées, greniers et terrasses, il appartient trente cinq livres, et luy estant fourny mattières à placer ; et, en fournissant, cinquante livres dix sols, cy. . . . 50 l. 10 sols.

Au Moulin-Bourel, il fault faire une pointe de pignon à l'estable aux bestiaux, de neuf pieds de haulteur depuis le carré, et qui coustera dix livres ; la chaussée de l'estang du dit moullin, en la plus grande partye, est de peu de valleur, et dit que ce n'est entierement de son mestier et croit, néanmoings, que le tout pourroit couster à restablir six vingt livres, outre ce qu'il a fait desjà, et, pour les portes de la chaussée, six vingt livres, cy . . . . . . 120 l.

Qu'au lieu et mestairie de la Bergerie, il fault refaire le fond, la cheminée du fournil, le hault de la cheminée du logis, de trois pieds de haulteur, refaire le pignon de terrasse avec le coing de la muraille, refaire aussy le coing de deux portes, et le devant de la cheminée, recarler la maison manable, l'enduire et la reblanchir, faire à neuf un plancher sur le costé, de seize pieds de dedans en dedans, raccommoder les terrasses en plusieurs endroitz ; pour quoy faire, il a dit appartenir, fournissant, par luy, de toutes mattières, la somme de quarante cinq livres, cy. . . 45 l.

Qu'au lieu et mestairie de la Morinière, il fault refaire une croisée dans l'estable aux bœufs, de sept pieds de large et dix pieds et demy de haulteur, recarler l'estable aux brebis, aux chevaux et aux vaches, refaire un pan de terrasse au devant des estables, et deux pointes de pignon, raccommoder les terrasses de la grange aux herbes et de la grange au foing, et refaire un coing de muraille à la ditte grange aux gerbes ; pour quoy faire, a dist luy appartenir trente cinq livres, cy. . . . . 35 l.

D'où s'estant transportez au lieu et mestairie de Chivré, a remarqué qu'il fault raccommoder en plusieurs endroitz, dans les estables, et faire deux pointes de pignon de terrasse, l'un à l'estable aux vaches, et l'autre à la grange au foing ; pour quoy, requiert dix livres dix sols, cy.................................... 10 l. 10 sols.

Et à la closerie de Viercé, fault raccommoder les murailles d'autour des logis en plusieurs endroitz, recarler la haulte chambre et l'estude de costé, les enduire et reblanchir, et, au grenier au dessus de la ditte chambre, il fault le relever en quelques endroitz, le mettre en estat et faire le perron du puitz à neuf, aussy bien que l'estable aux bestiaux, estant de nulle valleur ; pour quoy faire, lui requiert vingt livres dix sols, cy. .... 20 l. 10 sols.

Qu'au lieu et mestairie de la Bruère, la chambre blanche, avec deux antichambres, est ruisnée en plusieurs endroitz ; il fault les enduire et reblanchir, refaire le devant de la cheminée de la boulangerie, aussy bien que celle de la salle, restablir une brèche de muraille à la porte de la ditte boulangerie, d'onze pieds de longueur et de dix pieds de haulteur, comme aussy refaire la vouste de dessous la porte et entrée de la ditte maison, ce qui ne peut estre fait à moings de quatre vingt dix livres, fournissant, par l'ouvrier, de toutes mattières, cy............. 90 l.

Que, dans l'eschallier, il fault trois marches de pierre de taille, de cinq pieds de longueur, recarler, enduire et blanchir la chambre haulte et celle d'acosté en plusieurs endroitz ; pour quoy, appartient trente trois livres, fournissant de toutes mattières, cy............. 33 l.

Que, dans la chambre haulte du costé, qui est tombée en ruisne, aussy bien qu'une petite chambre qui y joint, il fault réparer, et que le grenier d'audessus la cour est de nulle valleur, la poustre et solliveaux estant tombez ; il appartient, pour le tout refaire de mestier du dit Roullière, la somme de cent livres, cy............... 100 l.

Qu'aux haults greniers, il est nécessaire de les relever en plusieurs endroitz, reterrasser et recarler à neuf, ce qui coustera, du moings, cinquante livres, se servant de trois cents de carreaux vieux qui pourront servir, cy. 50 l.

Il est nécessaire, à l'estable aux bœufs, de refaire la porte tout à neuf, estant usée, refaire aussy tout à neuf une fenestre, un coing de la ditte grange, de neuf pieds de haulteur, restablir le perron du pied, aussy tout à neuf, et l'estable aux moutons, comme aussy un toit à porcs; ce qu'il ne scauroit faire à moings de cent dix livres, fournissant de toutes matières, cy .... 110 l.

Qu'au lieu de la Touchaye, il fault refaire l'estable aux bestiaux, de vingt cinq pieds de long et de seize pieds de large, de dedans en dedans, estant de nulle valleur, faire l'estable aux moutons, de quatorze pieds de long et de douze pieds de large ; ce qui coustera, y compris les fournitures, soixante livres, cy........... .. 60 l.

Qu'au lieu et mestairie de Vaugilmer, il fault faire quarante pieds de pavage autour de l'estable à bestiaux, refaire le perron du puits tout à neuf; ce qui coustera vingt livres, fournissant, par l'ouvrier, de mattières, cy. . 20 l.

A l'estang du dit Vaugilmer, il fault en refaire la chaussée; et, pour rétablir la ditte chaussée, et pour la mesttre en estat, rendre bonne, appartient la somme de quatre cents livres, y compris les journées des ouvriers et les mattières qu'il faudra y employer.......... 400 l.

Qu'au lieu et mestairie de la Bruère, il est nécessaire de refaire la porte de la maison manable, aussy bien que le fond ; pour ce, requiert trente six livres, cy. . . . 36 l.

Et au moullin de la Rabellière, il fault refaire vingt deux pieds de pavage autour de la ditte maison, refaire le fond tout à neuf, raccommoder en plusieurs endroits, refaire les terrasses et l'estable aux bestiaux, qu'il fault rebastir à neuf, estant de nulle valleur; pour quoy faire, le sieur Roullière requiert trente cinq livres, cy....... 35 l.

Et est tout ce qu'il a dist estre à faire de son mestier sur les lieux cy dessus, ce qui n'est compris au premier rapport par luy rendu lors de la première monstrée, en avril dernier. Lecture à luy faite du présent rapport, déclare ne voulloir augmenter ny diminuer, et a déclaré ne scavoir signer.

Par devant nous, René Gallichon, sr de Courchamps, conseiller du Roy, lieutenant général en la sénéchaussée et siège présidial de Chateaugontier, en assistance de Mre René Arnoult, l'un de nos greffiers, ont comparu, en leurs personnes, Mathurin Roullière, masson, demeurant au lieu de la Codessaye, paroisse de Bierné, Jullien Sailland, charpentier, demeurant au bourg de Chastelain, Mathurin Desmards, maistre serrurier, demeurant en cette ville, François Hocquedé, maistre plombier, Jacques Fournier, couvreur de maisons, et Mathurin Pichot, maistre vitrier, demeurant en cette ville, parroisse Saint-Rémy et Saint-Jean l'Evangéliste, lesquels seront priés de dire vérité. Ilz ont dit estre aâgez, scavoir : le dit Roullière, de quarante huit ans ; le dit Sailland, de trente neuf ans ; le dit Fournier, de trente quatre ans ; le dit Desmards, de cinquante sept ans ; le dit Hocquedé, de trente sept ans ; et, le dit Pischot, de cinquante ans ou environ ; et que le contenu de chacun rapport et appréciation cy dessus et de l'autre part est véritable ; et, après leur en avoir donné lecture à chacun pour leur regard et serment pris des uns des autres, ont dit estre fait et arresté et n'y voulloir adjouster ny diminuer. Dont avons donné acte audit Mre sieur René Froger, pour la ditte dame Bodin, pour luy servir et valloir ce que de raison.

Donné à Chateaugontier, par nous Lieutenant Général susdit Commissaire de nos seigneurs de la Cour de Parlement, à Paris, en ceste partye, le deuxiesme décembre mil six cent soixante et dix neuf.

(*Archives de la Mayenne, B. 2384.*)

VII

Procès-verbal de vérification de pièces relatives aux criées, vente et adjudication de la terre de la Barre et de ses dépendances (1708).

A tous ceux qui ces présentes verront, salut.

Elie Guilloteau, seigneur de la Villautté, conseiller du roy, assesseur civil et lieutenant particulier criminel en la sénéchaussée d'Anjou et siège présidial de Chasteaugontier, scavoir faisons que, ce jourd'huy, en jugement, la juridiction de la sénéchaussée tenant devant nous, en l'inthimation et assignation y pendant entre Mre Guillaume Le Brun, chevallier, marquis d'Intheville, mestre de camp et collonel général de la cavallerie légère de France, émancipé d'âge, procédant sous l'authorité de Me Jacques Marie, bourgeois de Paris, y demeurant, son curateur aux causes, et de Mre Jean Chardon, capitaine au régiment des Gardes françoises, poursuivant les criées, vante et adjudication par décret judiciaire de la terre de la Barre et dépendances d'icelle, saisie réellement sur Mre Gabriel de Chivré, chevallier, seigneur de Blagny, Mre Jean Cornet, chevallier, seigneur de la Bretonnière, tuteur de ses enfans, veuf de deffunte dame Henriette de Chivré, son épouze, Mre Louis Cornet, seigneur de Crammeville, Gédéon de Chivré, seigneur de Sottevast, Mre François-Boniface de

Castellane, officier, comte du dit lieu, et dame Thérèze de Rechignevoisin de Guron, son épouse, Mre Louis-Roch d'Albin, propriétaire, seigneur de Valzergues, Mre François d'Albin, prêtre, seigneur de Naussac, et dame Henriette d'Albin, épouse de Mre Jean de Carrière, conseiller du roy, juge et lieutenant général en la sénéchaussée de Toulouze, tous héritiers paternels et maternels de deffunt Mre Henry de Chivré, vivant chevallier, seigneur marquis de la Barre, qui l'estoit de dame Marqueritte Bodin, sa mère, absente du royaume pour fait de religion, suivant l'exploit de Besnier, huissier audiancier à ce siège, du treize mars présent mois, controllé en cette ville par le dit Besnier, le quatorze ensuivant, d'une part. Les dits sieurs Gabriel de Chivré, Jean Cornet, en la quallité de curateur, Gédéon de Chivré, François-Boniface de Castellane et son épouse, Louis-Roch et François d'Albin, dame Henriette d'Albin, épouse du dit sieur de Carrière, saisis et deffendeurs, d'autre part.

Ont comparu, les dits sieurs Le Brun et Chardon, par Me Jean Chotard, licentié ès droits, advocat procureur, pour l'absence ds Me René-Louis Trochon, le dit avocat procureur constitué par le dit exploit ; et, au regard des deffendeurs saisis, ils n'ont comparu, ni autre pour eux, dont avons donné deffaut, après avoir esté audiancé et et qu'aucun advocat p^r ne s'est constitué pour eux, pour le profit duquel, etc. Chotard, pour les dits sieurs Lebrun et Chardon, a dit que, faulte de paiement de la somme de cinq mil cinq cens livres, de cinq années d'arrérages d'une rente hypothécaire d'onze cent livres, due au dit s^r Lebrun par contrat de constitution du seize juillet 1681, eschue le 16 juillet 1705, et ceux depuis eschus et courants, et, au dit sieur Chardon, six mil livres portées par obligation du neuf janvier 1683, et adjugée par sentence contradictoire du 6 juillet au dit an, et les intérêts de la somme, sans préjudice des principaux et autres droits, et les sommes, deniers ou acquis, ils auroient fait saisir rééllement la dite terre et dépendance de la Barre, sittuée en ce ressort, fait faire les criées et bannies d'icelle ; en sorte que, pour parvenir à la vante par décret des dittes choses, ils requièrent que les dittes criées et bannies soient présentement vérifiées, et être mis la grosse ès mains de M⁰ Jacques Bonneau, advocat pʳ à ce siège, exerçant la charge de vérificateur à ce dit siège, pour en faire son raport.

Sur quoy, parties comparantes ouyes, et requérant, le dit Chotard, pour les dits sieurs Le Brun et Chardon, lecture faite de la transaction contenant contrat de constitution et transport passé devant Morrin et Langlois, nʳᵉˢ au Chastelet de Paris, le 16 juillet 1681, de l'acte de ratification d'iceluy passé devant Carré et Langlois, nʳᵉˢ au dit Chastelet de Paris, le 20 septembre au dit an, et de la sentence contradictoire rendue au dit Chastelet de Paris, le 6ᵉ juillet 1683 ; par laquelle les dits contrats et sentence déclarez exécutoires contre les saisis, en la dite qualitez d'héritiers du deffunt sʳ marquis de la Barre, qui l'estoit de la ditte dame Bodin, sa mère, par sentance des requestes de l'hostel du 31 décembre 1700, aussy déclarée exécutoire contre le dit sieur de Castellane et son épouze ; par autre sentence des dittes requestes de l'hostel, du 15 septembre au dit an, et confirmée par actes passés devant les notaires au dit Chastelet, le 21 juin et neufième aoust 1701, et aussy confirmée par les autres héritiers cy dessus dénommés ; par autre acte aussy passé, le 21 juillet 1702, devant les dits notaires du Chastelet ; du commandement fait par Girault, huissier audiancier de la chancelerie prévotalle de ce siège, fait à la requeste des dits sieurs Le Brun et Chardon, aux dits héritiers Henry de Chivré, le 16 fébvrier 1700, controllé en cette ville par Neveu, le 17 ensuivant ; du procès-verbal de saisie réelle, fait par le dit Girault, le 22 du dit mois de febvrier, controllé par le dit Neveu, le vingt aussi ensuivant ; d'autre commandement fait par Le Thayeux-Aucher, huissier au dit Chasteaugontier, du neuf septembre 1707, controllé en cette ditte ville, le onze, par le dit Besnier ; l'inthimation et criées faites par le dit Le Thayeux, le sept novembre au dit an 1707, controllées en cette ville par le dit Besnier, le neuf ; des procès-verbaux d'assises et pannonceaux faits par ledit Besnier, huissier, les 10 et 11 du dit mois de novembre, controllés, le douze, par le dit Besnier ; de la première criée de huitaine au marché du dit Chasteaugontier, faite par le dit Besnier, le samedy 12 novembre 1707, controllée en cette ditte ville, le même jour, par le dit Besneir ; d'autre criée de huitaine, à l'issue de la messe paroissialle de Bierné, faite par le dit Le Thayeux, le dimanche 10e du mois de novembre, controllée par le dit Besnier, le 13 ; d'autre criée faite à Saint-Aignan-en-Gennes par Mahier, huissier, du dit jour, 13 novembre, controllée, le 15, par le dit Besnier ; d'autre criée de huitaine faite à Grez par led. Besnier, huissier, le dit jour, 10e novembre, controllée le dit jour, quinze ; d'autre criée de quinzaine faite au marché de Chasteaugontier, le samedy 36 novembre, au dit an, par le dit Besnier, controllée par luy, le dit jour ; d'autre criée de quinzaine faite au dit Bierné, le dimanche 27 du dit mois de novembre, par le dit le Thayeux, controllée par le dit Besnier, le 29e ; d'autre criée faite au dit Saint-Aignan par le dit Mahier, le dit jour 27, controllée par le dit Besnier, le 28 ; de pareille criée faite au dit décret, le dit jour 27, par Durand, huissier, controllée le 30 par le dit Besnier ; d'autre procès-verbal de tierce criée faite au marché du dit Chasteaugontier par le dit Besnier, le samedy 17 décembre 1707 controllée le même jour par Besnier ; d'autre tierce criée faite au dit Bierné par le dit Le Thayeux, le dimanche dix huit décembre, controllée par le dit Besnier, le 20 ensuivant ; d'autre tierce criée faite au dit Saint-Aignan, le dit jour dix huit décembre, par le dit Mahier, controllée le 19, par le dit Besnier ; d'autre tierce criée faite au dit Grez, par le dit Durand, le dit jour 18 décembre, controllée le 20, par le dit Besnier ; d'autre procez-verbal de surabondante criée, au marché du dit Chasteaugontier, par le dit Besnier, le samedy 28 janvier 1798, controllée le dit jour, par Besnier ; d'autre pareille criée, au dit Bierné, par le dit Le Thayeux, le dimanche 29 janvier du mois, controllée le 31, par le dit Besnier ; d'autre faite, au dit Saint-Aignan, par le dit Mahier, le dit jour 29, controllée le dit jour 31, par le dit Besnier ; d'autre criée faite au dit Grez, le dit jour 29, par le dit Durand, controllée le dit jour, 31, par le dit Besnier, ou du certificat du dit Me Jacques Bonneau, advocat, faisant la fonction de vérificateur des criées de ce siège, portant que les dites criées et bannies desd. choses ont esté bien faites, conformément aux édits des criées, règlements et arrêtés de la Cour, à nostre coutume d'Anjou et usance de ce siège, en datte de ce jour. Nous, en présence de Mrs Elie Guilloteau, Charles Le Tessier, André Allaire, Jacques Collin, Jacques Hardy, Martin Hardy, avocats procureurs à Chasteaugontier, Me Geoffroy Deschamps, notaire royal, Pierre Bonnis, Aubin, Millet, Estienne Le Roy, René Le Gros, François Jousselin et autres personnes, notaires et praticiens, qui estoient en cette audiance, au raport du dit Bonneau, présent, qui, d'habondance, a certifié que les dites criées auroient esté bien et valablement faites et vérifiées, avons déclaré, déclarons et vérifions icelles criées et bannies bien et duement faites, suivant les dits édits, reglements, arrêtés, coutume et usance, en sorte que, sur icelles, il peult estre valablement procédé à la vante et adjudication par décret des choses y comprises, au plus offrant et dernier enchérisseur, ce qui sera exécuté, nonobstant opposition ou appellation quelconque, et sans y préjudicier. Mandons, etc.

Donné à Chasteaugontier, par nous juge susdit, le samedy vingt quatre mars mil sept cent huit.

GUILLOTEAU.   ALLAIRE.

J. HARDY.   DESCHAMPS.   CH. LE TESSIER.

Mⁱⁿ HARDY.   MILLET.   BONNIS.

AUBIN.   LE ROY.

JOUSSELIN.   LE GROS.   COLLIN.

Pour notre vacation, xx l.

(*Archives de la Mayenne, B. 2422*).

VIII

Procès-verbal dressé au château de la Barre par le lieutenant général au présidial de Château-Gontier (1708).

Aujourd'huy, premier août mil sept cent huict, nous, Jacob Guitau, seigneur de la Marche, conseiller du roy, lieutenant général en la sénéchaussée d'Anjou et siège présidial de Chasteaugontier, maire perpétuel au dit lieu, commissaire de nos seigneurs des requestes de l'hostel en cette partie, sur la requeste à nous presentée, ce jourd'huy, par Mre Jean Chardon, capitaine aux Gardes françoises, Mre Guillaume Le Brun, chevallier, marquis d'Intheville, mestre de camp du régiment, colonel général de la cavallerie légère de France, poursuivant les criées de la terre et seigneurie de la Barre, située en la paroisse de Bierné, et par Gédéon Sauson, étant aux droits de Pierre Cardot, fermier judiciaire de la ditte terre et seigneurie de la Barre et des autres biens saisis sur dame Margueritte Bodin, veuve de Mre Henry de Chivré, marquis de la Barre, tandante à ce qu'il nous plust, en exécuttion de la commission à nous adressante par la sentence de nos seigneurs des requestes de l'hostel, du seize juillet dernier, nous transporter au chasteau de la dite terre et seigneurie de la Barre et sur les lieux en dépendant, pour expulser le nommé Jean Jourdan, se disant agent des affaires des sieur et dame de Castellane, et tous autres qui seroient dans le dit chasteau et bastimens de la ditte terre de la Barre, jetter leurs meubles sur le careau et faire faire ouverture de touttes les portes, pour y establir le dit Sauson, fermier judiciaire, et le mettre en pocession des biens compris en son bail judiciaire.

Sommes partis de la ville de Chasteaugontier, nostre demeure ordinaire, sur les onze heures du mattin, en assistance d'Estienne Le Roy, nostre commis greffier, et nous sommes transportés au dit chasteau de la Barre, en la paroisse de Bierné, où nous sommes arrivés sur une heure apprès midy, où estant, avons trouvé l'entrée du dit chasteau libre et les portes ouvertes ; et, estant entrés dans la cour, y avons trouvé une femme, qui a dit se nommer Françoise Chatbrun, femme de Charles Bruneau ; et luy ayant demandé la raison pourquoy elle estoit dans le dit chasteau de la Barre et où estoit son mary, elle nous a répondu que le sieur de Castellane, qui occupoit cy devant le dit chasteau, l'avoit prise à son service, aussy bien que son mary, en qualité de domesticques ; que le dit Bruneau, son mary, est allé dans la province de Poitou, avec bœufs et charetes, voiturer les meubles que le dit sieur de Castellane a retirés du dit chasteau de la Barre. Avons sommé la dite Chatbrun de signer sa déclaration ; a declaré ne savoir signer.

Avons aussy trouvé, dans le dit chasteau, M⁰ Jacques Collin, avocat au parlement et au siège présidial de Chasteaugontier, demeurant paroisse de Saint-Remy, lequel, au nom et comme procureur spécial desdits s^{rs} Chardon et Le Brun, nous a requis que, en conformité de la dite sentence de nos seigneurs des requestes de l'hostel, il nous plaize faire faire ouverture des portes du dit chasteau de la Barre, et jetter sur le carreau les meubles qui peuvent estre dans les salles ou chambres du dit chasteau, pour y establir le dit Sauson.

COLLIN.

A aussy comparu le dit Sauson, en sa personne, au dit chasteau de la Barre, lequel a declaré se joindre avec les dits srs Chardon et Le Brun, et nous a requis de faire faire ouverture d'une porte de l'apartement qui donne sur la cuisine, à la main droite en entrant, et que, à cet effet, nous ordonnions au premier serrurier ou mareschal requis d'en faire l'ouverture, et, pour ce fait, estre dressé procès-verbal de la quantité et quallité des meubles qui peuvent estre dans le dit appartement.

SAUSON.

Sur quoy faisant droit, nous avons donné acte aux partyes comparantes de leurs comparutions, dires et requisitions, et ordonné que la dite porte sera ouverte par la levée de la serrure d'icelle ; à l'effet de quoy, nous avons enjoint à Gabriel Guioullier, un de nos huissiers audianciers, de faire commandement à un serrurier ou mareschal, le plus proche de ce chasteau, de se transporter au dit chasteau de la Barre, avecq les instruments nécessaires pour ouvrir la dite porte, et de lever la serrure d'icelle. Ce qui sera exécutté, nonobstant opposition. Donné au dit chasteau de la Barre, par nous, juge, lieutenant général et commissaire susdit, le dit jour premier aoust mil sept cent huit, sur les trois heures apprès midy.

J. GUITAU.

Sur les trois heures et demie, sur le raport du dit Guioullier, huissier, a comparu devant nous, René Talvatre, mareschal, demeurant au bourg de Saint-Aignan-en-Gennes, auquel avons enjoint de lever la serrure de la porte du dit appartement estant sur les cuisines du dit chasteau de la Barre, ce qu'il a fait en nostre présence ; et sommes entrés dans le dit apartement, avecq lez dites partyes, où estant, nous n'avons trouvé aucuns meubles; avons aussy entré dans deux petites chambres à costé du dit apartement ; dans l'une desquelles, nous avons trouvé

un garde-manger suspendu au plancher, une vieille table
et deux chaises de bois de chesne. Le dit Talvatre a dit ne
scavoir signer et a requis taxe. Taxé 10 fr.

Est, dans cet endroit, est intervenu Thomas Osber, escuyer, sieur du Mannoir, demeurant en la parroisse de
Longueville, province de Normandie, évêché de Bayeux,
lequel, au nom et comme procureur spécial de Mre Jean
Cornet, chevallier, seigneur de la Bretonnière, nous a requis acte de ce que, dans l'antichambre où est le dit garde-
manger, nous n'avons trouvé aucun coffre ny bahut ; ce
qui luy donne lieu de se plaindre de ce que un coffre, qui
estoit dans le dit antichambre et fermoit d'un cadenas,
appartenant au dit sieur de la Bretonnière et dans lequel
il avoit mis ses titres et pappiers, quelques meubles et
linges à son usage, a esté enlevé, au préjudice de la demande que le dit sieur du Mannoir en avoit faicte, pour
le dit sieur de la Bretonnière, par exploit faict par le dit
Guioullier, il y a près de trois ans. Pourquoy il a protesté
de se pourvoir contre le dit Jourdan de tous autres qui
ont occupé le dit chasteau de la Barre.
T. OSBER.

Le dit Me Jacques Collin, au dit nom de procureur des
dits sieurs Chardon et Le Brun, nous a pareillement requis
acte de ce que les portes de la salle, des chambres, antichambres, cabinets, galleries et greniers, sont sans serrure
et sans clefs, et que le tout est degarny de meubles, mesme
de ceux qui avoient esté inventoriés, revendus et remis
dans le dit chasteau de la Barre.
COLLIN.

Le dit Sauson nous a aussy requis acte de ce que les
portes et serrures des bastiments de la basse-cour, au de-

vant du dit chasteau, sont en mauvais estat, et de ce que les bastiments sont, pour la plus grande partie, découverts, et principallement le costé où sont les escuries, dont la charpente est tombée. Il nous a remonstré que les prez du domaine de la dite terre et seigneurie de la Barre sont entierement gastés, parce que le précédant fermier a négligé de les faire taupiner et en oster les nuilles, et parce que l'on a laissé vaquer les bestiaux dans les dits prez et couper l'herbe en plusieurs endroits. Pourquoy, il proteste de se pourvoir devant nos seigneurs des requestes de l'hostel. Cependant, il requiert estre mis en pocession du dit Chasteau de la Barre et terres qui en dépendent.

SAUSON.

Sur quoy, nous avons donné acte aux partyes de leurs comparutions, dires et protestations, et leur avons permis de se pourvoir devant nos seigneurs des requestes de l'hostel pour les demandes qu'ils ont à faire aux précédants fermiers ou autres personnes, dont nous ne sommes compétans, Cependant, en conformité de la dite sentence du seize de juillet dernier, avons estably le dit Sauson fermier judiciaire au dit Chasteau de la Barre, circonstances et dépendances, et mis en libre pocession et jouissance d'iceux, avec deffenses qu'avons faictes et faisons, au dit Jourdan et à tous autres, de les troubler à l'avenir, sur les peines portées par les ordonnances ; et enjoint à la dite Chatbrun de se retirer de la Cour du dit Chasteau, dans vingt quatre heures, à peine d'en estre expulsée par éjection de sa personne et de ses meubles. Ce qui sera executté nonobstant oppositions ou appellations quelconques, sans préjudicier.... Mandons.... Donné au dit Chasteau de la Barre, par nous, lieutenant général et commissaire susdit, le dit jour premier aoust mil sept cent huict, sur les sept heures du soir.

J. Guitau.

Sauson.

Nostre vacation, vingt livres.
Au dit Collin, dix livres.
Au greffier, treize livres six sols huict deniers, si mieux n'aime prendre le coust de la grosse.

(*Archives de la Mayenne, B. 2422*).

IX

Inventaire des archives du château de la Barre (1708).

En l'intimation précédente, devant nous, à ce jour, dix heures du matin, entre messire Jean Chardon, capitaine au régiment des Gardes françoises, et Mre Guillaume Le Brun, chevalier, marquis d'Intheville, veuf vivant, poursuivant la vente des fiefs de la terre et seigneurie de la Barre, en la paroisse de Bierné et autres lieux, laissés sur dame Marguerite Bodin, veuve de Messire Henry de Chivré, marquis de la Barre, demandeurs en requête du 1er de ce mois, et aux fins d'exploit fait par Guyoullier, huissier, le même jour, controllé en cette ville par Besnier, ce jourd'huy, d'une part.

Maistre Charles Le Tessier, sieur de Coulonge, avocat à ce siège, et Mathurin-Gaultier Le Febure, notaire royal, demeurant à Bierné, deffendeur, d'autre part.

Collin, pour les dits sieurs demandeurs, a conclu à ce que, en conformité de la sentence de nos seigneurs des requestes de l'hostel du Roy, à Paris, du 16 juillet 1708, les dits deffendeurs soient tenus de nous représenter leurs titres et papiers concernant la terre et seigneurie de la Barre et leurs féodalitez qui en dépendent et qui leur ont été déposez par la dite dame Bodin ou autres personnes, soit par escrit ou autrement, pour être par nous paraphez par premier et dernier et mis dans un coffre à part, qui sera par nous clos et scellé et mis en garde aux dits deffendeurs, chacun à leur égard, jusqu'à ce qu'autrement par la Cour en ayt été ordonné, déclarant, en tant que besoin est ou seroit, saisis les dits titres et papiers entre les mains du dit sieur Le Tessier et du dit Le Febure, et que ce qui sera par nous jugé soit exécuté, nonobstant oppositions ou appellations quelconques et sans y préjudicier.

COLLIN.

Le Tessier, en personne, a dit qu'il comparoît devant nous, en conséquence de la sentence de nos seigneurs des requestes de l'hostel du Roy, à Paris, le 16 juillet dernier, pour remontrer que lors de l'inventaire des meubles, titres et papiers qui fut fait au chasteau de la Barre, en la paroisse de Bierné, après la sortie du royaume de dame Marguerite Bodin et ses enfants, pour cause de religion, il fut chargé des titres et papiers, suivant le dit inventaire de Monsieur le procureur du Roy, du consentement des héritiers de la dite dame Bodin et des créanciers; lesquels papiers furent mis dans un coffre qui est en sa possession et dont il a la clef; lesquels il offre représenter à tous jour et heure qui lui seront indiquez, pour estre paraphez par première et dernière pièce, quoyqu'inutillement, parce que, dès le moment qu'il est chargé des dits titres et papiers les dits sieurs Chardon et Le Brun n'avoient que la voye de les faire saisir entre ses mains, avec deffense de s'en dessaisir qu'avec eux; mais il s'oppose à ce que le dit coffre soit scellé et cacheté, par la raison qu'il est obligé d'en ayder les créanciers et les fermiers judiciaires, tant modernes que anciens, pour se faire payer des rentes féodalles et autres droits seigneuriaux à eux appartenant du temps de leur jouissance; c'est pourquoy il persiste dans ses offres de représenter les dits titres et papiers, au jour et heure qui leur sera marqué, sous ses protestations qu'il ne se denantira des dits titres qu'avec ceux qui l'en ont chargé, estant bien payé de la garde.

CHARLES LE TESSIER.

Le dit Le Febure a aussy comparu en personne, lequel nous a requis acte de ce qu'il est prest et offrant de représenter les titres et papiers concernant les féodalitez de la terre de la Barre et celles dépendant, qui luy ont esté mis en main par dame Marguerite Bodin, dont il luy a donné son recépissé en le luy représentant ; mais il ne veut pas souffrir que les dits titres lui soient ostez, quant à présent, ny enfoncez sous des scellez et cachets, parce qu'estant porteur d'une procure reçue de Jean Gaudureau, notaire, le 23 juillet, et de Pierre Blanchau, cy devant fermier judiciaire de la terre de la Barre, pour faire payer les redevables des droits seigneuriaux et féodaux, échus et acquis pendant son bail, il ne pouroit pas poursuivre les sujets et débiteurs, s'il estoit dépossédé des dits titres. C'est pourquoy, offrant les dits titres, en luy représentant le dit recépissé, qui luy seront néanmoins relaissez, après estre de nous paraphez, il demande d'estre envoyé avec protestation de se faire payer de la garde d'iceux et de ses depens et voyage.

M. G. LE FEBURE.

Collin, pour les dits sieurs demandeurs, a dit que la dite sentence du 16 juillet dernier porte en terme exprès que les dits titres seront représentez et mis dans un coffre, qui sera par nous cacheté et scellé, et, par conséquent, les dits deffendeurs ne peuvent pas empescher qu'ils soient par nous paraphez et mis dans le dit coffre, à moins qu'ils ne s'opposent à l'exécution de la dite sentence. Mais leur opposition sera mal fondée, non seulement parce que la dite sentence est exécutoire nonobstant oppositions ou appellations quelconques, mais encore parce que les dits deffendeurs sont de surplus dépositaires, qui n'ont point d'intérest dans la contestation au principal, et qui seront valablement déchargez par la sentence qui interviendra. C'est pourquoy il persiste dans ses conclusions cy dessus, à ce que les dits titres soient représentez devant nous et mis dans un coffre cacheté et scellé, pour estre délivrez à qui il appartiendra.

COLLIN.

Le Tessier a répliqué que la dite sentence n'est point rendue après l'audition du procureur du roy et la comparution des héritiers et créanciers de la dite dame Bodin, et ce seroit les dépouiller d'un droit qui leur est acquis sur les dits titres, s'ils étoient renfermez dans un coffre cachetté, scellé, aussy bien que les fermiers judiciaires de la dite terre de la Barre, qui ne pouroient poursuivre leurs débiteurs ; néantmoins, il s'en rapporte à nostre prudence d'en ordonner ce qu'il nous plaira.

C. LE TESSIER.

Le dit Le Febure a protesté de nullité de la poursuite qu'on fit contre luy ainsi que à ce que son recépissé luy soit représenté, auquel cas il fournira les titres qui y sont compris, pour estre paraphez, ainsy qu'il sera jugé à propos aux protestations cy-dessus.

M. G. LE FEBURE.

Sur quoy, ouy sur ce le procureur du Roy, faisant droit, nous avons donné acte aux partyes de leurs déclarations, protestations, et oppositions, et les avons renvoyez devant nos seigneurs des requestes de l'hostel pour y estre pourvues, et, cependant, nous ordonnons que lesdits titres et papiers concernant la terre, fief et seigneurie de la Barre nous seront représentez par les dits Le Tessier et Le Febure, aux jours et heure cy après, pour estre, les dits titres et papiers, par nous paraphez par premier et dernier et mis dans un coffre qui sera par nous scellé et relaissé en garde aux dits Le Tessier et Le Febure, chacun pour leur regard, en présence du procureur du Roy ; à l'effet de quoy, nous transporterons, mardy prochain, en la maison du dit Le Febure, sise au bourg de Bierné, pour y commencer sur les neuf heures du matin, les affaires des dits titres et papiers, et, jeudy prochain, à deux heures de relevée, en la maison du dit Le Tessier, sise en cette ville, pour y continuer le dit inventaire, auxquels jours, lieu et heures, les dittes partyes demeurent de leur consentement intimées, ce qui sera exécuté nonobstant appel ou opposition. Donné à Chasteaugontier, par devant nous Jacob Guitau, seigneur de la Marche, conseiller du Roy, lieutenant général en la Sénéchaussée d'Anjou et Siège Présidial du dit lieu, maire perpétuel, commissaire en cette partye, le quatriesme jour d'aoust mil sept cent huit.

J. Guitau.   M. G. Le Febure.

Et depuis, le dit Collin nous ayant remontré qu'il ne peut assister au dit inventaire aux jours par nons cy dessus marquez, parce qu'il est obligé de faire un voyage d'Angers pour des affaires de conséquence, nous avons, du consentement des partyes, remis les dites intimations ; scavoir, pour Le Febure, au vingtiesme de ce dit mois, huit heures du matin, et, au regard dudit Le Tessier, au jeudy vingt trois de ce dit mois, une heure de relevée, où les partyes demeurent intimées.

Donné à Chasteaugontier, par nous lieutenant général susdit, le dit jour quatriesme aoust mil sept cent huit.

Le Tessier. J. Guitau. M. G. Le Febure.

En l'intimation pendant devant Nous Jacob Guitau, seigneur de la Marche, conseiller du Roy, lieutenant général en la Sénéchaussée d'Anjou et Siège Présidial de Chasteaugontier, maire perpetuel au dit lieu, commissaire de nos seigneurs et maistres des requestes de l'hostel ordinaires du Roy, au jour vingtiesme aoust mil sept cent huit, huit heures du matin, entre messire Jean Chardon, capitainne aux gardes françoises, et messire Guillaume Le Brun, chevallier, marquis d'Intheville, mestre des camps au régiment, colonel de la cavallerie légère de France, poursuivant les criées et bannies des fiefs et seigneuries de la Barre, en la paroisse de Bierné, et des autres biens saisis sur dame Margueritte Bodin, veuve de messire Henry de Chivré, marquis de la Barre, demandeurs en exécution de la sentence donnée par nostre dite seigneurie des requestes de l'hostel du Roy, le 16 de juillet mil sept cent huit, et de nostre jugement du quatre du présent mois, d'une part. Maistre Mathurin-Gaultier Le Febure, notaire royal, demeurant au bourg de Bierné, deffendeur, d'autre part.

Nous lieutenant général, juge commissaire susdit, nous sommes transportés en la maison du dit Le Febure, au dit Bierné, pour dresser un bref inventaire des titres, contrats, aveus et dénombrement concernant la propriété de la terre, fiefs et seigneurie de la Barre et autres y annexez ; où estant, en assistance de maistre Pierre Bouin, l'un de nos commis greffiers, a comparu, en sa personne, maistre Jacques Collin, avocat au parlement et au dit siège présidial de Chasteaugontier, y demeurant, paroisse de Saint-Remy ; lequel, au nom et comme procureur spécial des dits sieurs Chardon et Le Brun, a requis qu'en conformité de la dite sentence de nos seigneurs des requestes de l'hostel, du 16 juillet mil sept cent huit, il nous plaise parapher par premier et dernier les titres, contrats, aveus et dénombrement, qui doivent nous estre représentez par le dit Le Febure, et, ce fait, les mettre dans un coffre à part, qui sera par nous clos et scellé et laissé en garde au dit Le Febure jusques à ce que par la Cour en ayt été autrement ordonné.

COLLIN.

A aussy comparu, en sa personne, le dit Le Febure, notaire royal, demeurant au dit bourg de Bierné, lequel a dit que la ditte dame Bodin l'avoit chargé de titres et papiers concernant la terre et seigneurie de la Barre et ses dépendances, suivant le récépissé qu'il luy en a donné; qu'il offre représenter les dits titres et papiers et les remettre à qui par justice sera ordonné, en le faisant dire avec la dite dame Bodin ou autres qui auront interest; pour obéir à la ditte sentence de nos seigneurs des requestes de l'hostel, du dit jour, 16 juillet dernier, il **nous représentera les titres et papiers qui sont en sa possession, enfermez dans un coffre fort dont il a la clef, pour estre par nous paraphez**; mais, en mesme tems, il nous a remontré que le dit coffre ne doit pas estre clos et scellé, parce qu'il est chargé des dits titres et papiers, pour faire sortir le payement des cens, rentes, devoirs et droits seigneuriaux, qui sont deubs aux précédentes possessions et fourniront inventaire de la dite terre et seigneurie de la Barre. En offrant s'en charger, de nouveau, comme dépositaire des biens de justice, suivant le bref inventaire qui sera par nous dressé, il croit donner une assurance suffisante aux dits Chardon et Le Brun et aux créanciers saisissants et opposants à la saisie réelle et vente par décret de la dite terre et seigneurie de la Barre. Pourquoy il conclut à ce qu'il nous plaise luy donner acte de ses offres et de la représentation qu'il nous a présentement faite du dit coffre fort, et des titres estant en iceluy ; ce faisant, il soit envoyé de la demande des dits sieurs demandeurs, estant payé de ses frais de garde et de ceux des intimations à luy données et comparutions sur icelles.

M. G. Le Febure.

Sur quoy, ouy sur ce le procureur du Roy, faisant droit, **nous avons donné acte aux partyes de leurs comparutions et requisitions, et, en conséquence, ordonné que le dit coffre** fort sera ouvert, et que les titres estant en iceluy seront par nous paraphez et inventoriez sommairement, au désir de la dite sentence du seize juillet dernier, et, ouverture faite du dit coffre, le dit Le Febure nous a représenté :

Un registre relié, couvert de parchemin, contenant cent neuf feillets, intitulé : *Procès et remembrances des plaids et juridiction de la terre et seigneurie de Bierné et du Plessis-Bourel appartenant à noble homme Pierre Auvé, escuyer, sieur des dits lieux, du Broussin, de Genestay et de la Motte-de-Pendu, reçus en la maison d'Anthoine Maillard, au bourg de Bierné, par René Le Mesle, licentié ès loix, sénéchal, le 26ᵉ jour de mars, l'an 1527. Sergent: Jean Dupont. Records: René Bonvoisin et Jean Tresbion, qui ont juré en jugement;* et finissant par ces mots : « Guillaume Brisseau en demande de montrée et déclaration. » Lequel registre a été par nous paraphé au premier et dernier feillet et cotté.................. A.

Item, un registre relié, couvert de parchemin, contenant cent soixante trois feillets, intitulé : *Déclarations renduës au Plessis-Boureau en Bierné, aux assises tenues par Jean Bonvoisin, licentié ès loix, sénéchal, le 10ᵉ jour de septembre 1514. Sergent: Roullet. Record: Bonvoisin,* et finissant par ces mots à la fin de la copie d'inventaire notarizé: « Signez en la minute originalle Chally, Ruillon, Chailland ; signé Le Royer. » Lequel registre avons paraphé par premier et dernier feillet et cotté.............. B.

Item, un autre registre relié, couvert de parchemin, contenant soixante treize feillets, escrit en partye, intitulé : *Amandes et remembrances des pleds de la terre, fief et seigneurie de la Guénaudière, paroisse de Bierné et Saint-Aignan, appartenant à haulte et puissante dame Cecille de Monceau, dame de la Barre, dame d'honneur de feue Madame, sœur unique de Sa Majesté, mère et tutrice de Messire Henry de Chivré, chevallier, sieur de la Barre, tenus au dit lieu de la Guénaudière, par Mᵉ François*

Nicolle, licentié en droit, sénéchal, Messire Pierre de Capdeville, procurenr; Elye Durand, greffier, et Guy Bourgeon, sergent ; Georges Gusfault et Marin Abaffour, records ; ce jourd'huy lundi 4 juillet, l'an 1603, et finissant par un jugement du 26 avril 1667 entre le procureur de la Cour, demandeur, Jean Sabouet et René Blin, deffendeurs, signé R. Trochon et J. Sabouet. Lequel registre avons paraphé par premier et dernier feillet et cotté. C.

Item, un autre registre relié, couvert de parchemin, contenant quarante six feillets, escrit en partye, commençant par ces mots : *C'est le papier des déclarations rendues aux pleds de la terre, fief et seigneurie de la Guénaudière, le lundy 4 juillet 1605,* et finissant par une déclaration de Pierre Blanche, marchand, demeurant au fauxbourg d'Azé de Chasteaugontier, du 23 septembre 1665. Lequel registre avons paraphé par premier et dernier feillet et cotté.................................. D.

Item, un autre registre relié, couvert de parchemin, contenant vingt trois feillets, escrit en partye, intitulé : *Amandes et remembrance de la terre, fief et seigneurie de Saint-Aignan, aux assises tenues ce mardy 5ᵉ jour de juillet, l'an 1605,* finissant par un jugement du 20 septembre 1666 entre le procureur de la Cour, demandeur, et René Priest, deffendeur. Paraphé par premier et dernier feillet et cotté... E.

Item, un autre registre relié, couvert de parchemin, contenant trente deux feillets, escrit en partye, intitulé: *C'est le papier des déclarations rendues aux pleds de la terre, fief et seigneurie de Saint-Aignan, le 5 juillet 1605,* finissant par la déclaration de Marie Lepeltier, veuve de Jean Poiriet, du 20ᵉ septembre 1666. Lequel registre a esté paraphé par premier et dernier feillet et cotté........ F.

Item, un autre registre relié, couvert de parchemin, contenant cinquante neuf feillets, escrit en partye, intitulé: *Procès et remembrances des pleds de la Plesse, Gillié et*

Gaigné, tenus au dit lieu de la Plesse, paroisse de Saint-Aignan en Gennes, par nous Nicollas Déan, sénéchal des dittes seigneuries, le 15⁰ jour de may, l'an 1603, finissant par un jugement du 20 septembre 1666, entre le procureur de la Cour, demandeur, et Pierre Lepeltier, marchand, deffendeur. Paraphé par premier et dernier feillet et cotté.. G.

Item, un autre registre relié, couvert en parchemin, contenant quatre vingt sept feillets, escrit, intitulé: *Amandes et remembrance des déclarations rendues aux assises et pleds de la terre et seigneurie de la Plesse, Gillié et Gaigné, en la paroisse de Saint-Aignan en Gennes, tenues au dit lieu de la Plesse par nous Nicollas Déan, sénéchal, le 15ᵉ jour de may, l'an 1603*, et finissant par la déclaration de Marie Lepeltier, veuve de Jean Poiriet, du 20 septembre 1666. Paraphé par premier et dernier et cotté.... H.

Item, le dit Le Febure nous a représenté une liasse de cinq pièces en parchemin, qui sont *Aveus et dénombrements fiefs de Bierné*, qui nous ont paru cottez deux, dont la première est du 12 juin 1408, la seconde du 9 avril 1469, la troisième du 4ᵉ janvier 1445, la quatriesme du 29 septembre 1420, et la cinquiesme du 15 may 1471. Cottée et paraphée... J.

Item, une grosse en parchemin de l'*Aveu rendu à la ditte seigneurie de la Barre, le 29 may 1682, par Laurent Lené, marchand serger, mary de Catherinne Bourgeon, pour raison du lieu et closerie de la Ville-Oudard, situé en la paroisse du dit Saint-Aignan*, paraphé et cotté.. L.

Item, deux pièces en parchemin, qui sont grosses d'*Aveus du lieu et métayrie du Bourgneuf fournis à la ditte seigneurie du Plessis-Bourel par les sieurs Théard*, le premier du 30 juillet 1646, et le second du 16 mars 1648. Cottez et paraphez... M.

Item, une autre liasse de quinze pièces en parchemin concernant l'*Homage et les obéissances du lieu de la Nor-*

mandière. Paraphée par nous et cottée............ N.

Item, une autre liasse de vingt cinq pièces, dont douze en parchemin et dix en papier, concernant *la féodalité du lieu de Chauvigné, en la paroisse de Gennes*. Paraphée par nous et cottée.................................... O.

Item, une liasse de douze pièces en parchemin concernant *la féodalité du lieu et closerie de l'Etaudière, en la paroisse de Bierné*. Paraphée et cottée.......... P.

Item, une autre liasse de sept pièces en parchemin concernant *la féodalité du lieu de la Haulte-Rongère, en la ditte paroisse de Bierné*. Paraphée et cottée........ Q.

Item, une liasse de cinq pièces, dont une en parchemin, concernant *le droit d'estalage que les seigneurs de la ditte terre de la Barre prennent en Saint-Aignan*. Paraphée et cottée... R.

Item, une liasse de dix pièces en parchemin concernant *la féodalité du lieu et closerie de la Touche, en la paroisse de Saint-Denis-d'Anjou*. Paraphée et cottée .... S.

Item, une liasse de dix pièces en parchemin concernant *la féodatité du lieu et closerie des Foussettes, en la ditte paroisse de Saint-Denis-d'Anjou*. Paraphée et cottée.. T.

Item, une liasse de neuf pièces en parchemin fort, une en papier, concernant *la féodalité du lieu et métayrie de Villefranche, situé en la ditte paroisse de Bierné*. Paraphée et cottée.. U.

Item, une liasse de six pièces en parchemin concernant *la féodalité du lieu et closerie de la Reinière, en la ditte paroisse de Saint-Denis-d'Anjou*. Paraphée et cottée. X.

Item, une liasse de six pièces, dont cinq en parchemin et une en papier, concernant *la féodalité du lieu et closerie de la Marqueraye, en la ditte paroisse de Saint-Denis-d'Anjou*. Paraphée et cottée................ Y.

Item, une pièce en parchemin, qui est une *déclaration du lieu et métayrie de la Rigaudière, paroisse de Chastellain*. Paraphée et cottée....................... Z.

Item, une liasse de cinq pièces en parchemin concernant *la féodalité de terre près Porte-Bize en cette paroisse de Chastellain.* Paraphée et cottée............... AA.

Item, une grosse d'*Aveu du lieu et métayrie de Villefranche, paroisse de Bierné.* Paraphée et cottée.... BB.

Item, une liasse de huit pièces, dont sept en parchemin et une en papier, concernant *la féodalité des Bunellières, en Saint-Aignan.* Paraphée et cottée............. CC.

Item, une grosse d'*Aveu du lieu de la Godelière, en la ditte paroisse de Bierné.* Paraphée et cottée....... DD.

Item, une liasse de sept pièces, dont cinq en parchemin et deux en papier, concernant *la féodalité de la Roussigneullière, en la ditte paroisse de Saint-Aignan.* Paraphée et cottée................................... EE.

Item, une liasse d'onze pièces en parchemin concernant *la féodalité du lieu et closerie de la Basse-Gasneraye, situé paroisse de Bierné.* Paraphée et cottée........ FF.

Item, deux pièces, une en parchemin et une en papier, concernant *la féodalité du lieu et closerie de la Mémoire, située au bourg de Bierné.* Paraphez et cottez...... GG.

Item, une liasse de vingt cinq pièces en parchemin fort, une en parchemin, concernant *le lieu des Foussettes, situé paroisse de Saint-Denis-d'Anjou.* Paraphée et cottée... HH.

Item, trois pièces en parchemin concernant *l'Homage de la Haulte et Basse-Gasneraye, paroisse du dit Bierné.* Paraphée et cottée par...................... II.

Item, cinq pièces, dont quatre en parchemin et une en papier, concernant *l'Homage du lieu des Bretignolles, situé au dit bourg de Bierné.* Paraphez et cottez.... LL.

Item, un aveu pour *terre dépendant du lieu des Loges, en Saint-Aignan.* Paraphé et cotté............... MM.

Item, grosse d'*Aveu du lieu des Plantes, paroisse de Grez-en-Bouère.* Paraphée et cottée.............. NN.

Item, autre *Aveu pour une maison au dit lieu des Plantes,*

ditte paroisse de Grez. Paraphé et cotté............ OO.

Item, deux pièces en parchemin concernant *la féodalité de terre apelée la Parette du pont.* Paraphez et cottez.. PP.

Item, deux pièces en parchemin concernant *la féodalité du lieu de la Touchardière.* Paraphez et cottez..... QQ.

Item, quatre pièces en parchemin concernant *le dit lieu de la Normandière, paroisse du dit Bierné.* Paraphez et cottez.. RR.

Item, une liasse de vingt une pièces en parchemin concernant *la féodalité du lieu et closerie de la Branchevaye, en la ditte paroisse de Saint-Denis-d'Anjou.* Paraphée et cottée.. SS.

Item, une liasse de dix neuf pièces en parchemin fort, une en papier, concernant *le lieu et closerie du Cleray, en la ditte paroisse de Bierné.* Paraphée et cottée.... TT.

Item, deux autres pièces en papier concernant *l'Homage de la Basse-Rongère, en la ditte paroisse de Bierné.* Paraphez et cottez... UU.

Item, une grosse d'*Aveu concernant des héritages situez au village de la Ville-Oudard.* Paraphez et cottez.. XX.

Item, dix neuf pièces, dont quatorze en parchemin et cinq en papier, concernant *les lieux de la Rongère et autres.* Paraphez et cottez par.................... YY.

Item, sept pièces en parchemin concernant *le lieu de la Chaslivière,* en la paroisse de Bierné. Paraphez et cottez.. ZZ.

Qui sont tous les tiltres et papiers, aveux et dénombrements concernant la ditte terre de la Barre, fief et seigneurie en dépendants, qu'avons trouvez en le dit coffre et remis en iceluy, après avoir esté paraphez et cottez au dit désir de la ditte sentence et comme il est cy dessus expliqué, et avoir relaissé le dit coffre et papiers en la garde du dit Le Febure, après que le dit coffre a esté clos, fermé et scellé du scel de la ditte Sénéchaussée du dit Chasteaugontier. De tout quoy, le dit Le Febure s'est chargé, comme dépositaire de biens de justice, pour luy représenter touttes et qu'autres fois que par la ditte Cour sera ordonné, sans ses protestations cy dessus faittes. Fait et arrêté en la maison du dit Le Febure, au bourg de Bierné, par nous juge com^re susdit, le dit jour vingtiesme jour d'aoust mil sept cent huit, sur les six heures de relevée, et la clef du cadenas fermant le dit coffre remise ès mains de nostre greffier pour la représenter aussy touttes fois et qu'autre.

Notre vacation, seize livres; au procureur du roy, dix livres, treize sols huit deniers; au greffier, dix livres treize sols huict derniers; au dit Collin, huict livres; au dit Le Febure, pour ses voyages, huict livres.

COLLIN. J. GUITAU.
BOUSSIÈRE. M. G. LEFEBURE. BOUIN.

Et, le dit jour vingt troisiesme jour d'aoust mil sept cent huict, une heure de relevée, en l'intimation precédente devant nous, Lieutenant général, Juge Com^re susdit entre les partyes cy dessus dénommées, nous nous sommes transportez, en présence du proc^r du roy, en la maison de Me Charles Le Tessier, sieur de Coulonge, avocat en la Sénéchaussée et Siège Présidial de cette ville, située en cette ditte ville, paroise de St-Jean-l'Évangeliste, pour faire l'inventaire des tittres et papiers de la maison de la Barre de Chivré, dont il a esté cy devant chargé par les créanciers de la ditte dame Bodin et par ceux qui se prétendent ses héritiers. Où estant, en présence du dit Me Jacques Collin, ès nom et qualitez qu'il procède, le dit Me Charles Le Tessier nous a remontré qu'il ne peut obéir à nostre jugement du quatriesme de ce mois, portant remise à ce jour, parce qu'il est obligé d'aller au palais pour plaider les causes dont il est chargé, et nous a requis de remettre l'intimation à un autre jour plus commode, auquel il représentera tous les titres qui luy ont esté confiez suivant l'inventaire qui en a esté fait par devant le sieur Lieutenant particulier à ce siège les quatorze, quinze, seize, dix sept, vingt et vingt un avril mil sept cent.

  Collin.   C. Le Tessier.

Sur quoy, faisant droit et ayant égard à la remontrance du dit M° Charles Le Tessier, nous avons donné jour et intimation aux partyes comparantes au lundi troisiesme septembre prochain, huit heures du matin, en cette maison, où les partyes demeurent intimées pour faire l'inventaire des dits titres et papiers estant en la possession du dit sieur Le Tessier, auquel jour sera le premier inv^{re} du mois d'avril mil sept cent représenté. Mandons, etc. Donné à Chasteaugontier, par nous Juge, Lieutenant Général, Com^{re} susdit, le vingt trois aoust mil sept cent huict.

      J. Guitau. Boussière.

Et, le dit jour, troisiesme septembre mil sept cent huit, sur les huit heures du matin, par devant nous Jacob Guitau, seigneur de la Marche, Conseiller du Roy, Lieutenant général en la Sénéchaussée d'Anjou et Siège Présidial de Chasteaugontier, Maire perpétuel au dit lieu, Com^{re} en cette partye, a comparu, en sa personne, M° Jacques Collin, avocat au Parlement et au Siège Présidial de cette ville, y demeurant paroisse St Remy, lequel, au nom et comme procureur spécial des dits sieurs Chardon et Le Brun, a requis l'exécution de nos précédents jugements ; ce faisant, le dit M° Charles Le Tessier soit tenu de représenter les titres de la terre, fief et seigneurie de la Barre et ses dépendances, dont il a esté cy devant chargé, pour estre par nous inventoriez et remis dans un coffre, qui sera par nous clos, scellé et cacheté, conformément à la sentence de nos seigneurs des requestes du palais, du seize juillet dernier, sauf à en faire délivrance à qui par justice sera ordonné.

            Collin.

A aussy comparu, en sa personne, le dit M⁰ Charles Le Tessier, avocat, lequel a déclaré, qu'en conformité de nos jugements précédants, il offre représenter les titres concernant la terre et seigneurie de la Barre, en la paroisse de Bierné, et ses dépendances, dont il a esté cy devant chargé par l'inventaire qui en a esté fait par devant Monsieur le Lieutenant particulier à ce siège, les quatorze, quinze, seize, dix sept, vingt, vingt un avril mil sept cent; et nous a remontré que, les dits titres ayant esté une fois inventoriez, paraphez et cottez par nostre greffier, il n'est pas nécessaire de les inventorier et parapher une autre fois, mais seulement de récoler le dit inventaire, puisqu'il offre en demeurer dépositaire, comme de biens de justice, pour lui remettre à qui par justice sera ordonné.

Le Tessier.

Sur quoy, faisant droit, ouy le procureur du Roy, nous avons donné acte aux partyes de leurs réquisitions et déclarations, et, ayant égard à la remontrance faite par le dit M⁰ Charles Le Tessier, nous ordonnons que l'inventaire fait des titres et papiers de la ditte terre de la Barre, au mois d'avril mil sept cent, par le dit sieur Le Tessier, devra estre représenté, et, ce fait, les dits titres devront estre remis dans un coffre, qui sera par nous cacheté et scellé, et délivrez à qui par nos seigneurs des requestes de l'hostel sera ordonné. Donné à Chasteaugontier, en la maison du dit sieur Le Tessier, par nous lieutenant général, commissaire susdit, le dit jour troisiesme septembre mil sept cent huit avant midy.

J. Guitau.   Boussière.

En exécution de nostre jugement cy dessus, M⁰ François Jousselin, nostre greffier ordinaire, pour ce mandé et fait venir en la maison du dit sieur Le Tessier, nous a représenté la minutte de l'inventaire qui a esté fait devant le sieur lieutenant particulier du siège des Titres de la ditte terre et seigneurie de la Barre, à la requeste de Marie Michel, femme de Claude Buisson, bourgeois de Paris, non commune en biens avec luy et authorisée par justice à la poursuitte desdits droits, les quatorze, quinze, seize, dix sept, vingt et vingt et un avril mil sept cent ; et, pour ne pas multiplier les frais sans necessité, nous avons jugé à propos, et du consentement des dittes partyes, de récoler les titres inventoriez par le dit inventaire et de les vérifier. Pourquoy, procedant au dit récollement, le dit M⁰ Charles Le Tessier nous a fait ouverture d'un coffre couvert de cuir noir, fermant de clefs, dans lequel avons trouvé tous les titres rapportez dans led. inventaire ; lesquels sont lus, cottez, paraphez et marquez dans l'ordre alphabétique, à commencer de la lettre A, jusque et compris la cotte six H inclusivement ; lesquels titres ayant esté paraphez par nostre greffier, lors du dit inventaire du mois d'avril mil sept cent, nous n'avons paraphez à la réforme qu'un mémoire des titres concernant plusieurs féodalitez et remis par la dite dame Bodin au dit Mathurin-Gaultier Le Febure, notaire, signé du dit Le Febure, le six janvier mil six cent quatre vingt huit, sous la cotte cinq A., que nous avons contreparaphé, à la requeste des dits Chardon et Le Brun, crainte de changement, et d'autant que nous avons trouvé dans le dit coffre la grosse du *Contrat de mariage d'entre Mre Henry de Chivré, chevallier, marquis de la Barre, et damoiselle Marguerite Bodin,* par devant Guillou et Guillebard, notaires royaux à Saint-Maixent, le dix sept de janvier mil six cent soixante cinq, et un sacq étiquetté *Titres de Noblesse,* non compris au dit inventaire du mois d'avril mil sept cent ; nous avons paraphé la ditte grosse du contrat de mariage et l'étiquette du dit sacq, seulement, comme inutiles aux droits des créanciers, et leur avons cottez six J. ; ce fait, avons remis les dits titres dans le dit coffre, qu'avons fermé, cacheté et scellé du scel de cette sénéchaussée, et mis la clef entre les mains de nostre greffier. De tout quoy, avons fait et dressé le présent procès-verbal, pour servir et valloir, aux dits sieurs Chardon et Le Brun et autres créanciers saisissants, ce que de raison. Fait en la maison dudit Me Charles Le Tessier, le dit jour, trois septembre mii sept cent huit, sur les six heures de relevée. Duquel coffre et papiers estant en iceluy, le dit Me Charles Le Tessier s'est chargé, comme cy dessus est expliqué, à la charge d'en demeurer dépositaire, comme de biens de justice.

Nostre vacation, seize livres; au procureur du roy, dix livres seize sols huict deniers; au greffier, dix livres treize sols huict deniers, si mieux n'aime le coust de la grosse; à chascun desd. Collin et Le Tessier, huict livres.

J. GUITAU. CH. LE TESSIER.
BOUSSIÈRE.
COLLIN. BOUIN.

(*Archives de la Mayenne, B. 2422*).

X

Lettre de M. Grisel, avocat en parlement, à M. Rivereau de la Garde, au sujet des archives et de la construction du château de la Barre (1787).

Valognes, 6 février 1787.

Monsieur,

Une famille, originaire de vos environs, est ici transplantée depuis plus d'un siècle, sans avoir pris aucun soin, de recueillir ses titres ; instruit par des nottes qu'elle doit être de considération, je lui ai conseillé des recherches et m'en suis même occupé, comme ami. Sans autre connoissance, je me suis adressé à Mlle Mainneuf, d'Angers, non pour s'en charger elle même, mais pour me procurer un homme de confiance à qui m'adresser, et remettre les mémoires que je lui ferais passer; cette d^{lle}, sans vous connoitre particulièrement, à la seule considération dont vous jouissez, m'a flatté que vous ne me refuserez point ce service ; permettez moi donc de réclamer de vous les secours que me peut faire esperer votre délicatesse. Comme cette famille est celle Duplessis-Chivré qui a possédé le marquisat de la Barre, la Guénaudière, etc., elle voudroit recevoir les preuves de son ancienneté, de sa généalogie, contrats de mariage et autres ; elle m'assure que vous avez le dépôt des archives du marquisat de la Barre, la Guénaudière, etc., que cette famille a possedées, et pour laquelle même la Barre a été érigée en marquisat. Si le nom qu'elle consacre aujourd'hui est Chivré, je trouve cependant qu'elle y joint celui de la terre du Plessis ; je voudrais savoir l'origine de ces deux noms, s'il y a quelques terres considérables dans l'endroit dont elle tire ou bien auxquelles elle ait donné ces noms ; si, dans les archives de la Barre, elle ne trouveroit point les contracts de mariages de ses auteurs, partages ou autres probatifs de généalogie, lettres patentes de places distinguées qu'ils ont remplies à la Cour ; si elle ne pourroit point obtenir du possesseur qui tient ces terres ces titres, qui lui sont inutiles, soit par remise, soit par prêt, soit par copies collationnées ; si elle ne pourroit connoître si dans le pays il en existe encor du nom ; quelle est la considération des terres qu'ils possedoient, et, plus encor, celle personnelle, s'il en est mémoire ; elle seroit flattée d'avoir copie des lettres d'érection du marquisat de la Barre, parce qu'elle y pourroit trouver des motifs propres à établir sa considération ; cette famille n'est pas sans fortune, à beaucoup près. Et je puis vous assurer qu'elle reconnoitroît vos soins et vos peine. Si elle connoissoit le propriétaire actuel de la terre, elle lui en eut écrit, dans la confiance qu'il ne lui refusera point cette satisfaction. Votre conseil à cet égard régleroit même encore sa marche sur indication que vous lui donneriez ; si vous voulez bien lui rendre ce service, vous écrireriez à Mlle Maineuf d'Andigné, à Angers, de vous faire passer les instructions dont elle est au surplus saisie de ma part ; elle pourroit vous donner autre assurance sur mon compte que celle de mon nom, ou me procurer encor la correspondance d'une personne de votre ville pour le même fait. Je vous ferai rembourser bien exactement de tous les debours qu'il y auroit, et ferai mon possible pour reconnoître vos démarches et votre travail d'une manière à ce que vous puissiez vous louer de la générosité de M. de Chivré.

J'ai l'honneur d'être avec respect,
Monsieur,
votre très humble et obéissant serviteur,

Grisel,
Avocat en parlement, demeurant à Valognes,
en Basse-Normandie, 6 février 1787.

Si j'avais le malheur que vous ne puissiez accepter cet ouvrage, la délicatesse que Mlle de Maineuf me garantit en vous me feroit au moins espérer que vous ne me refuseriez point l'indication d'un homme capable d'agir sous vos avis.

Monsieur Rivereau de la Garde.

XI

Réponse de M. Rivereau de la Garde à M. Grisel, avocat en parlement (1787).

Laval, 14 février 1787.

Monsieur,

Il est bien vrai que j'ai eu, autrefois, en dépôt, les titres de la terre de la Barre, pour les mettre en ordre et instruire la féodalité de cette terre. Mais, depuis cinq ans que mon opération est finie, je les ai remis au château de la Barre, à huit lieues d'ici. Si MM. de Chivré croient pouvoir y trouver des instructions relatives au but qu'ils se proposent, j'en ferai volontiers la recherche, et je vous ferai passer les titres, soit originaux, s'ils sont inutiles au propriétaire actuel, soit par copies collationnées, s'ils ont raport aux droits de la terre, bien persuadé que M. Dubois, propriétaire actuel, voudra bien se prêter à tout ce qui pourra obliger MM. de Chivré.

Pour vous donner, Monsieur, une idée des instructions qu'on peut puiser aux archives de la Barre, je vais vous dire ce que je me rapelle de mémoire :

La terre de la Barre, en sa composition actuelle, est d'environ 15 à 18,000 l. de revenu : Elle est composée de différentes petites terres ou fiefs, savoir : la terre de la Guénaudière, la terre de Chivré, la terre de la Morinière, la terre de l'Aubier, de Vaugilmet, de Saint-Aignan, de la Plesse, etc. La majeure partie de ces terres étoient autrefois tenuës à foi et hommage du fief du Plessis-Bourel, duquel dépend la seigneurie de la paroisse de Bierné. La terre du Plessis-Bourel, fief dominant, relève de la baronnie de Chateaugontier.

En 1536, la terre et seigneurie du Plessis-Bourel appartenoit à Messire Pierre Auvé, et la terre de la Guénaudière, (qui étoit alors un des fiefs subalternes du Plessis-Bourel), appartenoit à Messire Hector de Chivré.

Vers la fin du seizième siècle, cet Hector de Chivré, ou son fils, devient propriétaire de la terre du Plessis-Bourel, et, par là, la réunion de son fief servant de la Guénaudière se fit au fief dominant, et, de tout, ne forme plus qu'un même corps de fief, mouvant de la baronnie de Chateaugontier.

M. de Chivré ayant successivement acquis les autres fiefs subalternes, il fit ériger le tout en titre de marquisat de la Barre, et donna au château qu'il fit bâtir dans l'emplacement de l'ancienne maison de la Guénaudière, le nom de château de la Barre. Madame de Chivré, marquise de la Barre, étoit dame d'honneur de Madame Catherine, sœur de Henri IV, et la tradition du pays raporte que ce prince, soit par amour pour Madame la marquise de la Barre, soit plutôt pour sa fille, Catherine de Chivré, fit bâtir le château de la Barre.

Et réellement l'ouvrage paroit bien un ouvrage de roy. Les cours étoient bâties ; le principal corps du château et un pavillon étoient achevés; et le second pavillon n'étoit pas achevé, lors du décès de Catherine de Chivré, morte dans sa treizième année, en 1599. L'ouvrage fut alors cessé; on a élevé à Mademoiselle de Chivré un mauzolée en marbre d'Italie, qui subsiste encore dans un caveau à la Barre, sur lequel sont plusieurs inscriptions, tant françaises que latines, qui contiennent l'éloge de Mademoiselle de Chivré, des vers qui expriment les regrets de Madame de Chivré et ceux du roy.

Tous les ornements d'architecture, de menuiserie et ferrures du château de la Barre contiennent un chiffre à peu près de cette façon ƆHC[1], qui est probablement le chiffre de Henry et Catherine de Chivré.

La terre de la Barre a subsisté dans la maison de Chivré jusques en 1720, à laquelle époque elle fut vendue, par la veuve et enfans de M. de Chivré, marquis de la Barre, à M. de Torcy.

Je trouverai sûrement à la Barre plusieurs titres énonciatifs des titres de MM. de Chivré depuis 1590. J'y ai vu les *Lettres d'érection en marquisat*, les *Lettres ou provisions de dame d'honneur de Madame* et des *Lettres particulières de Madame Catherine, sœur du Roy*. J'y trouverai pareillement des actes sur lesquels on pourra établir la filiation de cette famille jusqu'en 1720.

Mais, quant aux recherches dans des temps plus reculés, je doute fort qu'on en puisse faire avec succès dans les archives de la Barre. Cependant, en suivant les aveux de la terre de la Guénaudière, rendus au Plessis-Bourel, il sera possible de remonter vers le commencement du quinzième siècle.

J'ai sous les yeux copie d'un aveu de la terre de la Guénaudière, rendu le 19 janvier 1529 à Messire Pierre Auvé, seigneur du Plessis-Bourel, par Hector de Chivré, écuyer, seigneur du Plessis-de-Chivré, de la Guénaudière et de l'Estang.

J'ignore quelle est la terre du Plessis-de-Chivré, mais je présume que ce peut estre une métairie du nom de Chivré, située à une lieue et demie ou environ de la Barre, dans la paroisse d'Argenton ou de Saint-Michel-de-Faings, qui appartient à Madame de Chambresaie. Si ma conjecture est vraie, ce seroit dans les titres de cette terre

---

1. Les lettres sont entrelacées, dans le manuscrit.

qu'on pourroit faire les recherches les plus reculées, parce qu'il y a apparence qu'elle tire son nom de celui de ses anciens seigneurs. Je m'en informerai, Monsieur, si vous le jugez à propos ; et, dans ce cas, on pourroit obtenir, par Mlle de Maineuf, la communication des titres, de Madame de Chambresaie, qui demeure à Angers.

RIVEREAU DE LA GARDE.

(*Archives de la Mayenne*, B. *2422*).

APPENDICE

I

Philippe de Chivré (1190 circa).

Le document qui suit est le plus ancien de tous ceux qui existent aux Archives de Maine-et-Loire sur la famille de Chivré. Nous en avons eu récemment connaissance.

« Don par Pierre de Bouillé, *de Boilleio*, à l'abbaye de Saint-Serge, dont l'abbé avait alors nom Augier, de tous les acquêts de Philippe de Chivré dans son fief, *quicquid Philippus de Chivre in feodo meo adquisierat*, sauf une redevance de 2 sols et 1 obole de cens à payer annuellement par le prieur de Brissarthe, *a priore de Brisarta*, et la taille ordinaire (1190 circa ; — original jadis scellé, sur double queue de parchemin, d'un sceau moyen, rond, en cire verte, dont l'écu fruste semble lozangé de... et de... ; et copie du XVIIe siècle.) »

(*Archives de Maine-et-Loire*, série H. 950. — Abbaye Saint-Serge d'Angers).

II

Georges de Chivré (1567).

Si les Chivré de la Barre furent d'ardents calvinistes, d'autres membres de la famille se distinguèrent par leur zèle pour le catholicisme. Parmi ces derniers, il faut signaler Georges de Chivré, et E. de Chivré, qui, en 1567, signèrent, avec les principaux représentants de la noblesse angevine, les membres les plus influents de la justice, de la mairie, de la bourgeoisie et des corporations ouvrières, les statuts de la ligue dont on a conservé le texte. Le but de l'association était de défendre « la relligion et l'Estat du Roy » menacés à la fois par les Huguenots. Les confédérés juraient de vivre et de mourir pour ces deux causes nationales et de « courir sus, avec l'autorité de Sa Majesté, contre tous perturbateurs, innovateurs et contrevenants à la dicte Relligion et Estat. »

(D. Housseau, tome XIX, p. 487-488. — Extrait des Archives de l'église d'Angers, t. I des Privilèges. — Jacques Rangeard, manuscrits de la Bibliothèque d'Angers, n° 893, p. 103-104).

III

Extrait des « Pappiers des mariages faicts en l'Eglise réformée de Laval estant présentement desservie en la maison seigneurialle de Poligny (1617-1619).

« Le dimanche troizième jour de febvrier mil six cent dix sept, Henry Du Boys, fils de noble Samuel Du Boys, pasteur de ceste Eglise, et de damoiselle Anthoinette Chasline, a esté baptysé à Polligny, Monsieur de la Barre de Chivray et mademoiselle de Polligné, fille aysnée de Monseigneur du Bordage, la présentant au baptesme.

Signé : Du Boys, pasteur. »

« Le mercredy 9 de janvier 1619, fust baptizée en l'Eglise de Laval, qui se recueille à Poligné, Henriette de Montbourcher, fille de hault et puissant seigneur Messire

René de Montbourcher, sieur du Bordage, et de Madame Elizabeth Du Boys, son espouse, et fust lad. fille présentée au baptesme par hault et puissant seigneur Henry de Chivray de la Barre et damoyselle Suzanne Du Boys, fille de Monseigneur Du Boys Maineuf, et baptisée par moy Grenon, pasteur de lad. Eglise. »

Signé : GRENON.

(*Archives du greffe du Tribunal civil de Laval.*)

IV

Notes sur les Chivré au XVIIe siècle.

Henri de Chivré, seigneur de la Barre, épouse, au temple de Charenton, en octobre 1626, Françoise Maret, veuve de Samuel de la Chapelle, sieur de la Roche-Giffard. — Anne de Chivré, marquis de la Barre, lieutenant général de l'artillerie de France, fils de Henri de Chivré et d'Antoinette de Carbonnel, épouse, au même temple de Charenton, en avril 1645, Anne, fille de Hector Vallée, sr de Mérouville, contrôleur général de l'ordinaire des guerres, et de Suzanne Bigot. — Henriette, fille de Henri de Chivré, comte de Marencin, marraine dans l'église réformée de Sainte-Mère-Église en 1672. — Henri de Chivré, comte de Marencin, fils de Henri de Chivré, âgé de 41 ans, habitant la paroisse de Sottevast, élection de Valognes, maintenu dans sa noblesse lors de la recherche de 1666. (*France protestante, deuxième édition, t. IV, p. 334*). — On ignore si Henri de Chivré, comte de Marencin, est le même personnage que le gentilhomme de Basse-Normandie cité par

Élie Benoît sous le nom de *Marencé*, comme s'étant enfui lors de la Révocation de l'Édit de Nantes, avec sa femme et une quarantaine d'autres malheureux huguenots, dans une mauvaise barque de sept tonneaux qui traversa la Manche sans vivres, sans secours, par un temps affreux et les déposa mourants sur les côtes d'Angleterre (*Ibid.*, p. 335.) — Un marquis de Chivré de Meillan est porté pour une pension de 1000 livres sur une liste de nouveaux convertis, le 30 mai 1686. — Mlle de Médan et Mlle de Chivray étaient établies à Rotterdam en 1702 (*Ibid.*).

V

Extraits du Journal de Louvet relatifs aux Chivré (1562-1577).

On trouve mentionné « ung nommé de Chivré, appelé la Fontaine d'Estriché, » dans la liste des gens « accuzez d'estre participants d'avoir donné confort et aide comme estant huguenotz, de la prinse de ladicte ville, église et volleryes par eulx faictes, tant de l'église de M. sainct Maurice de ladicte ville que aultres églises », en avril 1562. Les suspects furent bannis d'Angers le 4 juillet. — Plessis de Chivré figure, le 17 avril 1568, parmi les membres de de la noblesse angevine qui furent convoqués à Angers, par Puygaillard, en vertu des lettres du roi, « pour scavoir quel party ils voulloient tenir, du costé du roy ou des huguenotz, où il ne fust rien terminé ni conclud, à raison de la malladye dudict sieur de Puygaillard. » — Au mois de mai 1577, « M. du Plessis de Chivray » était au nombre des gentilshommes huguenots qui « taschoient d'attirer » Louis de Clermont, sieur de Bussy d'Amboise, gouverneur d'Anjou, « pour leur emparer tant dudict chasteau que de la ville, et de prendre leur party. »

VI

Jacques de Chivré (1569.)

Jacques de Chivré, Ier du nom, épousa Jeanne de Bouillé. Il assistait à la bataille de Moncontour dans les rangs des catholiques. Après le combat, Jean IV de Chambes écrivait à son père un curieux récit de la journée du 30 septembre, où on lit : « Nous n'avons perdu en tout que bien anvyron de
« cinq cens hommes. Je n'en ay point perdu des myens,
« Dieu mercy, synon des chevaulx de monsieur de Chivré,
« La Saulaye, La Motetaye à qui j'avays presté ma pye qui
« est blessée. » Jacques de Chivré mourut peu de temps après Moncontour. Une pièce de la Bibliothèque nationale, datée du 19 novembre 1569, appelle « dame Jehanne de
« Bouillé, vefve de deffunct messire Jacques de Chivré,
« vivant chevalier de l'ordre. » (*Le château de Souches au Maine et ses seigneurs*, par le duc des Cars et l'abbé A. Ledru, p. 154, note 1. — *Bibliothèque nationale, Cabinet des Titres*, n° 753).

TABLE DES MATIÈRES

Chapitre premier.

Généalogie de la maison de Chivré d'Anjou.................. 5

Chapitre deuxième.

Les Chivré, seigneurs de la Guénaudière, dite depuis la Barre, chefs du parti calviniste dans le Haut-Anjou. — Le château de la Guénaudière et ses dépendances. — Catherine de Chivré, filleule de Catherine de Bourbon, princesse de Navarre, sœur du roi Henri IV. — Sa mort prématurée. — Vers composés en son honneur par Catherine de Bourbon et par Anne de Rohan. — Description du mausolée dédié à sa mémoire. — Les épitaphes latines de David Vacquier de Nérac. — La légende de Catherine de Chivré... 14

Chapitre troisième.

Les Angevins s'opposent à la construction de la forteresse de la Guénaudière en Bierné. — Le prêche et les ministres protestants du château de la Barre. — Mme de la Barre demande que l'exhortation soit faite chez elle tous les dimanches. — Abjuration de Claude de Chivré, dame de la Patrière. — La châtellenie et seigneurie de la Barre, unie à d'autres domaines, est érigée en marquisat. — Les Chivré, lieutenants généraux de l'artillerie de France.— Contestations entre le curé de Bierné et le seigneur de la Barre.— Anne de Chivré prend parti pour la Fronde et amène à Angers cinq canons de fonte.................................... 28

Chapitre quatrième.

Le mobilier du château de la Barre au temps de la Fronde. — Poursuites dirigées par le Présidial de Château-Gontier contre Anne Vallée, marquise de la Barre, veuve de messire Anne de

Chivré ; contre Gédéon de Chivré, chevalier, baron de Méliand et seigneur de la Touche-Moreau ; contre Marc de la Faucille, seigneur du dit lieu, et Abel Bédé, écuyer, seigneur des Aunais ; tous calvinistes, accusés de diverses contraventions aux édits du Roi sur l'exercice de la religion réformée. — Sentence et condamnation.— Procédure contre le cuisinier, le cocher, le sommelier et un laquais de la Barre, accusés d'avoir roué de coups Hector et Michel Thouin.— Contestation entre le syndic du clergé d'Anjou et le marquis de la Barre au sujet de l'exercice du culte réformé dans la maison du Plessis-Bourrel de Bierné.............. ...... **47**

CHAPITRE CINQUIÈME.

Gédéon de Chivré, baron de Méliand, est chargé de procéder à une enquête, avec René d'Hélyand, sieur de la Gravelle, président au présidial de Château-Gontier.— Poursuites exercées contre les huguenots René Moreul, sieur de la Groussinière, Duret et La Grange, accusés de divers méfaits. — Procès, ventes forcées et décadence de la fortune des seigneurs de la Barre.— Le château de la Barre tombe en ruines. — Montrées des réparations déclarées urgentes. — Révocation de l'Édit de Nantes. — Abjuration de Gédéon de Chivré, de sa femme et de ses serviteurs, dans l'église de Sœurdres. — Abjuration d'Anne Vallée, veuve d'Anne de Chivré, marquise de la Barre, de Marguerite Bodin, veuve de Henri de Chivré, et de leurs enfants, au château de la Barre. — Abjuration de divers habitants de la paroisse de Bierné.......... **71**

CHAPITRE SIXIÈME.

Les dames de Chivré émigrent en Hollande. — Mort de Henri de Chivré, IIIe du nom, dernier représentant de la branche aînée des Chivré, marquis de la Barre. — Saisie de la terre de la Barre et ses dépendances. — Les Chivré de Normandie héritent du titre de marquis de la Barre. — Pierre Blanchaux est nommé fermier judiciaire de la seigneurie.— Poursuite des criées et vente par décret des divers biens.— Inventaire des titres et papiers concernant la seigneurie de la Barre et les féodalités qui en dépendent. — J.-B. Colbert, marquis de Torcy, comte de la Barre. — La marquise de Torcy ordonne à Me Joseph Godefroy, avocat au parlement, procureur fiscal, de classer les titres de la Barre. — Les héritiers du marquis de Torcy sont condamnés à payer les ventes et issues de la terre de la Barre aux héritiers du marquis de Bailleul.— La Barre aux XVIIIe et XIXe siècles................ **85**

Pièces justificatives.

I. — Extraits des procès-verbaux des synodes protestants, relatifs aux huguenots de Craon et de Château-Gontier (1599-1609).. 99

II. — Poursuites dirigées contre la marquise de la Barre, les seigneurs de la Touche-Moreau, de la Faucille et des Aunais, accusés de diverses contraventions aux édits du roi. Sentence et condamnation. (1665)... 103

III.— Procédure criminelle contre le cocher, le sommelier et un laquais du château de la Barre, qui avaient accablé de coups Hector et Michel Thouin (1670).. 126

IV. — Pièces concernant la contestation qui s'était élevée entre le syndic du clergé d'Anjou et le sr de Chivré, marquis de la Barre, au sujet de l'exercice de la R. P. R. au lieu du Plessis-Bourel, paroisse de Bierné (1670)..................................... 138

V. — Procédure criminelle contre René Moreul, sieur de la Groussinière, huguenot, et contre un nommé Duret, accusés de diverses impiétés et irrévérences (1676)............................. 145

VI. — Montrée des réparations à faire au château de la Barre, en Bierné, et aux métairies qui en dépendaient (1679).......... 153

VII. — Procès-verbal de vérification de pièces relatives aux criées, vente et adjudication de la terre de la Barre et de ses dépendances (1708)... 188

VIII. — Procès-verbal dressé au château de la Barre par le lieutenant général au présidial de Château-Gontier (1708)....... 194

IX. — Inventaire des archives du château de la Barre (1708)... 200

X.— Lettre de M. Grisel, avocat en parlement, à M. Rivereau de la Garde, au sujet des archives et de la construction du château de la Barre (1787).. 218

XI. — Réponse de M. Rivereau de la Garde à M. Grisel, avocat en parlement (1787)... 221

Appendice.

I. — Philippe de Chivré (1190 circa)........................ 225
II. — Georges de Chivré (1567)............................... 225
III. — Extrait des « Pappiers des mariages faicts en l'Eglise réformée de Laval estant présentement desservie en la maison seigneurialle de Poligny » (1617-1619)............................... 226

IV. — Notes sur les Chivré au XVIIe siècle.................. 227
V. — Extraits du *Journal* de Louvet relatifs aux Chivré (1562-1577)... 228
VI. — Jacques de Chivré (1569).......................... 229

GRAVURES.

I. Le Plessis-Chivré. — II. La chapelle du Plessis-Chivré. — III. Statue tombale de Catherine de Chivré. — IV. La Barre de Bierné. — V. La Touche-Moreau. — VI. La tour du Plessis-Chivré. — VII. Le Plessis-Chivré.

Nantes. — Imp. Vincent Forest et Émile Grimaud, place du Commerce, 4.

OUVRAGES DU MÊME AUTEUR

Paysages et Croquis, Angers, 1867, Lachèse, Belleuvre et Dolbeau, in-18. (*Épuisé*).

Les invasions anglaises en Anjou aux XIV° et XV° siècles, Angers, 1872, E. Barassé, in-18. (*Épuisé*).

Recherches historiques sur Daon et ses environs, d'après des documents inédits Château-Gontier, 1879, H. Leclerc, in-8°. (*Épuisé*).

La peste de Château-Gontier en 1626 et 1627, d'après des documents inédits, Angers, 1881, Germain et G. Grassin, in-8° .... 1 f. 50

René de la Rouvraye, sieur de Bressault, Mamers, 1882, G. Fleury et A. Dangin, in-8°. (*Épuisé*).

Recherches épigraphiques. — Le Mausolée de Catherine de Chivré. — L'Enfeu des Gaultier de Brullon. Avec 5 dessins de Tancrède Abraham et un portrait inédit du voyageur Legouz de la Boullaye, Laval, 1883, E. Moreau, in-8° .... 3 fr.

Notice historique sur le château du Port-Joulain et ses seigneurs, d'après des documents nouveaux et inédits (1356-1882). Deux eaux-fortes de V. Huault-Dupuy, Angers, 1883, Germain et G. Grassin, in-8°. (*Épuisé*).

Étude sur la vie privée au XV° siècle en Anjou, Angers, 1884, Germain et G. Grassin, in-8°. (*Épuisé*).

Ouvrage couronné par l'Académie des Inscriptions et Belles-Lettres. (Séance du 13 novembre 1885. Quatrième mention honorable.)

Le château seigneurial de Saint-Laurent-des-Mortiers, d'après des documents inédits (1356-1789), Mamers, 1884, G. Fleury et A. Dangin, in-8° .... 3 fr.

La châtellenie de la Jaille-Yvon et ses seigneurs (1052-1789). Orné de deux héliogravures, Angers, 1885, Germain et G. Grassin, in-8°. (*Épuisé*).

Un mignon de la cour de Henri III. Louis de Clermont, sieur de Bussy d'Amboise, gouverneur d'Anjou. Trois eaux-fortes de Pierre Vidal, Angers, 1885, Germain et G. Grassin, in-8° .... 6 fr.

Le comte de Falloux, Angers, 1886, Germain et G. Grassin, in-8°. .... 1 fr.

La restauration artistique de l'hôtel de Pincé. Orné de deux gravures, Angers, 1886, Germain et G. Grassin, in-8° .... 1 fr. 50

La vie agricole dans le Haut-Maine au XIV° siècle, d'après le rouleau inédit de M™ d'Olivet (1335-1342), Mamers, 1886, G. Fleury et A. Dangin, in-8° .... 3 fr.

EN PRÉPARATION

La Chouannerie et les Chouans dans le Haut-Anjou. — Histoire des protestants dans le Haut-Anjou (XVI°-XVII° siècles). — Histoire de Saint-Denis-d'Anjou (XI°-XVIII° siècles). — Recherches historiques sur Menil (1040-1885). Le maréchal de Vieilleville, d'après des documents nouveaux et inédits (1509-1571). **— L'Anjou et les Angevins aux XVII° et XVIII° siècles**, d'après des documents inédits. **— Documents inédits pour servir à l'histoire de Craon et de Sablé**, extraits du Chartrier de Thouars (XIII°-XVI° siècles).

www.ingramcontent.com/pod-product-compliance
Lightning Source LLC
Chambersburg PA
CBHW070618170426
43200CB00010B/1827